住宅デザインのひきだし

高野保光
遊空間設計室

contents

chapter 1

敷地

内と外をつなぐ

8 敷地に立つことから始める
10 デザインで記憶をつなぐ
12 敷地の魅力を引き出す
14 高低差を生かすプランニング
16 街並みに参加する
18 格子がつくる柔らかな風景
20 シンプルにまとまる玄関廻り
22 見せて・しまって　キレイを保つ
24 塀や垣根は適材適所
26 街なかこそ外とのつながりを
28 私の住まいが街をつくる
30 内と外をつなぐ日本的な手法
32 魅力いっぱい軒下空間
34 渡りよし、景もよしのアプローチ
36 南側の庭にしばられない
38 小さな庭の大きな効果
40 見直しから始まる庭づくり

chapter 2

居場所

心地よさをデザインする

44 数寄の心を現代に生かす
46 つなぐ・仕切るは自在に
48 続き間をもう一度
50 余白とずれが生むゆとり
52 横に縦に　奥をつくる
54 外に広がる　外とつながる
56 外とつながる旗竿地の住まい
58 小さな余白　大きな満足
60 居間を間取りの前提にしない
62 家族の集まる場所はどこ？
64 ソファもOK　畳リビング
66 コンクリートに表情をつける
68 ただのワンルームにしない
70 和洋の境を紛らかす
72 住まいに中心をつくる
74 住まいの中心を外に設ける

chapter 3

部屋
機能と意匠の両立

78 1人の居場所がほしい
80 狭小住宅こそ断面で考える
82 子どもに合わせて変化する子供室
84 コミュニケーションがとりやすい間取りに
86 室内窓でコミュニケーション
88 和室にしっくり　低さと柔らかさ
90 極小空間がつくる住まいの奥行き
92 畳の間には床の間を
93 にじり口から入る主人の書斎
94 男の居場所　書斎をつくる
96 みんなが満足する趣味の空間
98 期待をもたせるトンネル状の玄関
100 あいまいさは柔軟さでもある
102 使える　玄関脇の畳の間
104 効率よく家事ができる家
106 ベストは私好みのキッチン
108 動きやすい家は暮らしやすい
110 人目を気にせずのびのびバスルーム
112 気分は離れの露天風呂
114 中2階の浴室は視線に注意
115 洗面室にも心地よさを
116 サブの洗面コーナーが家族を救う
117 トイレ空間を上質な雰囲気に

chapter 4

光

陰影をコントロールする

120 ほの暗いアプローチがちょうどいい
122 光をコントロールする
124 暗がりにて輝く静かな光
126 拡散させた光で落ち着く空間に
128 光のそばで暮らす
130 食卓に人を呼ぶ求心性のある光
132 暮らしを彩る光の設計
133 穏やかな光で奥を明るく
134 明かりがもたらす快適な上り下り
136 少し暗くして夜を楽しむ

chapter 5

細部

暮らしやすさへのこだわり

140 窓を立体的に組み合わせる
141 窓に見えない室内窓
142 開く・閉じるのバランスが肝
144 緑と光を呼ぶハイサイドライト
146 小窓こそ手を抜かず
148 玄関ドアにもおもてなしの心を
149 洗面所の扉は存在感を消して
150 シンプル欄間で空間に一体感を
152 見てよし使ってよしの階段
154 機能と意匠性満たすハイブリッド階段
155 シンプル・ベストなスチール階段
156 光を際立たせるシンプル家具
158 さりげなく優れもの
160 床座がいい小上がり
161 兼ねるデザインですっきり玄関
162 小さな余白が暮らしを豊かに

164 column
家をつくって・住んでみて

166 index

174 あとがきにかえて

chapter 1

敷地

内と外をつなぐ

僕の家の庭は猫の額にも満たないほどですが、春になるとヒメツルニチニチソウが次々と小さな紫の花を咲かせます。日中ずっと日の当たる場所もあれば、朝か夕しか日が当たらない場所もあり、同じ花でも異なる表情や色味を見せてくれるのです。ほんの小さな環境の違いもまっすぐに受け止め表現する、健気ながらたくましい生命力に驚かされ、敷地にはそれぞれ固有の光と環境があることを日々実感しています。

かつて日本の住まいは庭を通して、刻々と変化する光や風の動き、四季の風景を室内に写し込み、住み手の心の中にまで写されていたのです。日差しは深い庇で遮られ、室内は障子越しの柔らかい間接光で包まれていました。夏の高温多湿と冬の低温低湿という厳しい気候と風土ながら、庭（外部）とのつながりを維持しつつ、一年を通してそこでの生活に必要な機能を備え、簡素で清い意匠性をもっていたのです。

しかし経済成長とともに「郊外」が生まれ、均質な風景が広がるようになり、それぞれの場所がもつ固有性や地域性というものが見えにくくなっています。20世紀、ヨーロッパの建築やモダンアートに大きな影響を与えた日本の潔い美意識も、失われてしまったかのようです。

実際に敷地に立ち、そこで重ねられた時間や暮らしに思いを寄せ、光や風、植物と対話することで、その場所固有の価値を感じることができます。それぞれの敷地は普遍的であるはずがなく、抽象的なものでもありません。これからの住宅の設計に必要なのは、この固有性を取り戻す作業ともいえるでしょう。住まい手のアイデンティティや居心地のよさにも影響を与えるはずです。現代の高性能な家だからこそ、その具体的な場所の光や風、空気感とつながり、四季を楽しみ、内外が美しく溶け合う住まいが必要なのです。

写真：つづら折りの家

敷地に立つことから始める

計画地とその周辺を見て、体で感じ取ることから設計はスタートします。

現地に赴いたら、敷地の境界や高低差、設備供給・前面道路の状況を調査するのはもちろん、日当たりや風の抜け、水はけ、地盤の状態も確認します。そのうえで、敷地に立ち、歩く。そこから見える風景に目をやる。さらに敷地周辺を歩き、遠くからその土地を眺める……。じっくりと観察するというよりは、心や体に感じるものに耳を傾ける感覚です。土地の歴史、時や季節の移り変わりも想像しながら、敷地を見て思うことで、一番居心地のよい場所、静かで落ち着ける高さがどこなのか、少しずつ見えてきます。もちろん、駐車スペースなど計画全体に大きな影響を与えるものも少なくありません。建て主の要望を頭に入れておくことも忘れずに。

東側道路から見た建物外観。敷地の東側・北側にあるケヤキ並木の豊富な緑と呼応するように、敷地内にも高さのある緑が溢れている

調査からプランニングへ

「宇都宮の家」1階平面図［S＝1：150］

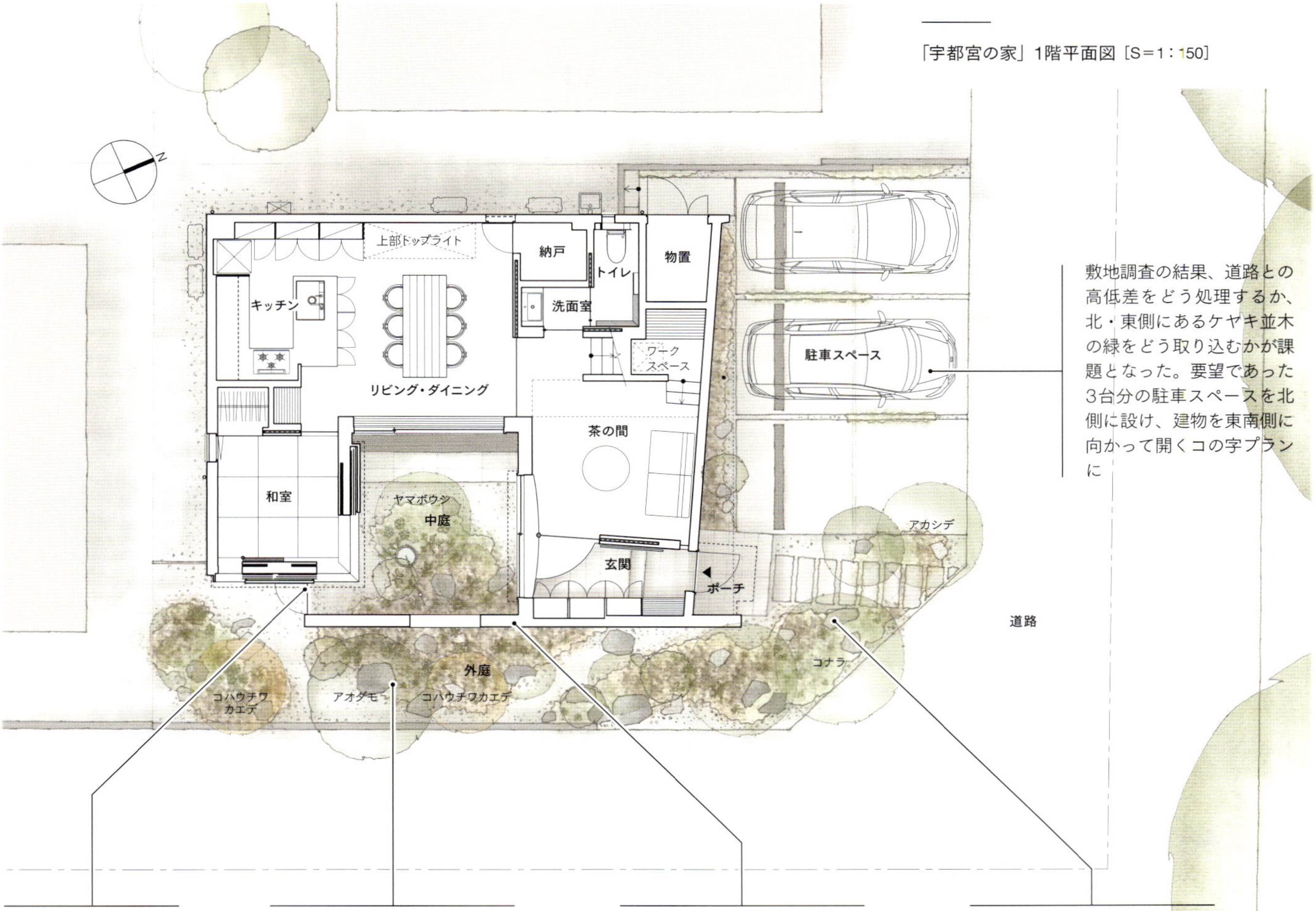

敷地調査の結果、道路との高低差をどう処理するか、北・東側にあるケヤキ並木の緑をどう取り込むかが課題となった。要望であった3台分の駐車スペースを北側に設け、建物を東南側に向かって開くコの字プランに

壁を少しずらすことで隙間を生じさせ、中庭に光を採り入れる

内部から見たときに、外部のケヤキ並木と外庭が一体と感じられるよう、敷地の周りには塀を立てないことにした。それにより深い奥行きも生まれた

プライバシーを確保しつつ、緑を楽しめるように、開口部のある壁で中庭を柔らかく仕切ることに。開口部からは外庭やケヤキ並木の緑も楽しめる

敷地調査のときとは違う時間帯、ほかの季節も思い浮かべること。光の差し方や風の通り方などは一定ではない。周辺環境についても同じことがいえる

中庭に面した2階ルーフバルコニーから、東側の外庭、奥にあるケヤキ並木の緑を見る。外からの視線は遮りながら、緑は内から外へと連続する

「宇都宮の家」32／44／78／115／117／140／144／152頁

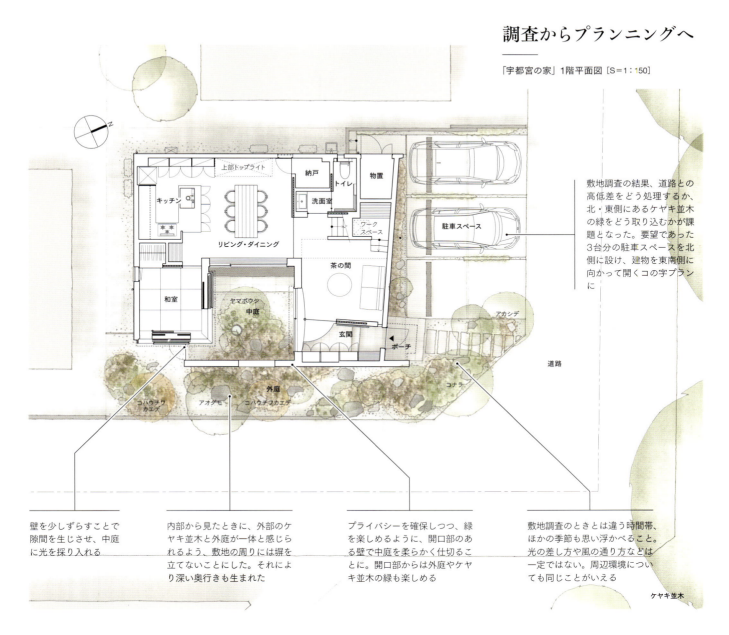

デザインで記憶をつなぐ

どの土地にも固有の物語があり、その場所ならではの力があります。敷地調査に伺うと、必ずといっていいほど驚きや発見に出会います。その場所に今あるもの、あったものに思いを馳せ、これからそこに暮らす家族一人ひとりのライフスタイルや要望を重ね合わせ、住宅を構想するのです。場所と建物のもつ「記憶」を新たなデザインで受け継ぐ住まいにしたいと考えています。

「つづら折りの家」は、もともと建て主の祖父母が住んでいた土地に建っています。2階建てですが道路側の高さを抑えることで、以前の住まいと同様、木々に包まれた静かな佇まいになりました。

敷地の記憶に思いを馳せる

「つづら折りの家」古屋スケッチ

敷石のアプローチは2本のモミジの大木を抜け、建物まで続いていた。かつては手入れの行き届いた庭が外からもよく見えていた

敷地調査時にあった古い建物は瓦屋根の木造平屋

新しい住まいは、この敷地のもつ記憶を受け継ぐデザイン。既存のモミジの木はそのままに、敷石のアプローチの先に屋根を低くした建物が続く

場所の記憶を受け継ぐデザイン

「つづら折りの家」
1階平面図［S＝1：100］

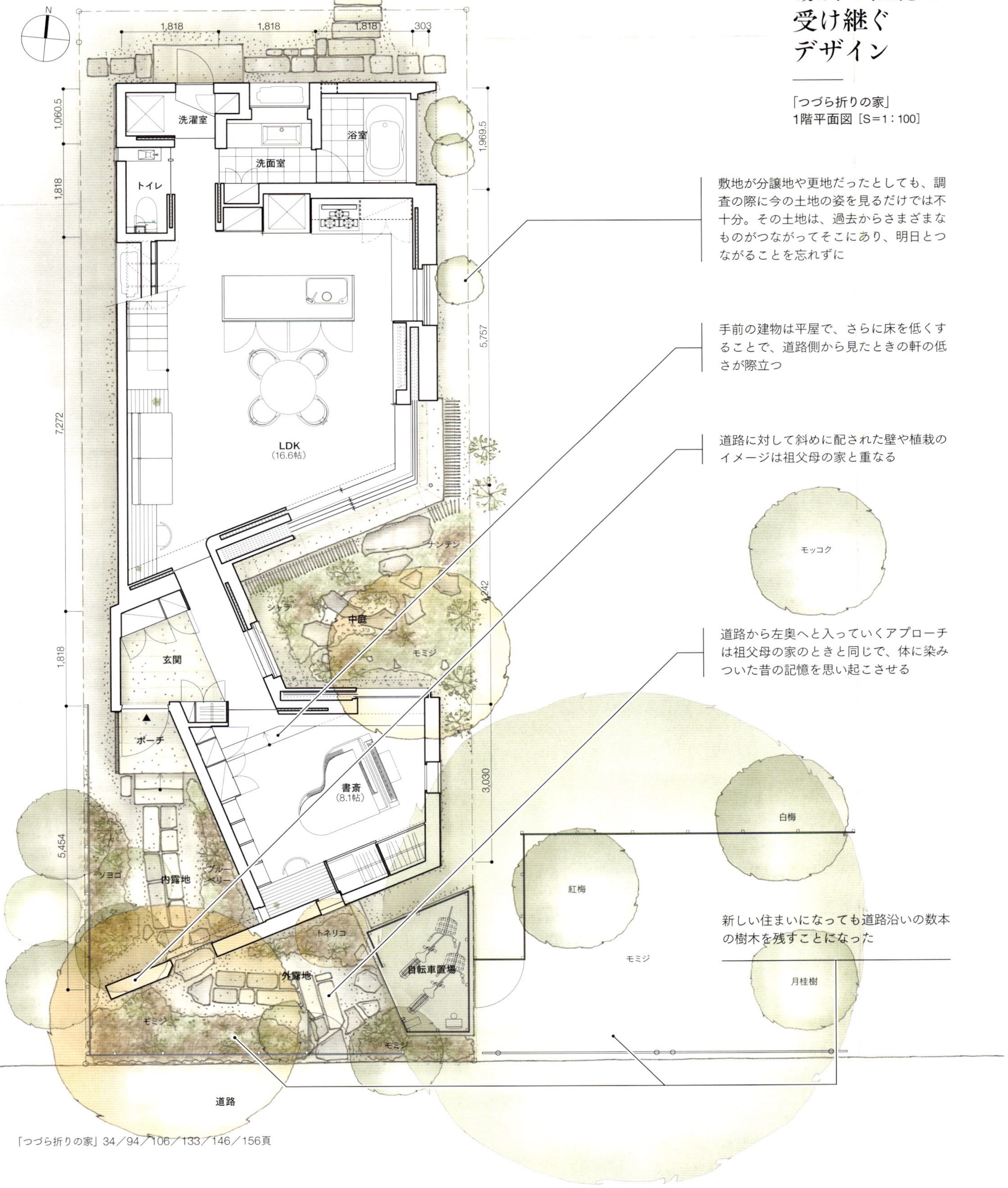

敷地が分譲地や更地だったとしても、調査の際に今の土地の姿を見るだけでは不十分。その土地は、過去からさまざまなものがつながってそこにあり、明日とつながることを忘れずに

手前の建物は平屋で、さらに床を低くすることで、道路側から見たときの軒の低さが際立つ

道路に対して斜めに配された壁や植栽のイメージは祖父母の家と重なる

道路から左奥へと入っていくアプローチは祖父母の家のときと同じで、体に染みついた昔の記憶を思い起こさせる

新しい住まいになっても道路沿いの数本の樹木を残すことになった

「つづら折りの家」34／94／106／133／146／156頁

家にも街にも
広い空を

「光辺の家」
断面図［S=1：75］

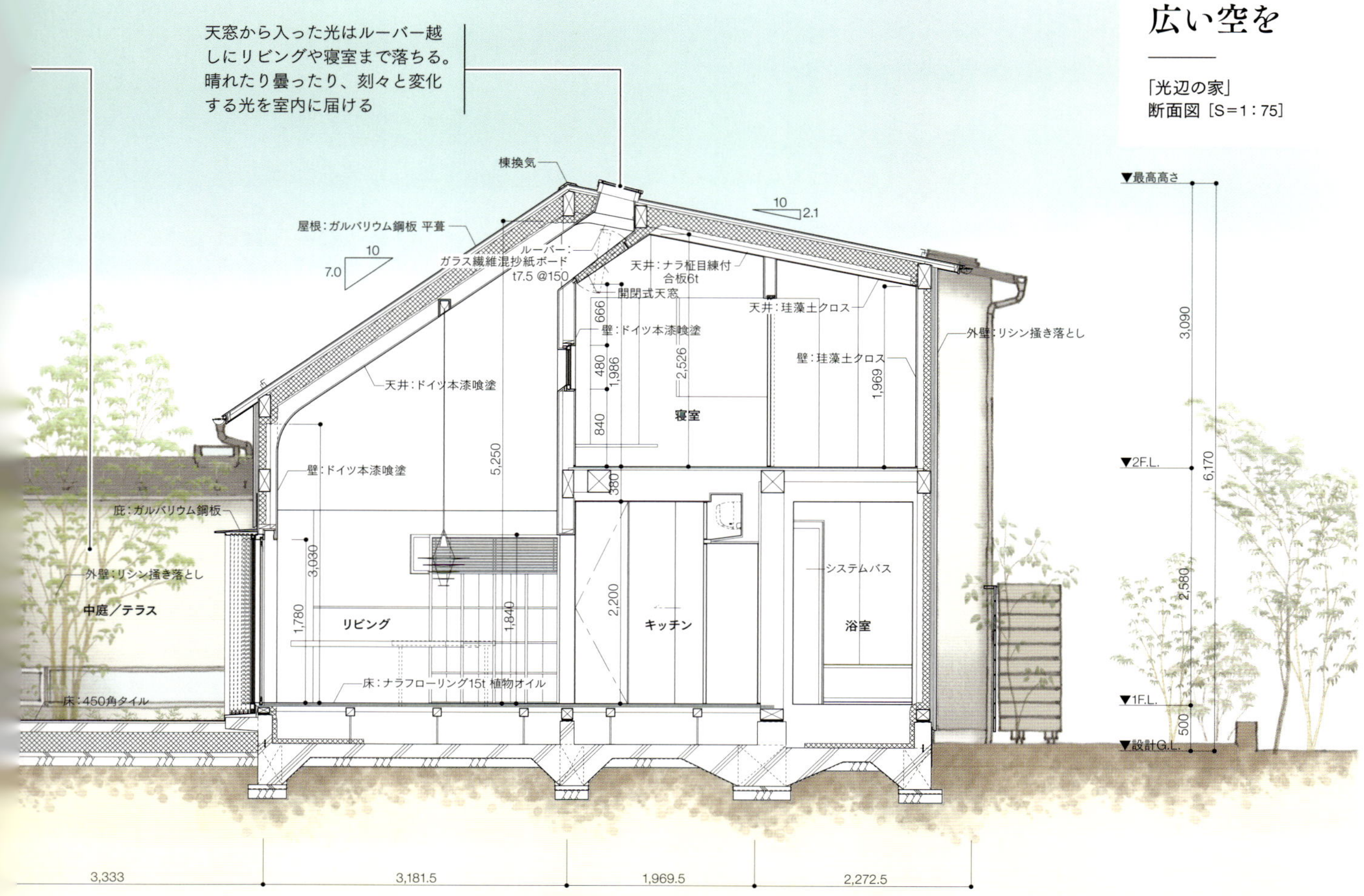

敷地の魅力を引き出す

敷地調査によって、その土地の魅力を見つけ、間取りに落とし込んでいくことは、設計の醍醐味でもあります。もちろん、欠点ともいえるところを見せ場に変えることができるのも設計次第です。たとえば、狭い道路に沿って2階、3階建ての家がびっしりと並ぶ住宅地。ここに、視線を遮るものが何もない、大きな青空の見える家ができたらどんなに気持ちがよいでしょう。

「光辺《ひかりべ》の家」は住宅密集地に建つコートハウス。周りはどこを見ても建物ばかりですが、窓から見た景色にほかの家が映らないよう、窓の位置、大きさを調整しています。中庭のテラスに出ると目の前にはヒメシャラの緑、見上げると澄んだ青空が広がります。さらに道路側の建物を平屋にすることで、道行く人にも視界の広がりを提供しています。

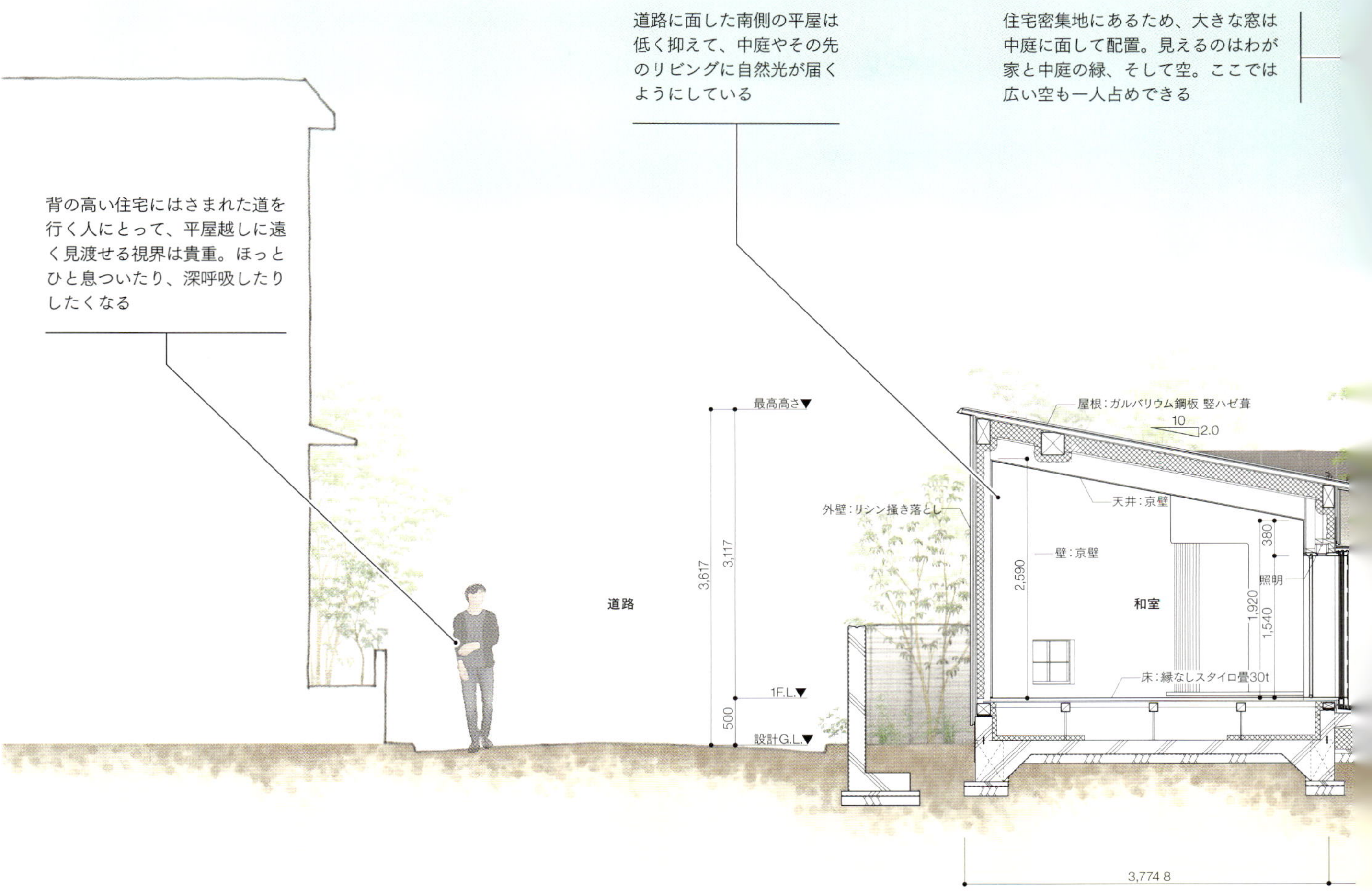
道路に面した南側の平屋は低く抑えて、中庭やその先のリビングに自然光が届くようにしている
住宅密集地にあるため、大きな窓は中庭に面して配置。見えるのはわが家と中庭の緑、そして空。ここでは広い空も一人占めできる
背の高い住宅にはさまれた道を行く人にとって、平屋越しに遠く見渡せる視界は貴重。ほっとひと息ついたり、深呼吸したりしたくなる
道路
最高高さ▼
1F.L.▼
設計G.L.▼
3,617
3,117
500
屋根：ガルバリウム鋼板 竪ハゼ葺
10
2.0
外壁：リシン掻き落とし
天井：京壁
壁：京壁
2,590
和室
380
照明
1,920
1,540
床：縁なしスタイロ畳30t
3,774 8

通りから見える建物は平屋建て部分のみ。街行く人も視界が広がり遠くの空まで見渡せる。2階建ての住宅が壁のように連なる街並みの中にあって貴重な存在だ

「光辺の家」24／46／92／128／155頁

高低差を生かすプランニング

道路と高低差のある敷地では特に、アプローチや庭も含め住まいを道路とどうつなげるか、街並みに対しどんな佇まいを見せるかが設計のポイントになります。早い段階から、敷地を含めた断面・立面のスケッチや模型などで高さ方向をイメージし、立体的にプランを練っていきます。

「千駄木の家」では、道路より1ｍ高い敷地に鉄筋コンクリート（ＲＣ）造の半地下車庫をつくり、上に載せた2層の木造部分を居住空間としました。1階は道行く人の視線が気にならない高さで、庭との関係も悪くありません。アプローチ廻りは土をすき取っているので、前面に擁壁が出ることもなく、道行く人に圧迫感を与えるものは何もありません。

道路側から建物正面を見る。道路と同じレベルだけでなく、奥の階段を上った敷地の高い部分にも植栽がのぞく。立体的に配した緑が街を豊かにしていく

短所を長所に変える

「千駄木の家」
断面パース［S=1：75］

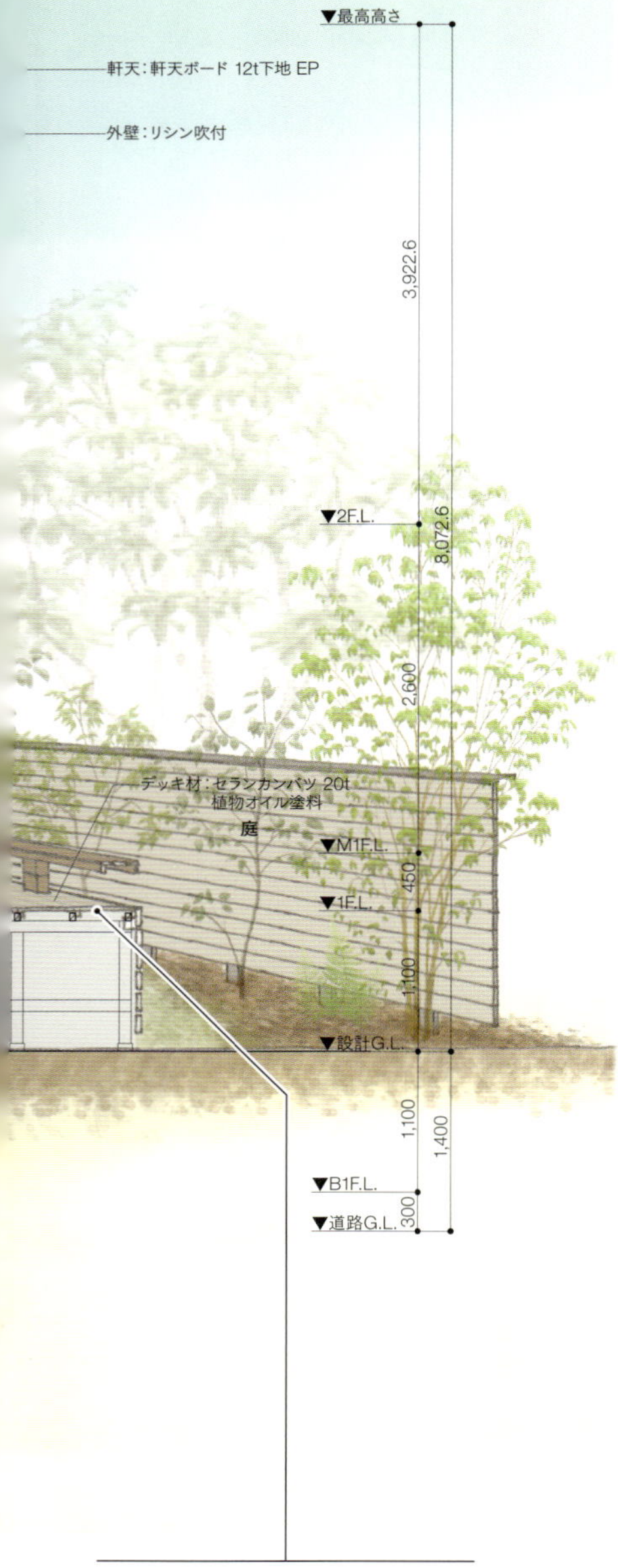

1階と庭には段差があるので、テラスをつくって内外をうまくつなぐ

1階は地盤面より1.1m高い位置にあるので、見通しがよい

半地下のおかげで、窓越しに他人と目が合うこともない

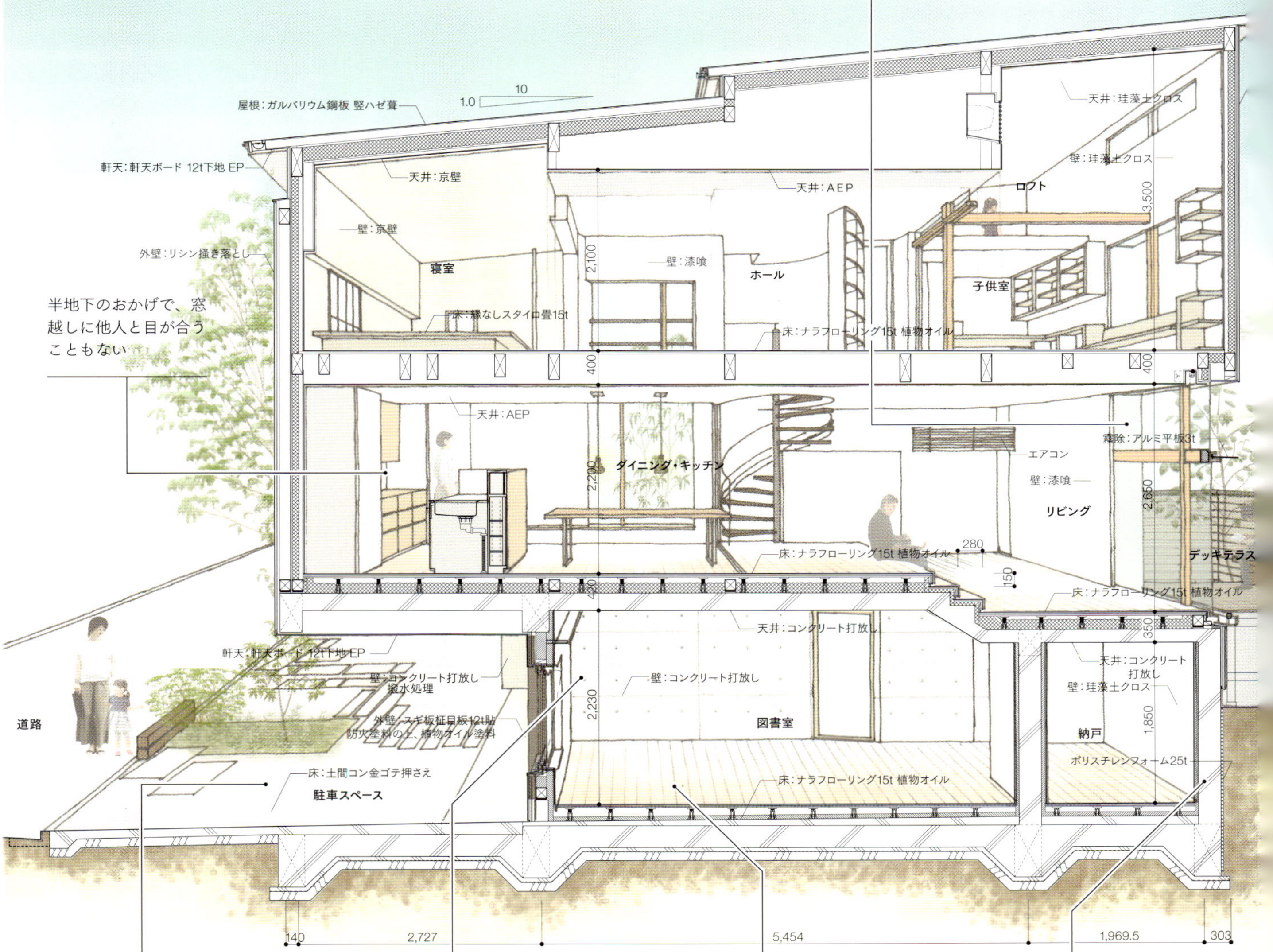

普段使いの自家用車を停めるスペース

半地下部分には車庫（現在は図書室）と玄関ホールがある。建物をセットバックさせ、道路から引きを取ることでゆとりある佇まいが生まれた

当初はご主人の趣味であるビンテージ・カー専用の車庫だった

鉄筋コンクリート造の半地下部分が擁壁の役目を果たしている

街並みに参加する

住まいは一軒、また一軒と集まり街並みをつくります。道路に面したファサードは特に美しく整えたいものですが、どのように街並みに参加していくのかも合わせて考えます。「内露地の家」の隣近所は、みな一様に道路に沿って塀を立て、門扉の後ろにすぐ玄関、植栽もほとんどありませんでした。道行く人に与える圧迫感が気になり、この家では塀を道路沿いには立てず、奥にある建物と一体につくることにしました。さらに足元を浮かして緑を配し、街に潤いを与えています。この足元の隙間は緑に奥行きをつくるだけでなく、夜には灯りを漏らし、生活の気配を外へと届けます。塀の内側はプライバシーが保たれた玄関へのアプローチ。静寂のある、内露地のような空間です。

内露地は柔らかい光に包まれて、狭さを感じさせない

木格子越しに光がすかされる。浮かした壁から漏れた光が道行く人の足元を照らす(「住む。」No.34[2010年　泰文館])

隙間から漏れる灯りと気配

「内露地の家」
左：1階平面図［S＝1：200］
右：断面図(部分)［S＝1：200］

道路からセットバックした部分やアプローチの下にも低木や地被類で植栽。街に緑を提供し、通行人の目を楽しませている。格子の奥にある坪庭の緑ものぞく（「住む。」No.34［2010年　泰文館］）

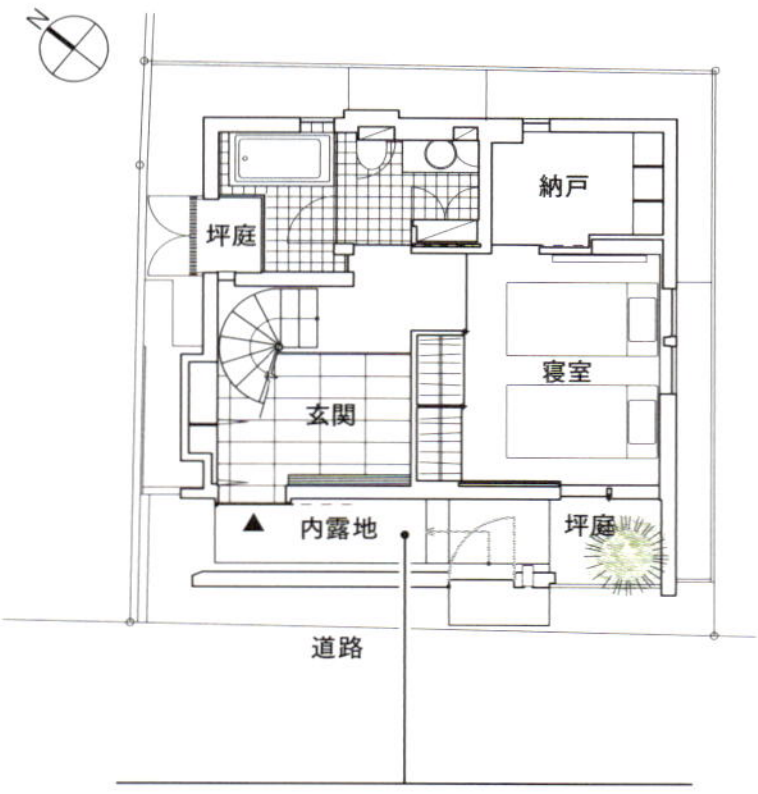

門扉をくぐり、内露地を通って玄関へ。足元の隙間と坪庭で緑や外につながり、閉塞感はない。狭小地ながら玄関までの緑ある前庭が実現した

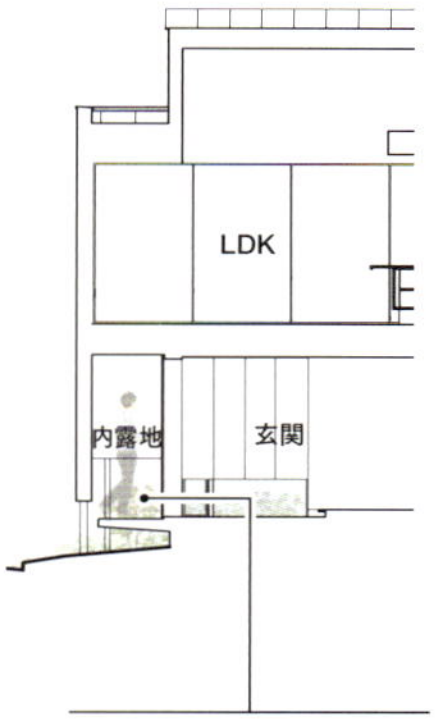

アプローチの役目を果たす内露地。床を浮かせ、浮遊感をもたせている

塀をくぐり、内露地を通って玄関へ

「内露地の家」立面図［S＝1：75］

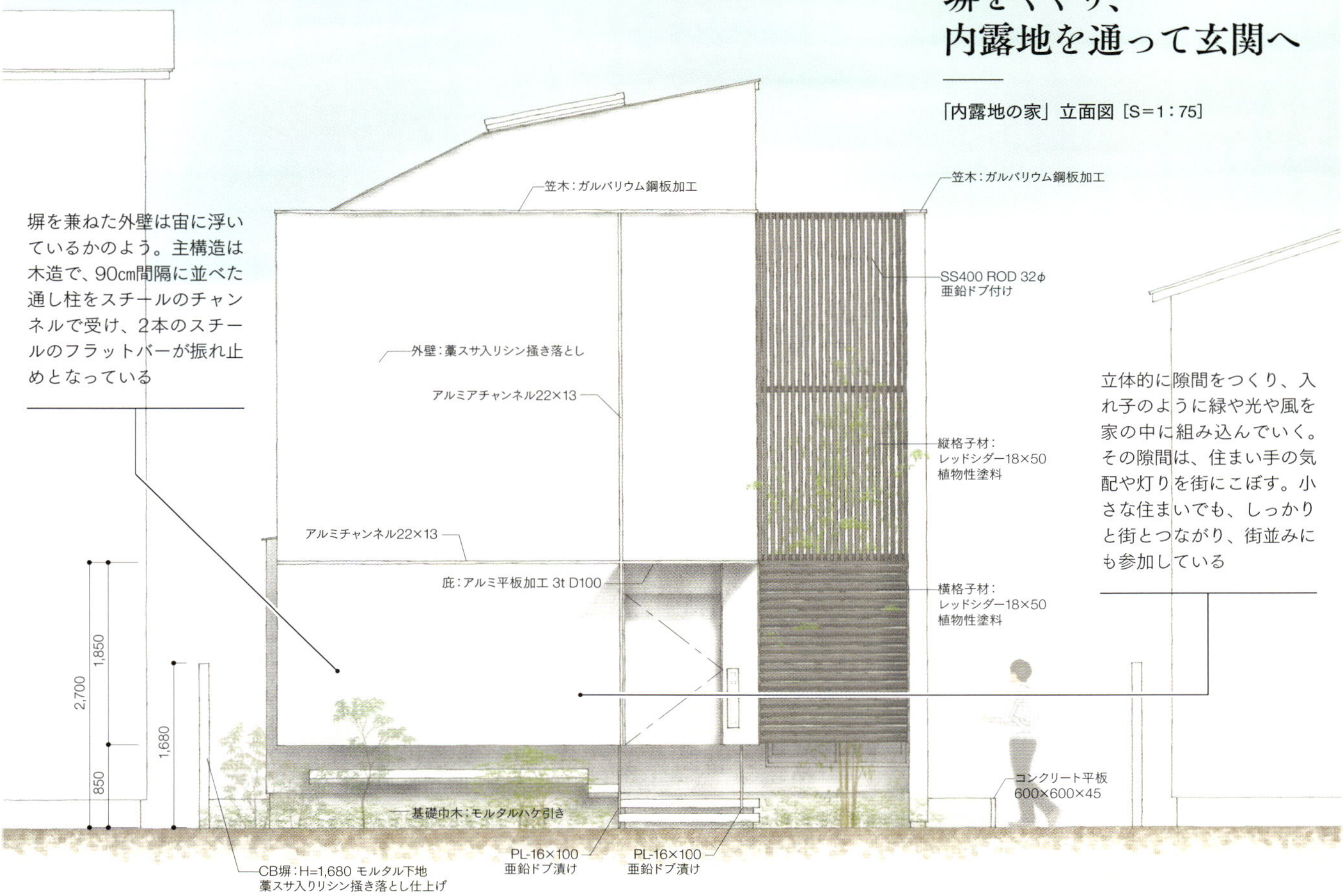

塀を兼ねた外壁は宙に浮いているかのよう。主構造は木造で、90㎝間隔に並べた通し柱をスチールのチャンネルで受け、2本のスチールのフラットバーが振れ止めとなっている

立体的に隙間をつくり、入れ子のように緑や光や風を家の中に組み込んでいく。その隙間は、住まい手の気配や灯りを街にこぼす。小さな住まいでも、しっかりと街とつながり、街並みにも参加している

格子がつくる柔らかな風景

京都や金沢、高山などの古い街並みを歩いていると、町家の表構えの格子が目につきます。建物の表情に温かみや柔らかさを感じるのは、木格子がつくり出す繊細な陰影や木の質感によるものなのでしょう。

「石神井町の家II」のファサードを彩るのも、街に対して2階の間口いっぱいにつくった格子窓です。窓は道路に面していますが、遠くに神社の緑や広い空が望めます。格子は光や風を通しつつ、通りからの視線をカットできる優れもの。一方、室内からは外がよく見えるので、内部空間が広がったような心持ちで景色を楽しむことができます。夜になれば、格子から外にこぼれた室内の灯りが帰宅した家族を優しく迎え入れ、街に温もりと安らぎをもたらします。

建物の北側ファサード。白い左官壁と黒く塗った格子の組み合わせは、民家のような落ち着きがある

ファサードの格子窓を見上げる。プリーツスクリーンを下ろした窓から、格子越しに灯りが漏れ出す。生活の気配が街行く人を安心させる

木格子を現代の住宅に取り入れる

「石神井町の家II」
断面詳細図（部分）［S＝1：60］

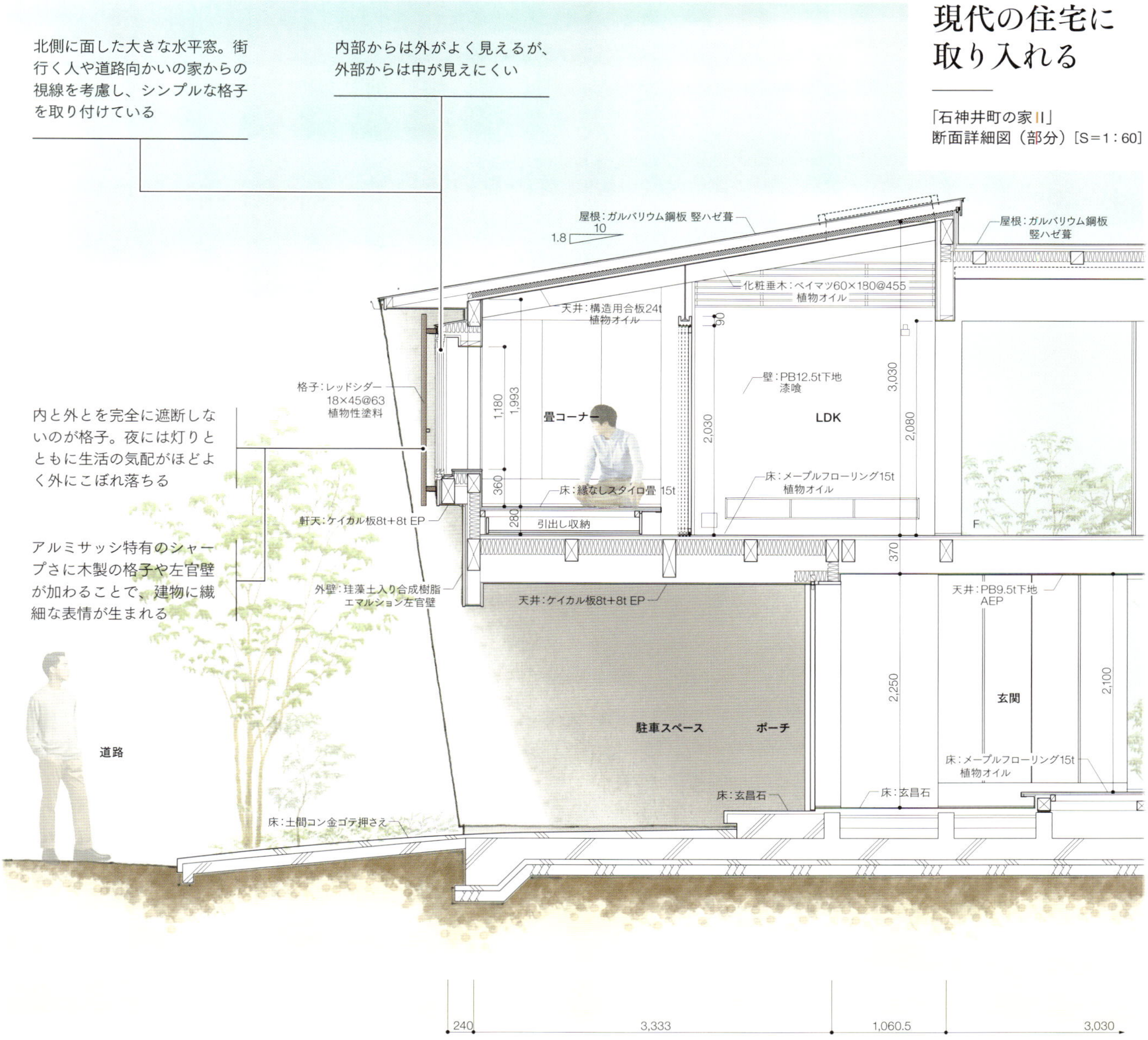

LDKから畳コーナーの窓を見る。格子越しに街の様子がうかがえる

シンプルにまとまる玄関廻り

玄関廻りは家の顔。ポストや表札、インターホンなどこまごましたものは1つにまとめてデザインする、というのも1つの手です。また、玄関先が散らかっていては台なしなので、外で使うモノの保管場所を設計の段階から用意しておきます。

「常盤《ときわ》の家」はいわゆる狭小住宅ですが、駐車スペースのある玄関先はすっきりとしています。ポーチの斜め壁にニッチをつくってポスト類をまとめ、下部には建て主の希望であった手洗いボウルも設置。自転車は3台ありますが、階段下につくった外から使える物置に収めることができます。通りからはそれらの「機能」がうかがい知れない、静けさを感じさせる外観です。

通りに面した東側外観。玄関先にあふれがちなモノをコンパクトに集約したので、ファサードはすっきりと静かな印象になった

玄関前のニッチには、インターホンやポスト口（上）のほか、手洗いボウル（下）を設置、素材も統一され、一体感がある。必要とされる機能をただ並べて露出させるのではなく、要素を絞ってバランスを取り、控えめに納める

集めて
収納して
すっきり玄関

「常盤の家」
上：玄関廻り平面図［S＝1：50］
下：玄関ポーチ断面図［S＝1：30］

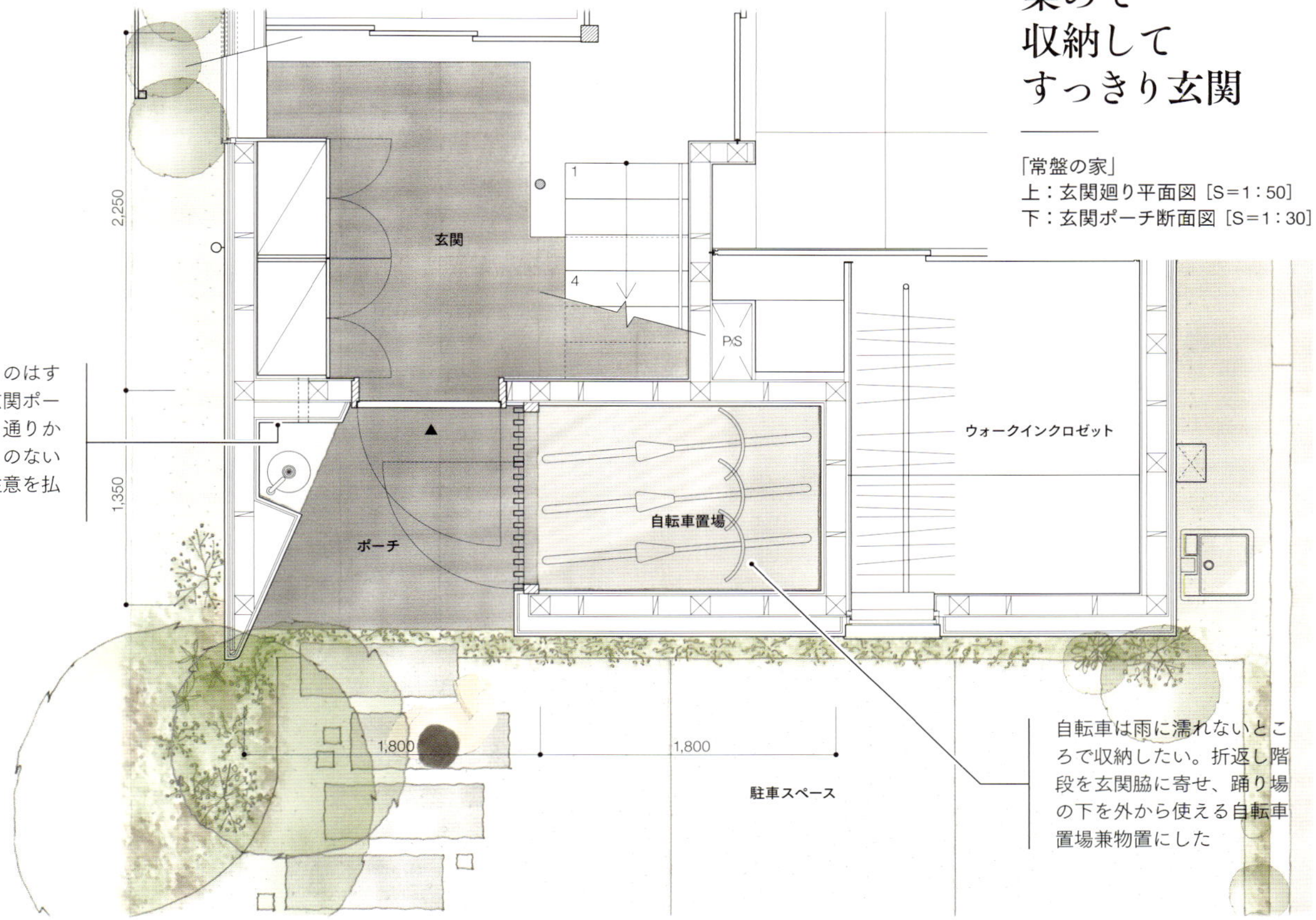

こまごましたものはすべて奥まった玄関ポーチの壁に集約。通りからも目立つことのないよう、細心の注意を払いたい

自転車は雨に濡れないところで収納したい。折返し階段を玄関脇に寄せ、踊り場の下を外から使える自転車置場兼物置にした

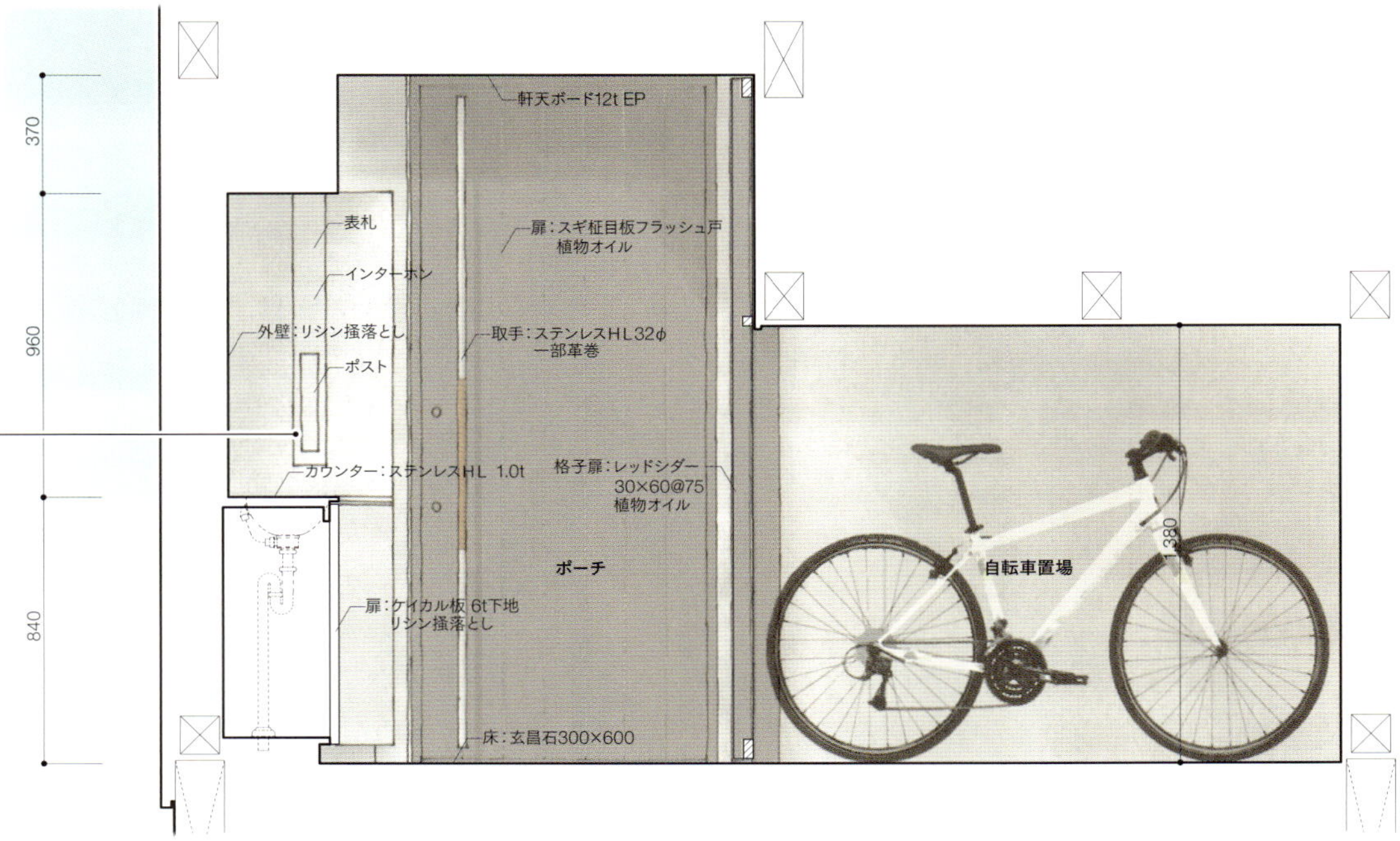

表札・インターホン・ポスト口をまとめてデザイン。幅110㎜の細長いステンレス板にすべてを納め、洗面ボウルもステンレス製にしている

「常盤の家」86／102／130／158頁

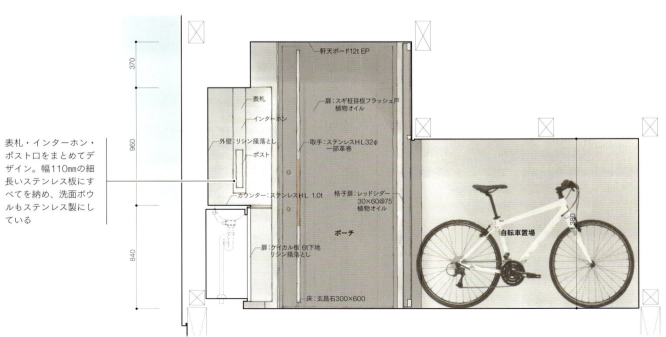

見せて・しまってキレイを保つ

建物以上に駐車スペースやフェンスなどが存在感を放つ住宅は、あまり美しいとはいえません。小さくとも庭と建物が主役となり、街並みに寄与する美しい住まいをつくりたいものです。

「千駄木の家」には道路に面した塀がありません。高さ30㎝ほどの小さな木製の柵をいくつか置いて、関守石《せきもりいし》のような「精神的な仕切り」としています。通りから見えるのはシンプルに整えられたファサードで、アプローチに植えた緑や花崗岩の敷石が彩ります。自転車や子どもの三輪車などが散らかっては台なしなので、外用の物置は必須です。人には見せたくない、ごみの保管スペースなども併せてつくっておきましょう。デザインはさりげなく、素材も自然環境に溶け込むものに。ここでは、板塀で囲っただけのシンプルな物置を植栽の隙間にそっと置いています。

主役が引き立つ外構づくり

「千駄木の家」
外構廻り平面図［S=1：75］

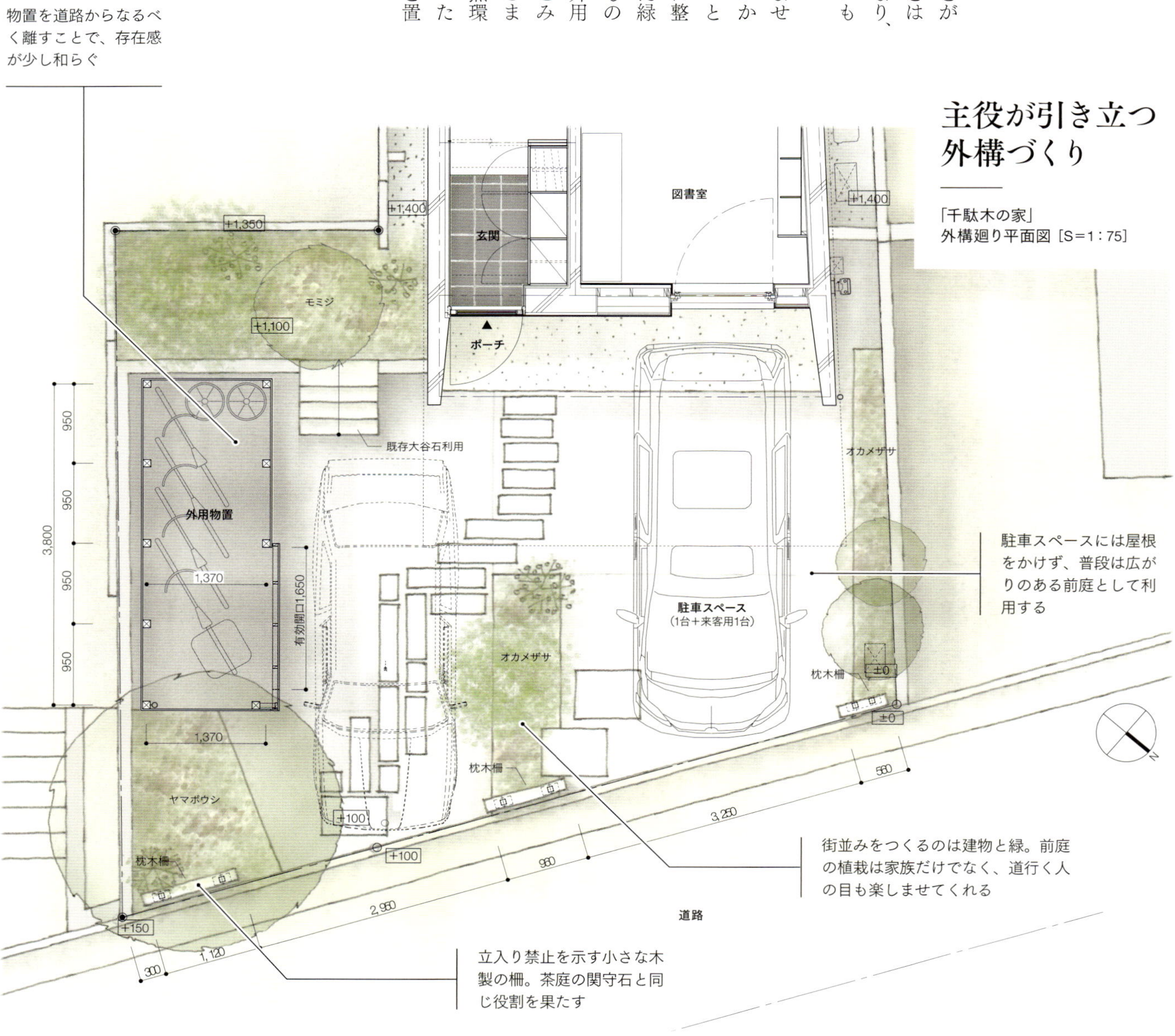

風合いのある枕木の柵

「千駄木の家」木製柵製作図［S＝1：20］

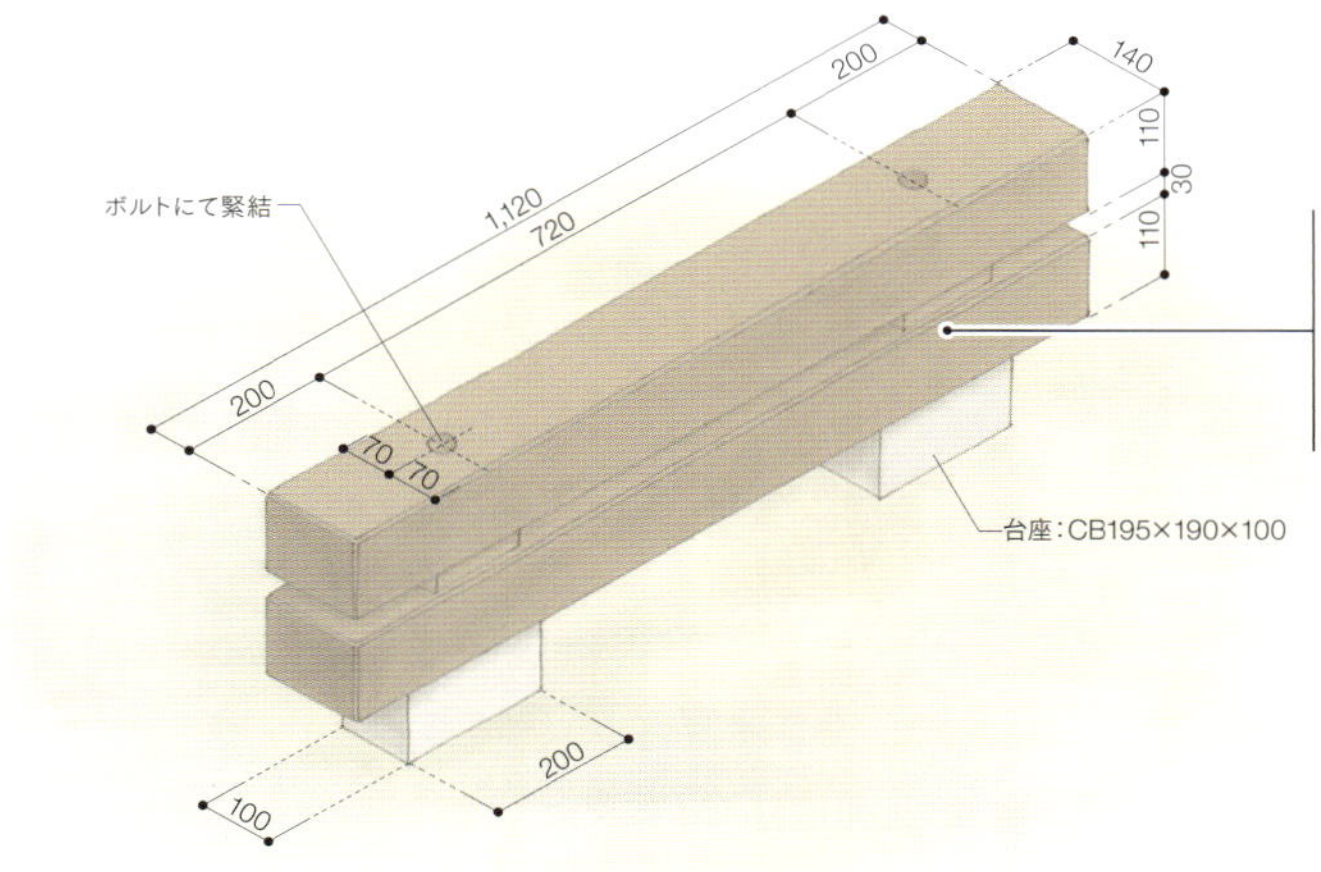

木製の柵にはリサイクル品の小さめな枕木を使用。コンクリートブロックの上に2本重ねて、ボルトで固定している

ブロックの上に枕木を重ねただけの背の低い仕切りが3つあり、街との境界を示している

1 外用物置には自転車や三輪車、ポリバケツなどがすっきり収まっている
2 片引戸を閉めても、奥にあるごみ箱の出し入れは可能

「千駄木の家」14／48頁

塀や垣根は適材適所

塀は時に道行く人に威圧感を与えます。本当に塀がいるのかまずは検討することです。塀が必要なら、人をはねつけるような表現は避け、高さや素材、質感を工夫します。

　角地に建つ「光辺の家」の塀は、長さが17mほどもあるため、板塀と鉄筋コンクリート（RC）塀を使い分けることにしました。主となるのはレッドシダーの板塀。視線を遮りながらも通風が期待できるので、庭に面した部分を中心に配置しています。一方、敷地の角部分などは頑丈なコンクリート塀で、板塀より高さ・長さを抑えています。型枠にスギ板を用いることで、その表情に繊細さと温かみを添えるとともに、板塀部分との相性も向上させています。

2つの素材を使い分けた塀

「光辺の家」
上：平面図［S＝1：150］
下：塀姿図［S＝1：50］

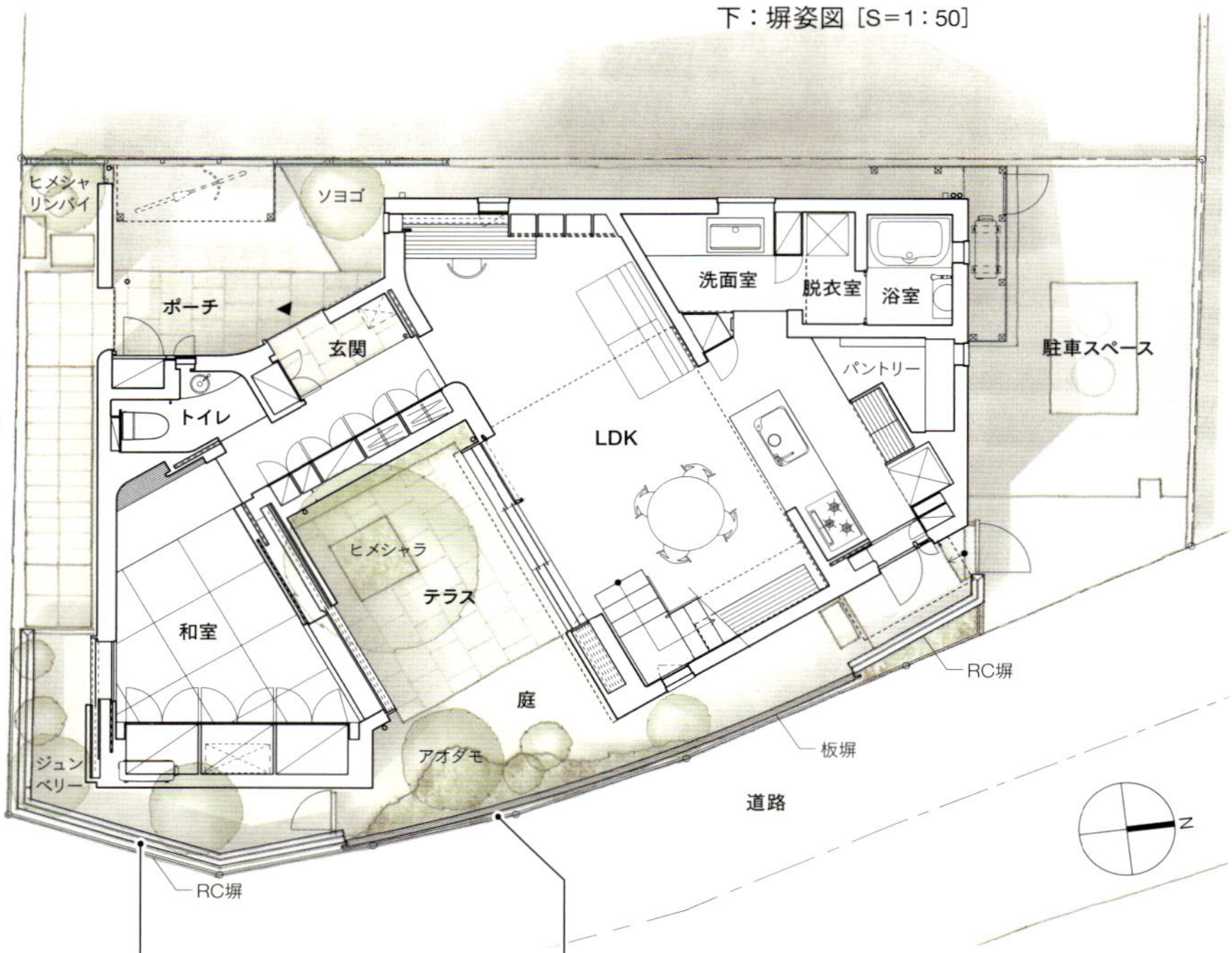

交差点に面した敷地角部分はコンクリート塀に。塀を低めにしておけば見通しもよくなり、車通りがあっても安心

室内から庭を眺めたときも、板塀であれば自然に溶け込み、景観を損なうこともない

コンクリート塀と曲面の板塀は面積配分に注意を払い、1つの塀としてバランスを取る必要がある

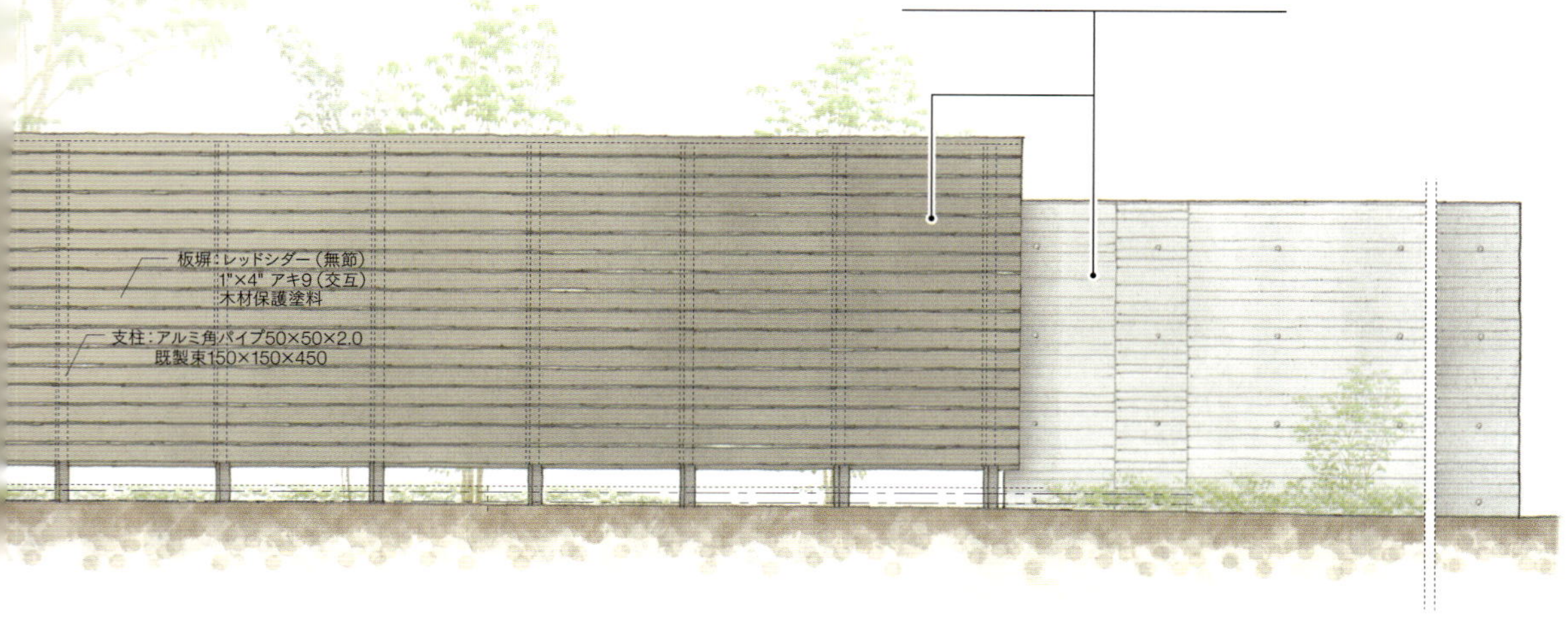

建物本体と塀がうまく調和し、美しいファサードをつくり上げている

木目のついたコンクリート塀越しに見えるのは、左官仕上げの外壁。塀の型枠に用いたスギの木摺板は幅が4種類あり、ランダムに貼って自然なテクスチュアをつくった

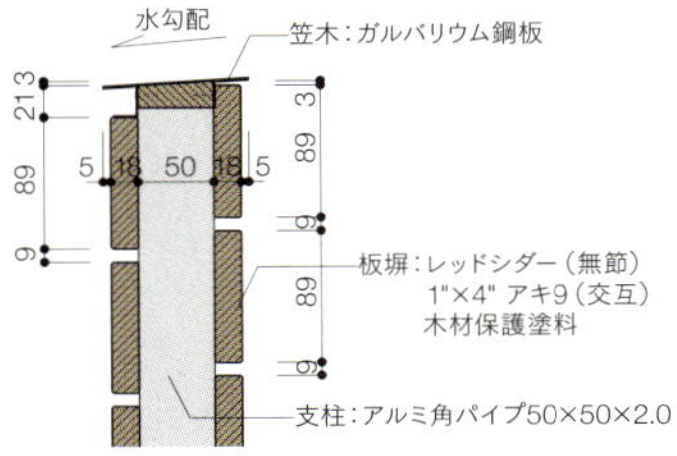

板塀断面詳細図［S＝1：10］

型枠に使うスギ板は木目がおとなしいものを選ぶ。通行人の顔先にくる塀には控えめなテクスチュアがふさわしい

道路との境界には緑も添えたい

「光辺の家」12／46／92／128／155頁

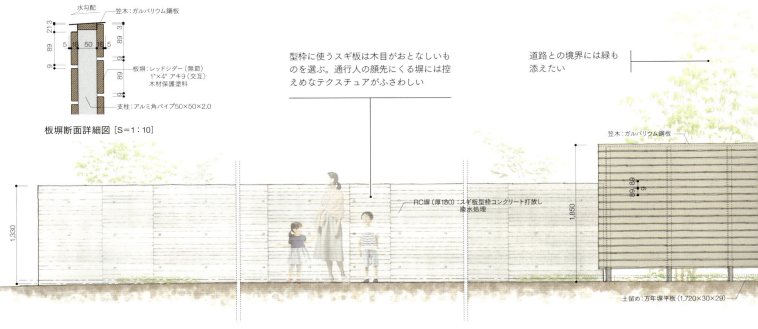

街なかこそ外とのつながりを

建築には敷地という具体的な場所が不可欠で、周辺環境とのつながりの中で成立しています。街なかでは敷地いっぱいに建物を建てることも可能ですが、ともすると外との関係が希薄になりがち。バルコニーや屋上を利用して、自然を身近に感じられる場所を住まいの中につくりましょう。建物の立て込む都市にあっても、街路樹の緑や開放感のある空とつながれれば、思った以上の広がりも生まれます。

この家は4層の都市型住宅、周囲にも中高層ビルが立ち並びます。最上階につくったのは屋上庭園、空が広がるぜいたくな空間です。さらに家庭菜園も用意しました。バルコニーは道向かいを流れる川沿いの並木と視覚的につながるよう、吹抜けにしてハナミズキを植樹。玄関廻りの植栽はわずかですが、家族や友人を温かく出迎え、送り出してくれるありがたい存在です。

緑を街にもおすそ分け

「Trapéze」立面図
[S＝1：120]

乾いた印象のビル群の中にあって、ファサードを彩る緑は街行く人の目も和ませる

小さな隙間にも緑や石を配すれば、ささやかでも心温まる風景が生まれる。自然は日々の暮らしを彩り、豊かにしてくれる

外壁は一つひとつ手づくりされた温もりあるせっ器質タイル貼り。テクスチュアのある外壁とさまざまな緑がつくり出すファサードは自然光を受け、刻々と表情を変える

玄関前にはヒゼンマユミとツツジを配した。わずかなスペースでも植栽の効果はバツグン

吹抜けのバルコニーには高さ5mものハナミズキが植えられている。室内からはこの緑の奥に、川沿いの豊かな並木を望める

1 玄関ホールから見た坪庭。隣のビルとの間にできた三角形の隙間だが、半日影で育つ低木を植えて庭とした。家族が玄関を出入りするたび、その目を和ませてくれる
2 4階は塔屋とそれに続くウッドデッキがある。残りはすべて芝生の庭、雑木の庭、家庭菜園で構成された屋上庭園になっている
3 2層吹抜けのバルコニー。上階の手摺壁は穴あきのブロックなので、風がよく抜ける。風の通りは植物にとっても重要

緑で外とつながる

「Trapéze」配置兼屋根伏図［S＝1：600］

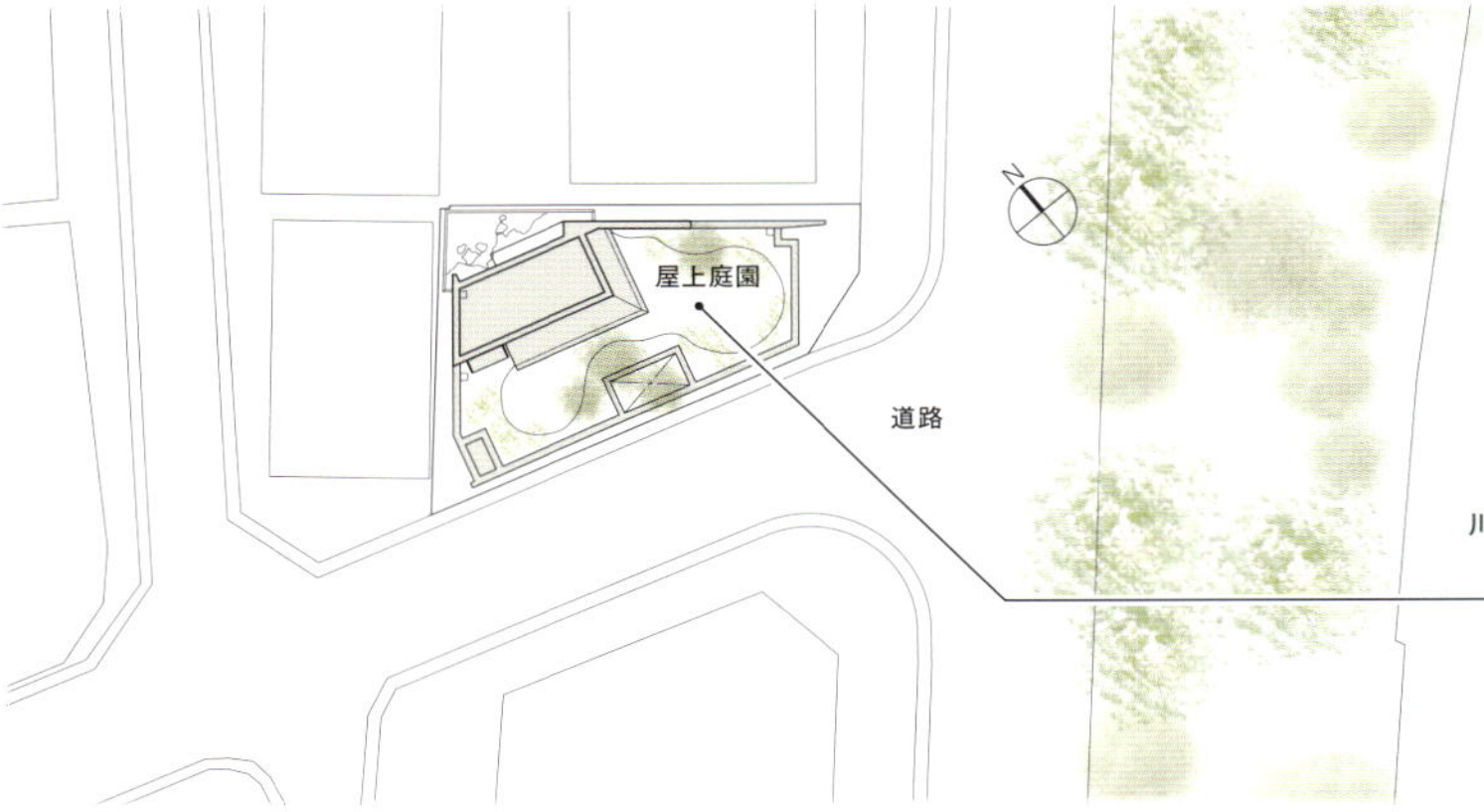

屋上庭園の緑の先には川沿いの並木が広がる。敷地の特性を生かし、周辺環境とつながる住まいをつくる

私の住まいが街をつくる

日本建築は「屋根の建築」ともいわれ、屋根が外観を決める重要な要素になってきました。軒が深く、建物に覆いかぶさるように葺かれた屋根は陰影をつくり、建築に豊かな表情をつくります。一方、奈良や京都の町家が並ぶ小さな通りでは、屋根というよりも軒先や庇の水平ライン、壁のテクスチュア、格子、玄関先の緑が目に入り、それらが建物や街の表情をつくり出しています。道幅が狭く引きが取れないところでは屋根そのものが視界に入ることはほとんどないのです。

住宅地に建つ「成城の家」も道路から屋根の全容は見えません。ファサードは左官壁と低く長い庇、格子をはめ込んだ水平の横長窓で構成しています。玄関廻りに施した植栽とともに住まいの表情を彩り、街に風趣を添えています。

その1軒から始まる街の風景

「成城の家」
配置兼近隣屋根伏図
[S=1：1,200]

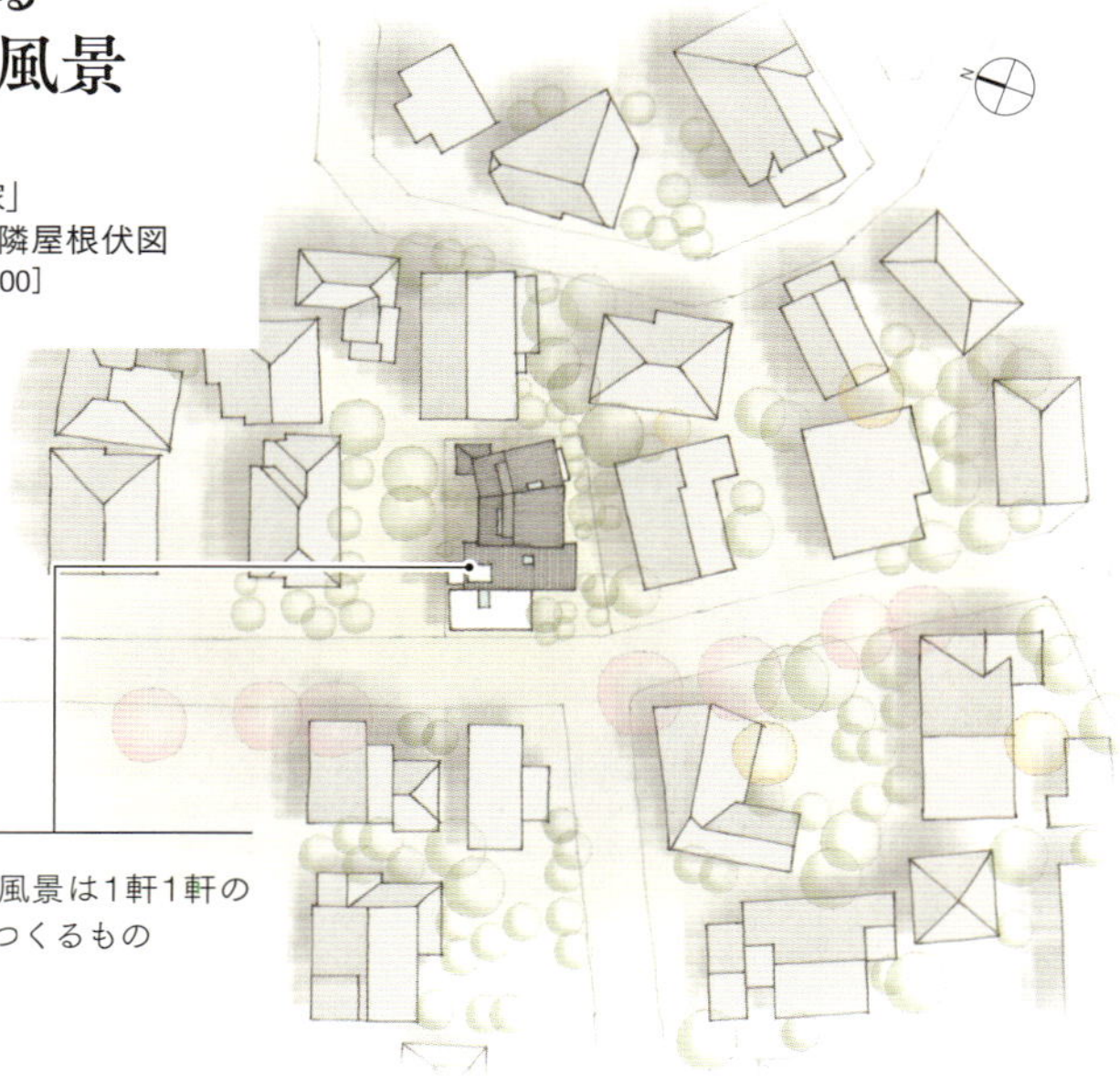

住宅街の風景は1軒1軒の住まいがつくるもの

塀も住まいの外観をつくる重要なもの。「成城の家」では、車庫の壁に塀が続く。いずれも鉄筋コンクリート（RC）造だが、型枠にスギ板を使用して素材感を出している。塀は高さを抑えるだけでなく、道路より後退させ、街並みにひと息付ける空間を提供している

ファサードを整え街並みに参加する

「成城の家」
上：立面図［S＝1：120］
下：外構図（部分）［S＝1：120］

通りに立ってみると、この立面図のような屋根の見え方はしない（右頁写真）

壁を伸ばして、物干し場を外に見せないようにしている

物干し場の目隠しと風通しを兼ねた木製の横格子

通りに対して低い庇が水平に伸びている

玄関廻りに植えた緑や左官の外壁にもなじむよう、塀やカーポートのRC壁には小幅のスギ板型枠を使い、ラフな表情に仕上げている

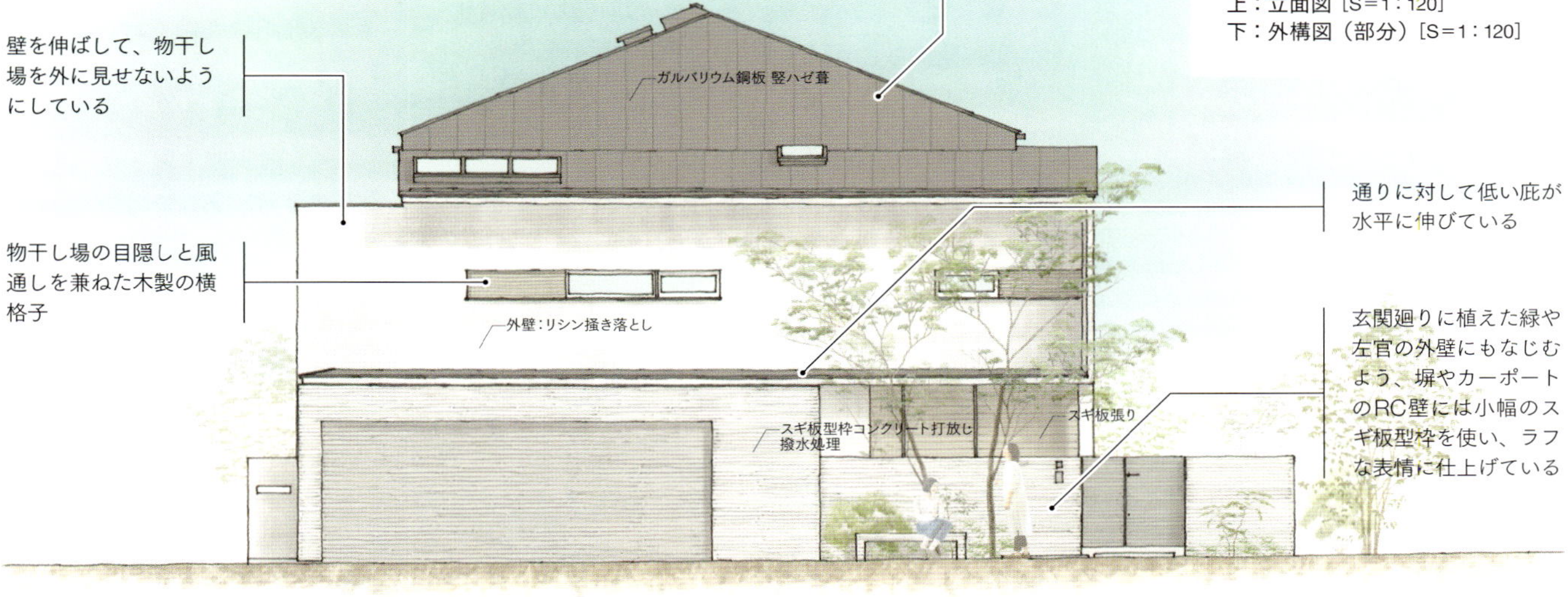

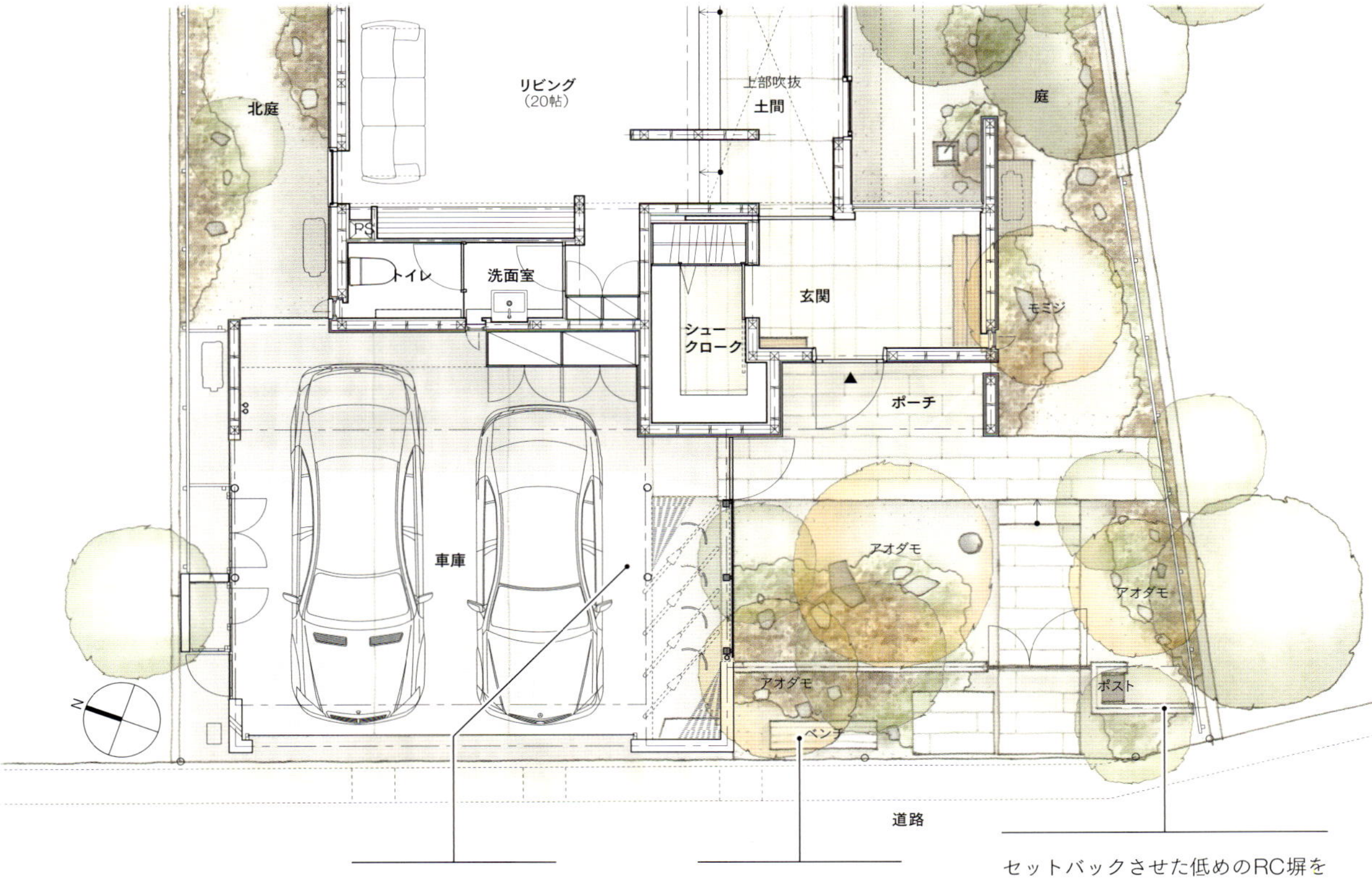

1軒の家も街の風景の一部になっていく

通りに面した「花見ベンチ」

セットバックさせた低めのRC塀をはさむよう内外に植栽する。道路沿いの緑は街にも潤いを与える

内と外をつなぐ日本的な手法

日本建築は内と外との境界があいまいだといわれます。内外を明確に区分するのではなく、土間や縁側、土庇《どびさし》といった内とも外ともいえない空間（中間領域）が緩衝地帯のように存在するのが特徴です。室内と庭との関係も深く、庭の緑や光は室内にそのまま映し出され、空間そのものを時に繊細に、時に大胆に変化させてきました。

内と外をつなぐという伝統的な手法を謙虚に学ぶ、さらには新しい解釈を加えて表現し、次世代へと引き継ぐことができればと考えています。

1 板張りのリビングから、2段ほど下がった土間、窓越しの庭を見る。芦野石を張った土間空間は庭のレベル近くまで下げて、外との関係性を強めている
2 ダイニングからは窓先の緑が楽しめる。正面の窓はテラスに続く窓、右手はリビングの土間にある窓

内と外が交流する住まい

「成城の家」
上：断面図［S＝1：100］
下：ダイニング展開図［S＝1：60］

室内の奥にまで太陽の光を届けてくれるトップライト。ルーバーで拡散された光が室内に映し出される

空気集熱式ソーラーシステムで自然の力を取り入れる

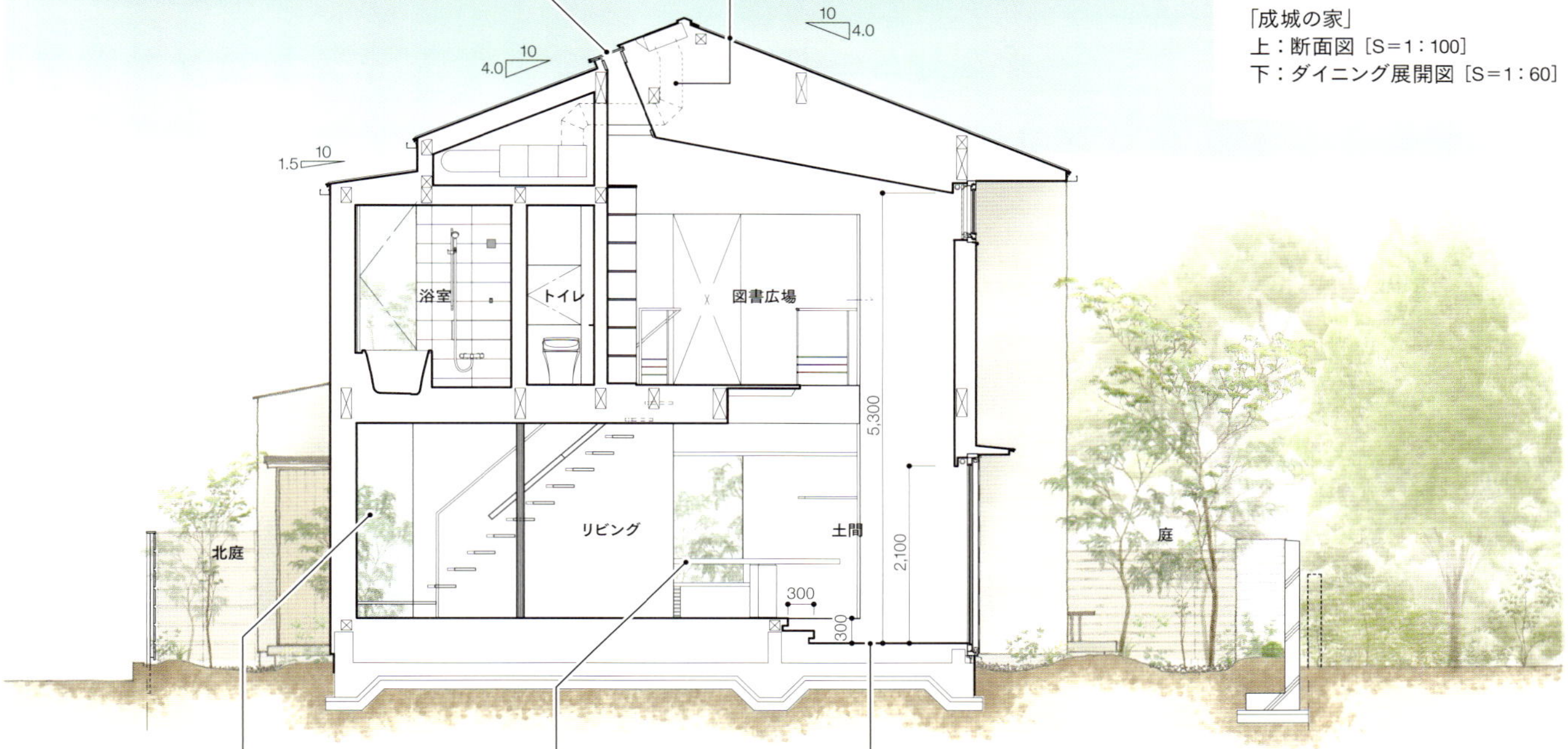

リビングのコーナー窓はサッシの枠を消すように納め、北庭とリビングを視覚的につなげる

リビングの奥に造付けの大テーブルのあるダイニングが続く

室内にいながら外とのつながりをより感じられるよう、土間を庭のレベルに近づけている

窓から見えるのは庭木と奥に続く隣家の植栽。奥行きのある緑を室内に取り込む

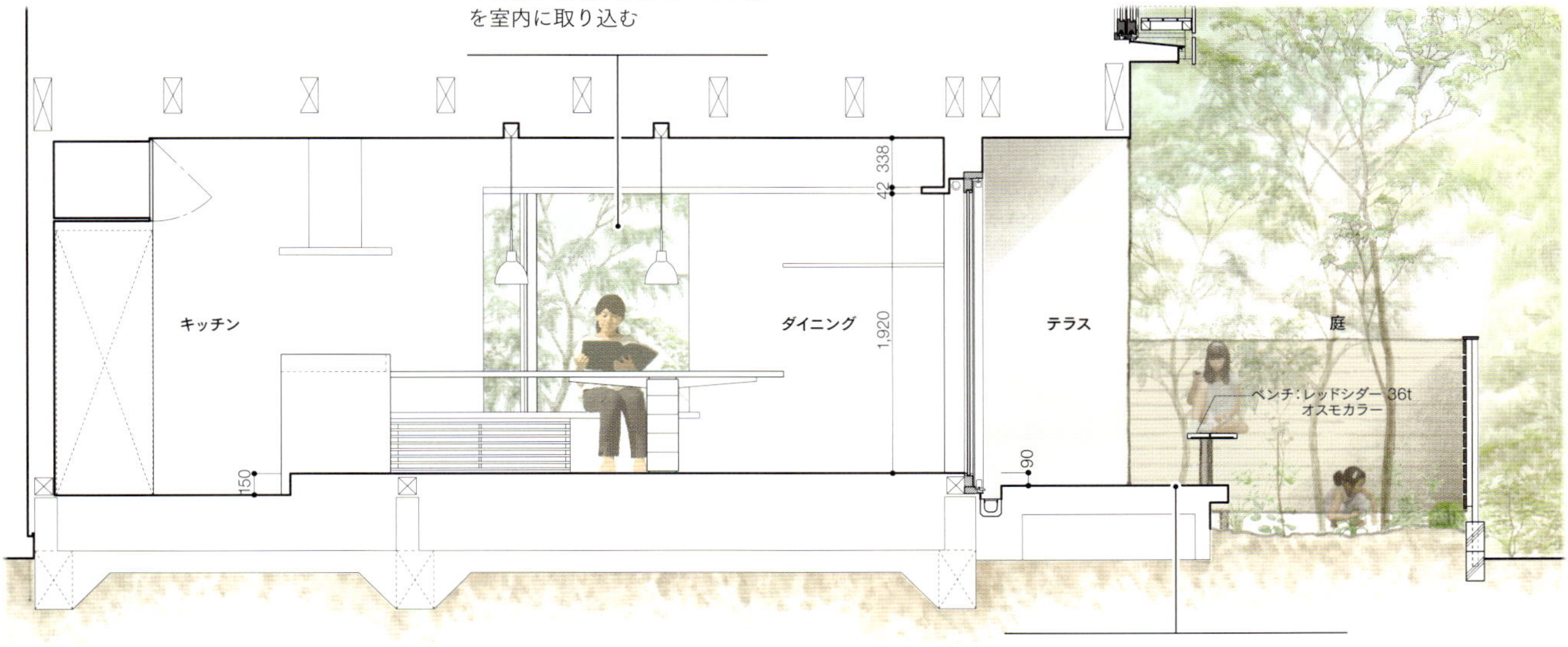

石貼りのテラスはダイニングと庭をつなぐ中間領域。ベンチもあり、室内的な使い方ができる

「成城の家」28／36／58頁

魅力いっぱい軒下空間

深い軒の出で強い日差しを遮り、その軒下に内でも外でもない空間（中間領域）をつくり出した日本の住宅。外にありながら生の自然を少し和らげるこの中間領域は、四季折々多様で豊かな暮らし方を届けてくれます。現代の高気密高断熱住宅においても、内と外という二元論に陥らずに、この中間領域を上手に生かしていきたいものです。

「宇都宮の家」は1階に濡れ縁、2階には屋根のかかった広いルーフバルコニーがあります。室内から外に張り出し、より自然に近づいた場所だからこそ、時の流れや季節の変化を肌で、ゆっくりと感じることができます。

中間領域をあちこちにつくる

「宇都宮の家」各階平面図［S=1：400］

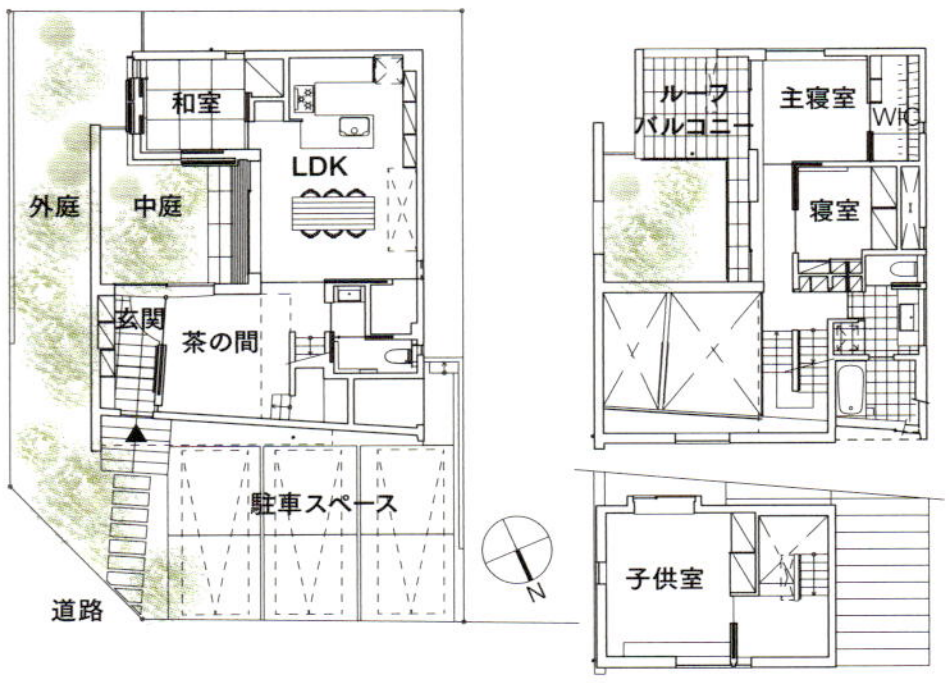

「宇都宮の家」断面パース（部分）
［S=1：50］

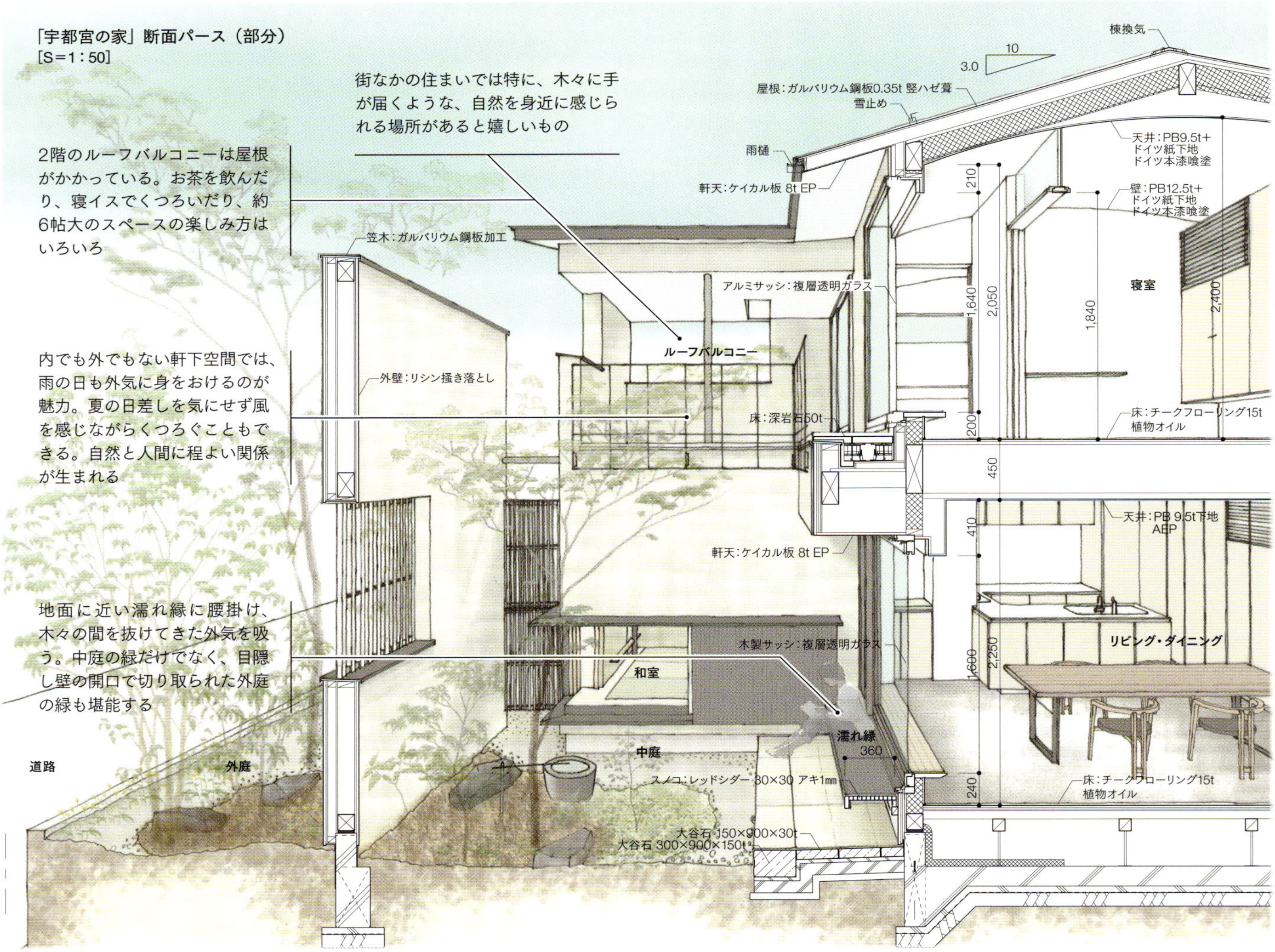

子供室から中庭を見下ろす。奥にあるのは深岩石敷きのルーフバルコニー。屋根がかかっているので、雨や強い日差しを避けながら外気に触れられる。安心感と開放感が同時に味わえるのが魅力

「宇都宮の家」8／44／78／115／117／140／144／152頁

渡りよし、景もよしのアプローチ

千利休は茶室の露地について「渡り6分に景4分」という心得を残しています。住宅のアプローチも人や自転車がスムーズに行き来できるように気を配ることが第一です。その上で、建物や周辺環境と調和する景色を木や石といった自然素材でつくります。渡りと景、どちらにも考えが行き届き、バランスが取れるとよいアプローチになるのです。

アプローチには静寂さとほどよい距離も必要です。木漏れ日の中、風に揺れる梢を抜けて玄関に至るひと時は、疲れて帰って来た家族に癒やしを、来客には期待感をもたらします。メーター類やエアコンの室外機などは目障りにならないよう、配置には細心の注意を払いましょう。

限られた敷地では隣家の緑もありがたい。敷地内の緑と重ねて生かす

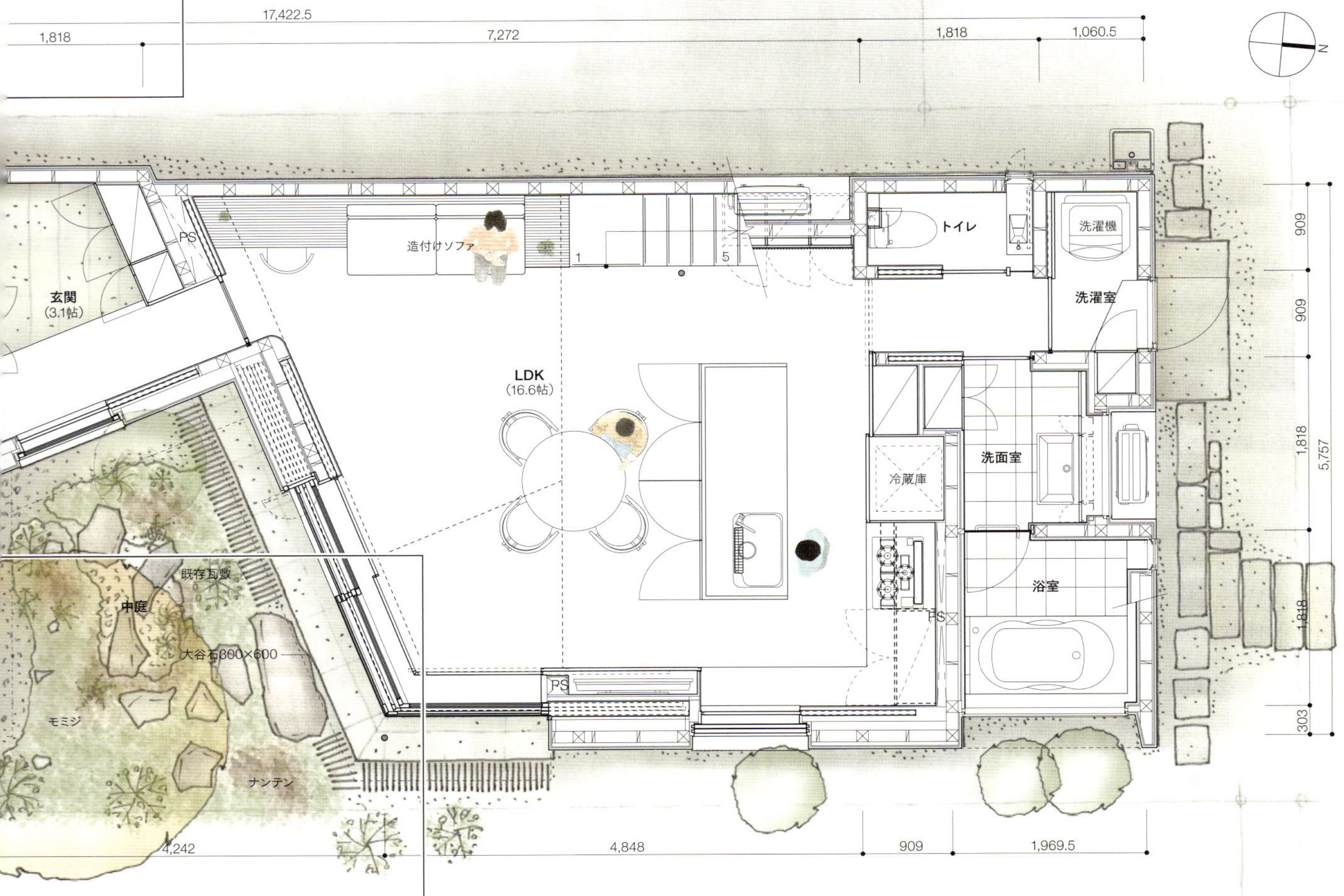

限られた敷地ではアプローチを蛇行させたり折り曲げたりして塀や壁と緑を組み合わせ、視線をコントロールする。いくつもの場面をつくり出すことで奥行きも感じさせる

見せたくないものはしまう

「つづら折りの家」1階平面図［S=1：75］

1 道路沿いの低めの板塀から門越しに内露地がのぞく。外露地の赤いモミジや低木類の緑は街の風景にもなっている
2「つづら折りの家」模型。道路沿いにあるのが外露地、門の奥に内露地が続く
3 門の格子戸を引き込むと内露地が現れ、その先に玄関が見えてくる

通りに面した外露地。雑木の緑が街並みと調和し、近隣環境を向上させていく

内露地では「渡り」に重きを置く。敷石は以前の住まいで使い慣れている大谷石を再利用し、低木や下草はやや少なめにする

外壁の一面を露地まで伸ばして門をつくり、そこに木製の格子戸を吊っている

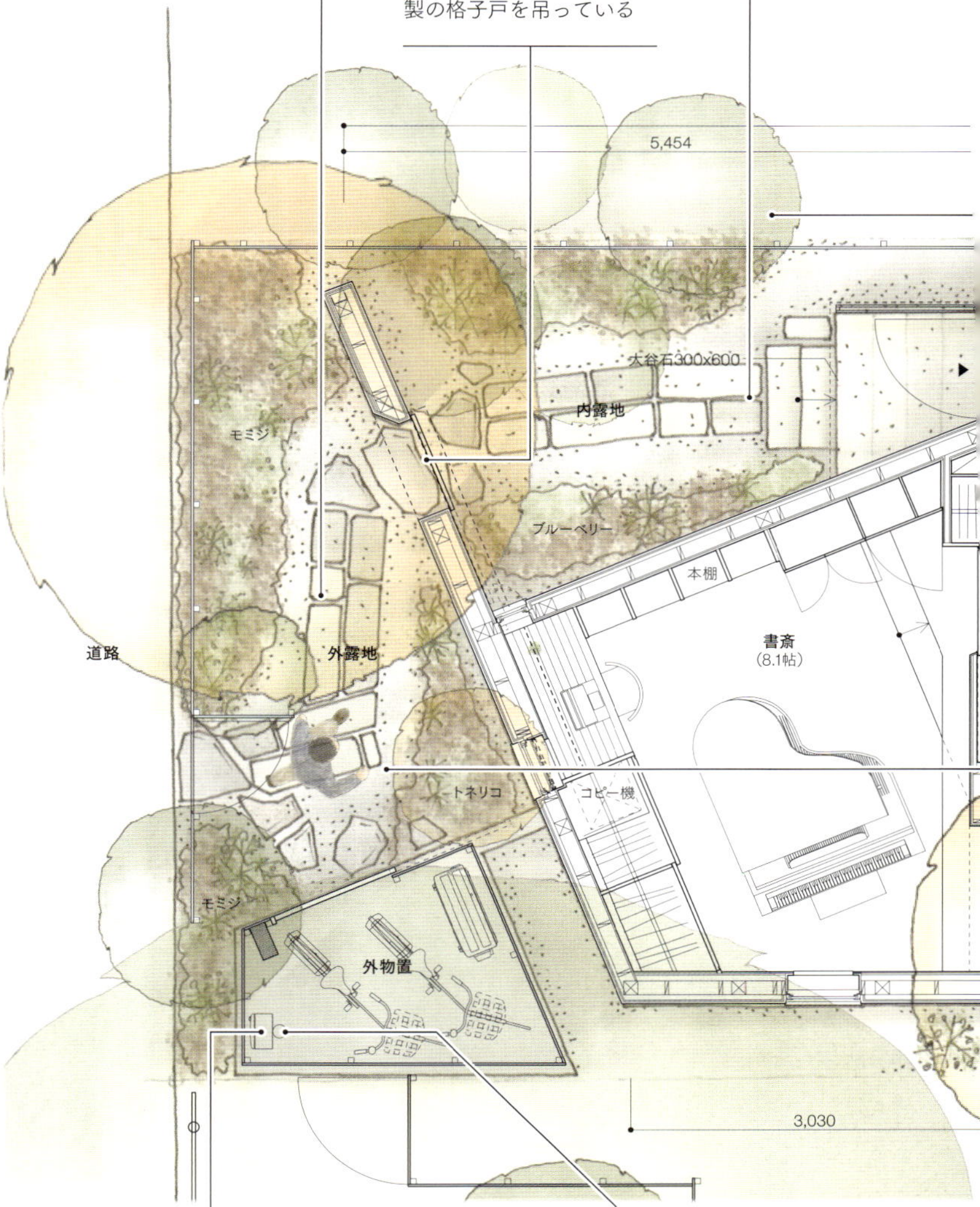

建物外部に置かれる設備機器類を設計終盤に処理するのは難しい

板塀で囲い、風景になじませた外物置。自転車や掃除道具など、外で使うモノを取り出しやすい場所にまとめて収納した。人に見せたくないメーター類や室外機、ごみ置場も兼ねている

「つづら折りの家」10／94／106／133／146／156頁

南側の庭にしばられない

南側の庭にこだわる人は少なくありません。ですが、お向かいの家からするとそこは北庭。南庭といっても相対的なものなのです。固定概念にしばられず、庭の可能性を全方位に探りましょう。一日を通してどんな光がどこから入るのか、土地全体を観察することから始めます。

「成城の家」では、建物を敷地中央やや北寄りに配置。南側にまとまった庭を取るのではなく、小さな庭をいくつもつくり、家の周りを流れるようにつなげていきました。屋内のいろんな場所から、隣家の木々と重なった奥行きのある緑を楽しむことができます。一方の庭に影が落ち始めても、他方の庭が明るくなり、室内は一日じゅう穏やかな光で包まれています。

窓を通してあちこちから入ってくる自然光と美しい緑。階段奥の窓は北側の庭に、ダイニングの窓は東側と南側の庭に面している

キッチンからダイニングを見る。ダイニングは2方に窓があるが、隣り合う土間やキッチンの窓からも緑を楽しめる。開口部は自然光や風が入り、近隣の緑と敷地内の緑が重なる位置に設けている。隣地の緑を借景した雑木の庭は造園家の荻野寿也氏によるもの

雑木の庭に建つ住まい

「成城の家」1階平面パース
[S＝1：100]

道路に面した西側の緑は、街並みにも寄与する。アズキナシなどを植えて、アプローチに季節感を添える

隣家の通路に面した北側の庭。意外に明るく、午後からは日も差すので、ナナミノキやトキワマンサクなどを植えている

春は桜並木を眺め、夏には風に揺れて涼を呼ぶ南庭を愛でる。秋は隣家の緑と重なる深い紅葉を望み、冬、遠く澄んだ空を仰ぐ。季節と共にある住まいに、家族の風景が重なる

直射日光だけでなく、雲や隣家の壁などで拡散・反射した光がどのように敷地内に届くかを見極め、建物の位置や間取り、窓の位置などを検討していく

隣地に豊かな緑があるため、西側の庭にはヒメユズリハだけを植えた

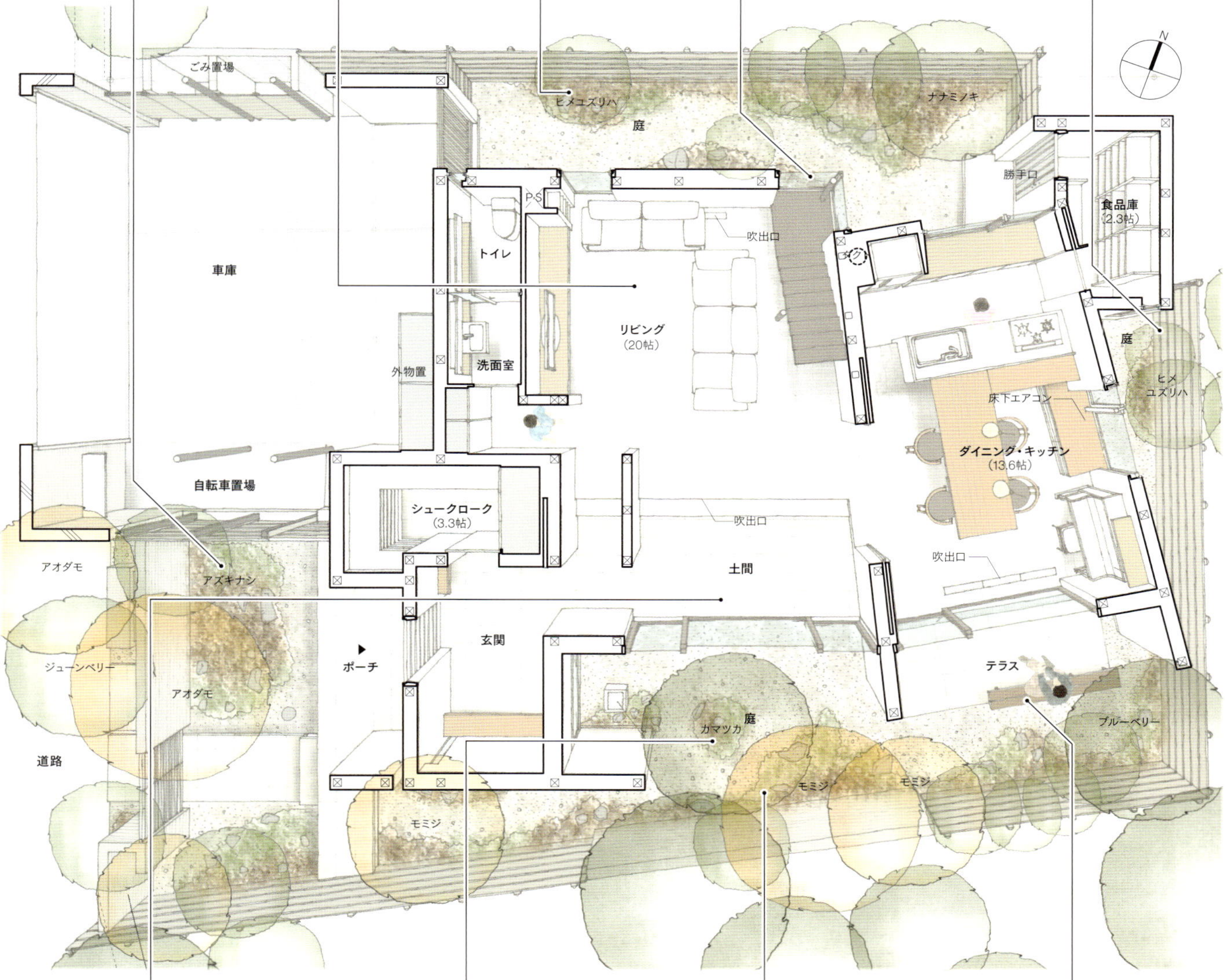

木漏れ日の落ちる土間に立つと、雑木林の中にいるかのよう。自然を身近に感じられる場所を屋内外に用意しておく

建物をぐるりと囲む敷地内外の雑木の緑。四季折々移り変わる景色が、住人を楽しませる

南側の庭にはモミジ、カマツカなどを植え、隣地の緑とともに川沿いの雑木林の雰囲気をつくり出す

テラスにはベンチを設置。ゆっくり身をおけば、日差しを受けた木の葉の匂いが鼻をくすぐる

「成城の家」28／30／58頁

小さな庭の大きな効果

当然のことですが、庭の大きさは敷地の広さに左右されます。しかし庭の効果はその大きさだけでは計れないもの。都市部の限られた敷地では、まとまった庭を無理につくろうとせず、小さな庭をいくつかに分けて確保するほうがよい住まいになる場合があります。

都市部の住宅地に建つ「包み庭の家」は敷地30坪。この家に光と風と緑を届け、奥行きや陰影を与えているのは、2つの小さな中庭です。また、建物と道路のわずかな隙間にも緑を配して、街行く人々の目を楽しませています。

どの部屋からも見える中庭はこの家の中心。5帖大のスペースにモミジやヤマボウシなどを植え、テラスをつくっている。室内外から新緑や紅葉が楽しめる

緑に包まれた住まい

「包み庭の家」外構図［S＝1：150］

わずか30坪の敷地に小さな庭が計画されている

敷地南西にある坪庭は2坪弱。中庭よりさらに小さいが、アオダモやクロモジのほか、アオキやベニシダを植えている

緑を分散させ最大限に楽しむ

「包み庭の家」立面図［S＝1：100］

建ぺい率60%（角地）、容積率100%、延床面積30坪の住まい。都市部では一般的な広さだが、十分な生活空間を確保し、車や自転車を収めた上にまとまった庭をつくるのは至難の業。小さな庭をバランスよく配することができれば、都市住宅にも希望がもてる

それぞれの家でできる範囲で緑を育てていく。それが緑豊かな潤いある街並みにつながる

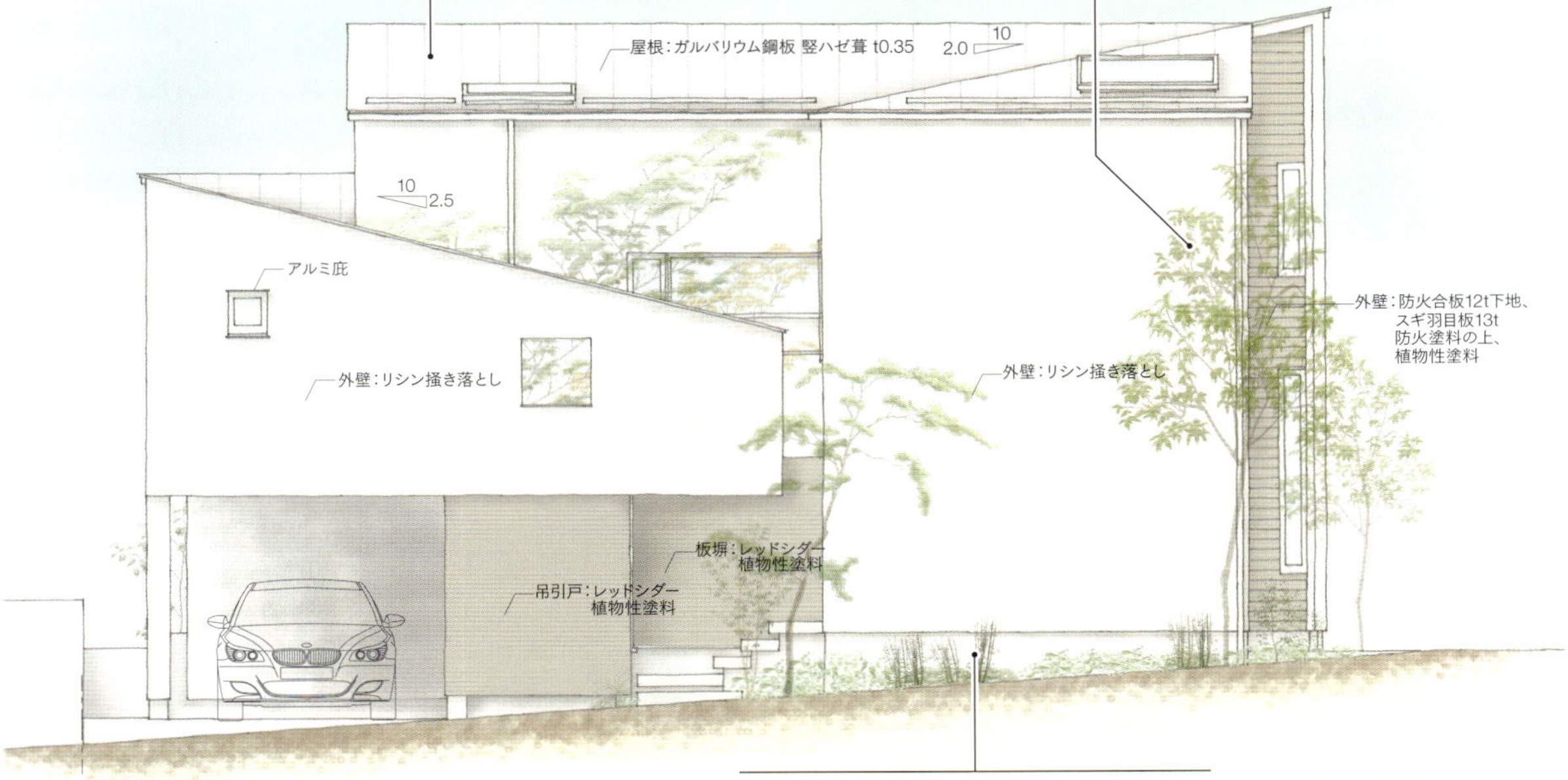

自然の植生にならい、庭のボリュームにあった樹木や草花を植える。もちろん手入れできる範囲にとどめておくことが重要

「包み庭の家」122／142頁

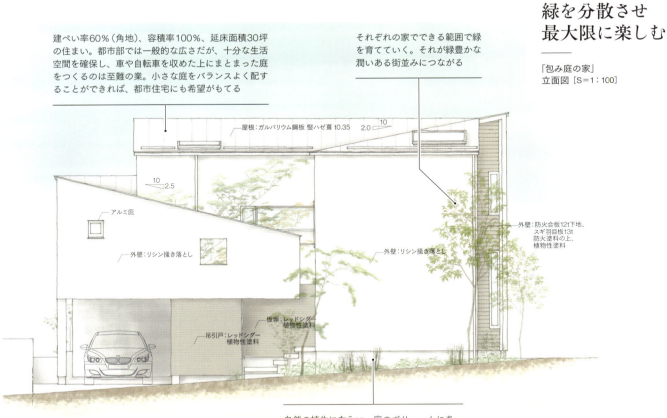

見直しから始まる庭づくり

自分が描いた図面も、家が生まれる「現場」で必ず見直すようにしています。外構は特に植栽や自然石など何一つ同じものはなく、図面に表現しづらいもの。どのように配置していくかは、実物を目の前にしたうえで決めていきます。木や石、一つひとつの形を見ながら据えていくのはもちろん、全体のバランスも重要なので、現場での調整が欠かせません。重要なのは現場でモノを見て、現場にモノをフィットさせること。それには職人さんたちとのチームワークが欠かせません。

「上用賀の家」は庭石店の事務所兼住居。自然石が似合うモダンな住宅です。現場で打ち合わせを重ねながら、職人でもある建て主に石を配してもらいました。

1 アプローチは道路に開かれた前庭でもある。自然石をふんだんに使った前庭が印象的なこの住まいは庭石店のショールームの役割も果たす
2 アプローチは白御影石と大谷石の切石で構成。要所に筑波石を自然のまま使い、緑を配している
3 玄関土間に据えた踏み石。配石によって玄関に広がりや余白が生まれる

自然を住まいに取り込む

「上用賀の家」
1階平面図［S＝1：80］

玄関土間には平たい大小の踏み石を埋め込んでいる。土間床を豆砂利の洗出しで仕上げて、住まいとの調和を図る

踏み石は土間の周辺に配置して、中央に隙をつくる。狭い空間に広がりを出している

自然石は安易に使うと品のないものになるので注意が必要。控えめにしておくぐらいがちょうどよい

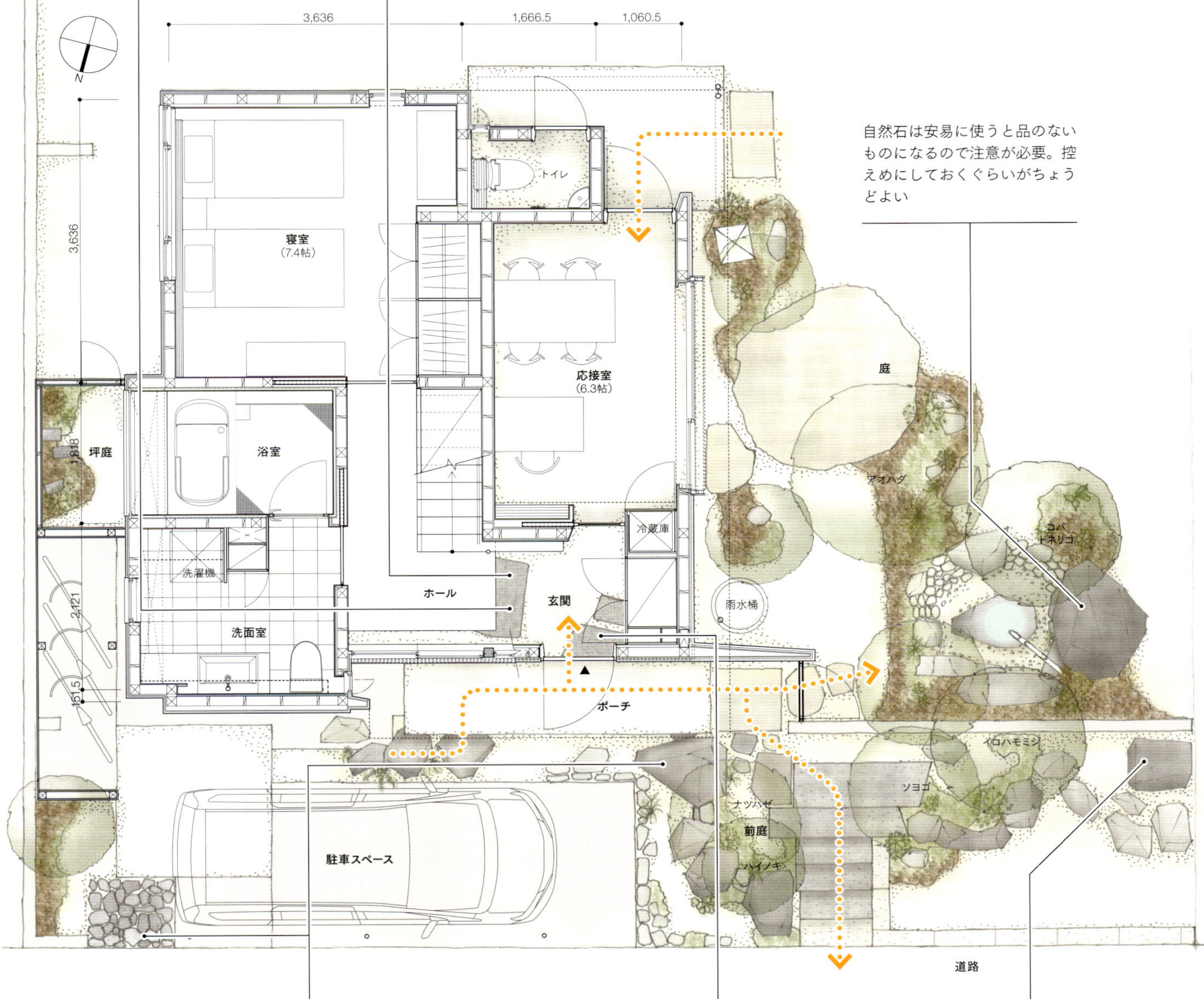

駐車スペースにはいくつかの異なる表情をつけ、前庭の一部としての存在感をもたせる

玄関扉の戸当たりを兼ねている黒御影石の踏み石

外構デザインは庭石店を営む建て主とのコラボレーション。思ってもみなかった新しい表現が生まれた

chapter 2

居場所

心地よさをデザインする

住まいづくりとは心地よい居場所をつくること。住まいは今という時間と空間を快適に暮らすために大切な場所なのです。家の中に、自分の体と心がしっくりと納まる窓辺のベンチや、包まれるような光と静寂を感じられるスペースがあれば、きっと家族も幸せでしょう。もちろん、日々の暮らしは楽しいことばかりではありません。落ち込むことや困難にぶつかることもあるでしょう。そんなときに心を解き放つことができる心地よい居場所があれば、随分と救われるはずです。

　家族が集まる居場所は、戦前の囲炉裏端や茶の間から現代のリビングへと変化してきました。同時に畳からイス式の生活に移行し、人々の立ち居振る舞いも変わってきました。最も変わったのが視点です。床座、イス座で見えてくるものが大きく異なるのです。囲炉裏端や茶の間は狭いスペースでしたが、視点が低いことは地面に近いことでもあります。これによって内外のつながりが強く感じられたのです。内外とも仕切りといえば主に建具なので、光や風、風景までもが室内に呼び込まれ、内外の境界はあいまい、常にうつろうものでした。一方、建具越しにつながる奥の部屋には、陰影や静寂が生まれました。囲炉裏端や茶の間の喪失とは、低い視点とそこから室内外に広がり抜けていく水平性の喪失でもあったのです。

　主にアメリカのモダンリビングから学んだ、居間を中心に個室が配置される現代の日本の住宅スタイルは、これらのことを捨ててしまったかのようです。囲炉裏端や茶の間が本来もっていた、家族が集まる求心性、立ち居振る舞い、視点の低さ、水平性、室内と庭の交流などにもう一度謙虚に学び、そこから現代の家族の居場所を新たにデザインしたいものです。

写真：縦露地の家

数《す》寄《き》の心を現代に生かす

古くは、質素ながら洗練された草庵風茶室を数寄屋といいました。数寄は「好き」ということですが、「数を寄せる」や「すく（透く・空く・梳く・漉く）」という意味もあるそうです。形も色も質感も違うモノを取り合わせそこに美を見出す……。茶室を構成するさまざまな素材が、狭小空間の中で見事にバランスを取る様は、まさに数を寄せる数寄の世界。そこには国内外のモノをどん欲に取り入れては見立て、すく、数寄の心があります。

ライフスタイルや働き方、家族構成が多様になった現代にこそ、数寄の心が求められています。異なる価値観を認め、生かすデザイン手法を住まいづくりにも積極的に取り入れたいものです。

屋根つきのバルコニーが日差しをすかし、奥に続く寝室へと伝える

光や風、音や香りが格子の隙間から入り込み、中庭によってすかされ、室内の奥深く入り込む

リビングから中庭を見る。開口のある目隠し壁と格子で囲まれた中庭は、その先にある街の気配を感じさせながらも、室内に静寂をもたらしている

視線も光もすかす

「宇都宮の家」
断面パース［S＝1：60］

中庭に降り注いだ日光が反射し、日時計のように刻々と表情を変えながら室内に明かりを届ける。柔らかくなった光が、落ち着いた空間をつくり出す

トップライトの光は時に強すぎる。窮屈なくらいの壁の隙間に落とし、すかすことで、柔らかな拡散光になる。光は壁から床へと伝わっていく

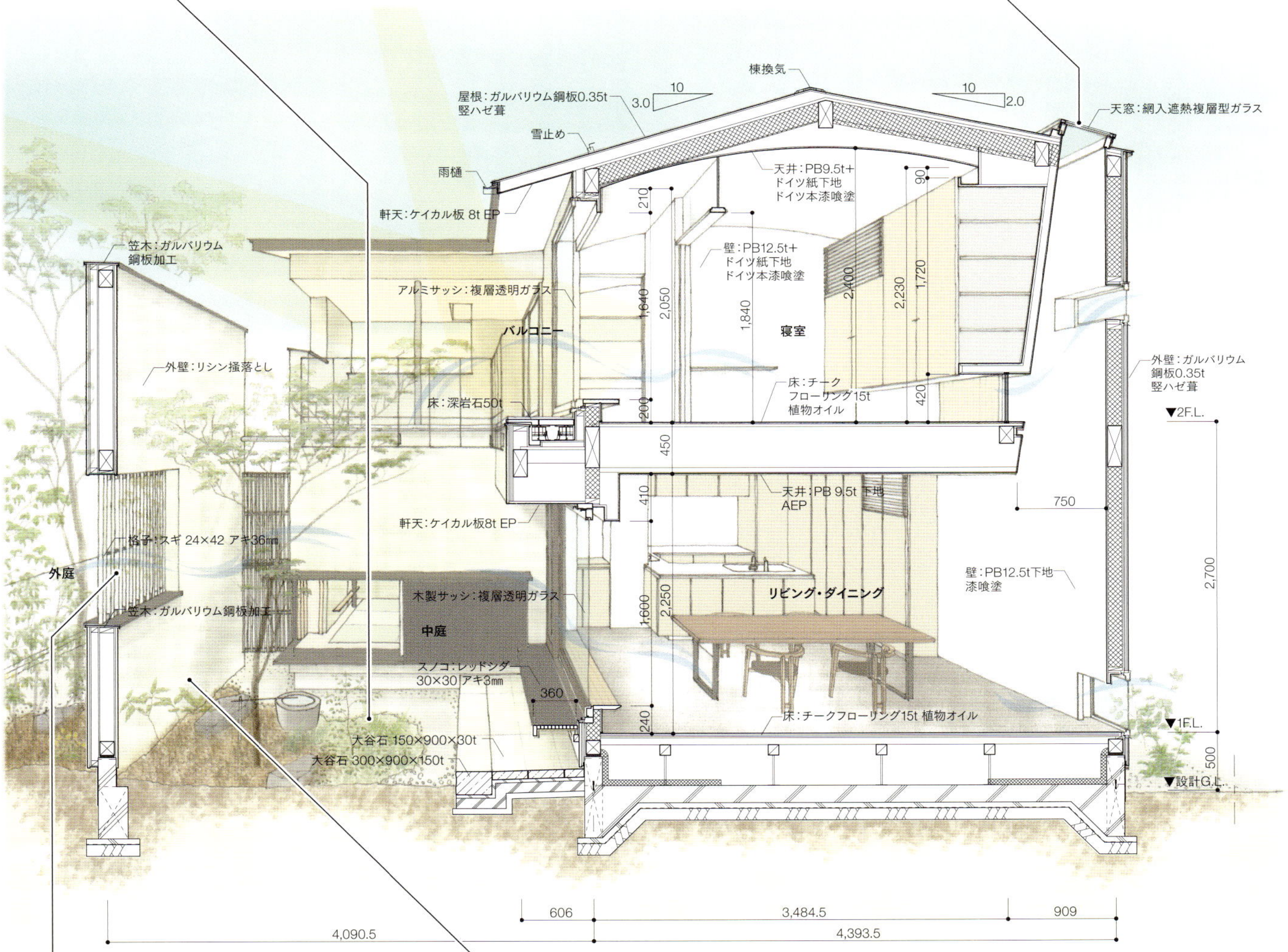

通りを歩く人にも、中庭の緑や暮らしの気配が格子越しに届けられる。街とゆるくつながることで住み手にも安心感が生まれる

道路沿いに立てた目隠し壁には格子付きの開口を設け、外庭の緑と街のざわめきを少しだけ伝えている。都市部では街との関係を遮断せず、すかすくらいがちょうどいい

「宇都宮の家」8／32／78／115／117／140／144／152頁

つなぐ・仕切るは自在に

日本の建築は平面（間取り）を重視してきました。とはいえ、その平面とはきっちりと区切る間取りではなく、可変性のある空間のこと。障子や襖などの建具や屏風《びょうぶ》を開閉・移動させ、空間を仕切ったり外部とつなげたりする。この操作によって奥行きや広がりを変化させ、住人どうしや自然との距離感を調節、多様性のある営みを生み出してきたのです。

「光辺の家」は、ＬＤＫと和室がテラスをはさむ間取り。ガラスの框戸が内外の空間をゆるやかにつなぎます。大人数が集まるときや穏やかな季節には建具を全開、ＬＤＫからテラス、和室までをひとつながりの空間にします。和室は障子を閉めれば一人静かにくつろぐ空間に。淡い光に包まれながらまどろむこともできます。人の心の機微にも応えてくれる可変性のある住まい。それを可能にした木の建具や障子紙は人の心に作用してくれる「優しさ」ももっています。

2つの部屋をつなぐテラスと建具

「光辺の家」1階平面パース
[S=1：80]

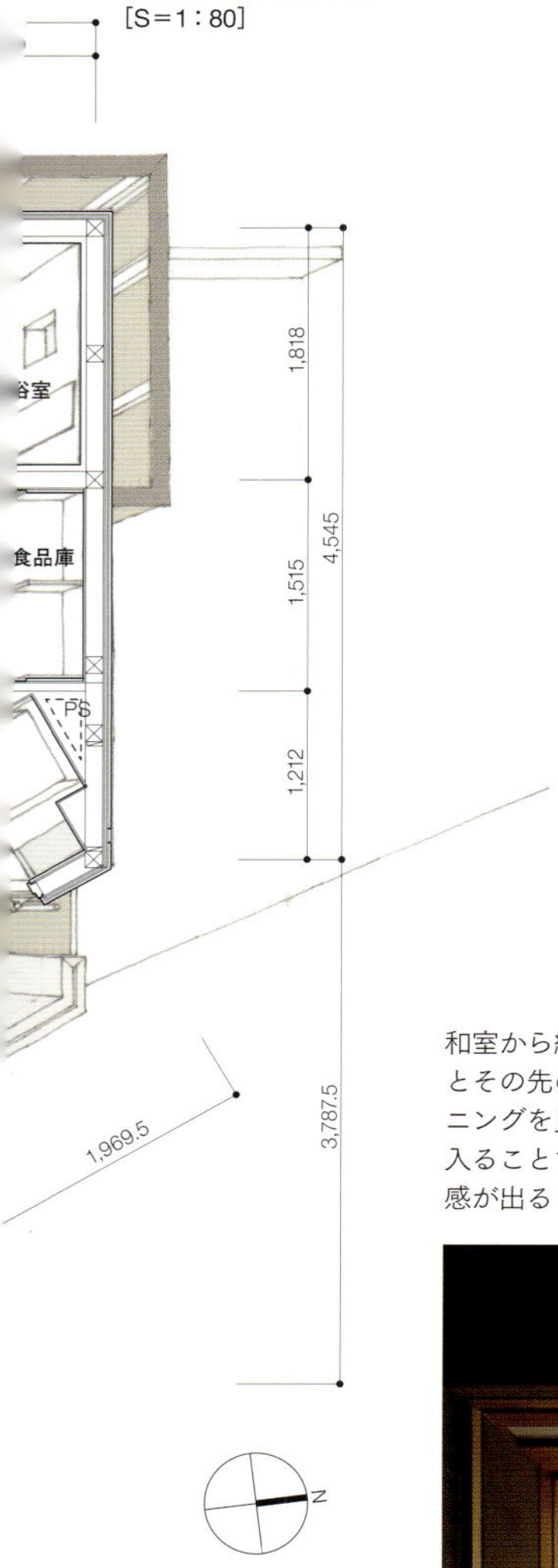

リビング・ダイニングからテラスを通して和室を見る。建具が戸袋にすべて引き込まれているので、テラスとの一体感がより強くなる

和室から網戸越しにテラスとその先のリビング・ダイニングを見る。間に建具が入ることで、空間に奥行き感が出る

門扉は光や視線も抜ける、格子状のスチール製建具。外と内の気配をつなぐ

玄関とリビング・ダイニングを仕切る框戸は壁に引き込んでいる。透明ガラスが入っているので、閉めても開けても視線は通るが、空気や音の抜け方、見え方や奥行き感は変わる

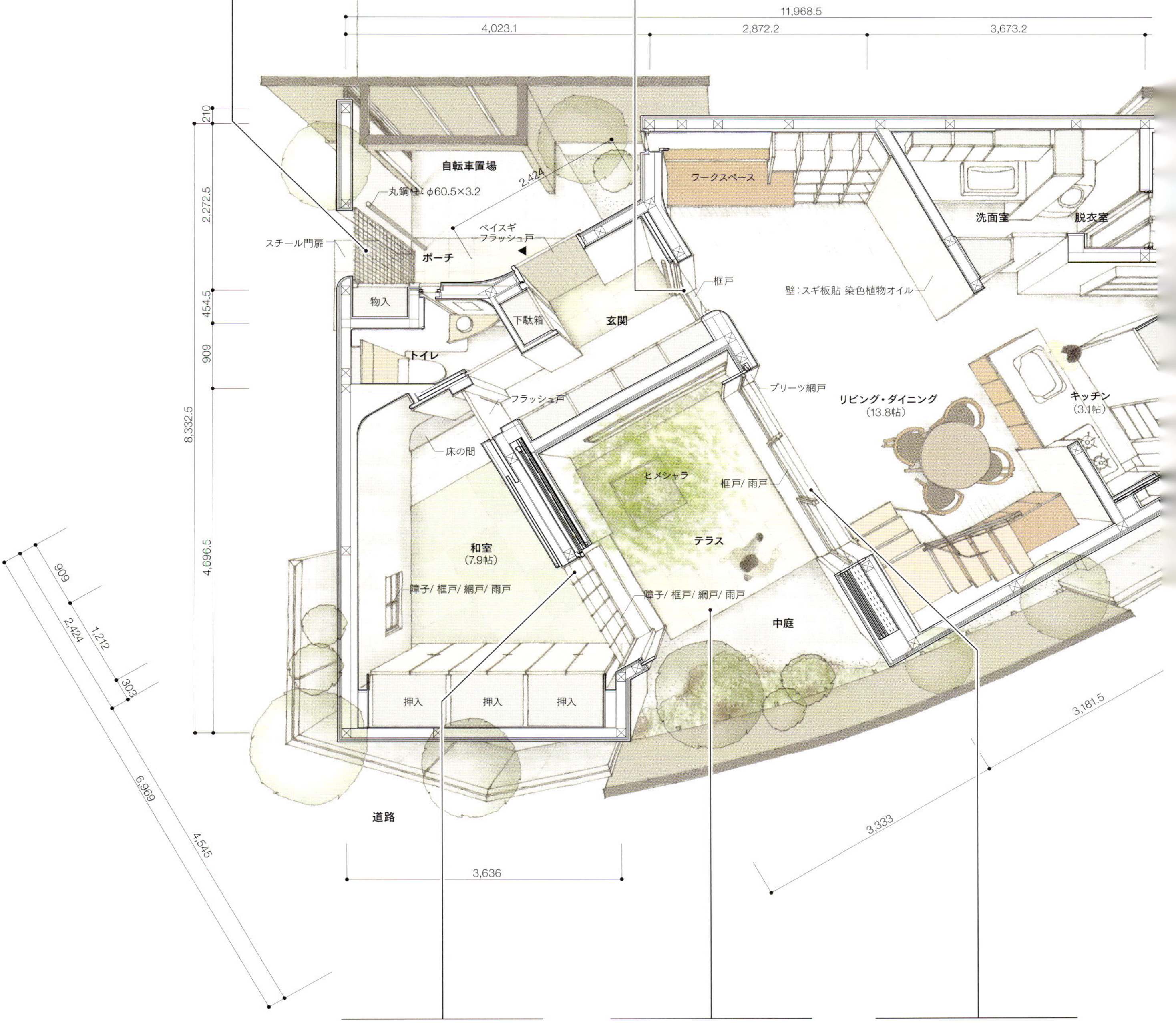

和室の開口部には、雨戸、ガラス戸、網戸、障子が入っている。複数の建具を開けたり閉めたりして、自然との関係を調整する

テラスを室内の床レベルに近づけると、出入りがしやすくなり、内外に一体感も生まれる

リビング・ダイニングの框戸と雨戸は壁に引き込むことができる。直射光や視線はロールスクリーンで調整する

「光辺の家」12／24／92／128／155頁

続き間をもう一度

かつての間取りは続き間で、襖や板戸といったゆるい仕切りがあるだけでした。現在は、壁をしっかりとつくり、機能ごとに部屋を分けた間取りが主流です。しかし部屋の壁を1面だけでも引戸にしておくことで、内と内、内と外またその先の自然ともつながることが可能になります。さらに、透明ガラスや半透明の樹脂パネルを使った「光を通す建具」を用いれば、新しい続き間をつくり出すことができます。

「千駄木の家」は2階が続き間になっています。テラスのある南庭からスキップフロアのリビング、ダイニング・キッチン、東庭まで、ガラスの入った引戸越しにつながります。建具の開け閉めにより室内に取り込まれた外気や光、風などが、住み手の五感に優しく語りかけてくれます。

外ともつながる続き間

「千駄木の家」2階平面図
[S=1：75]

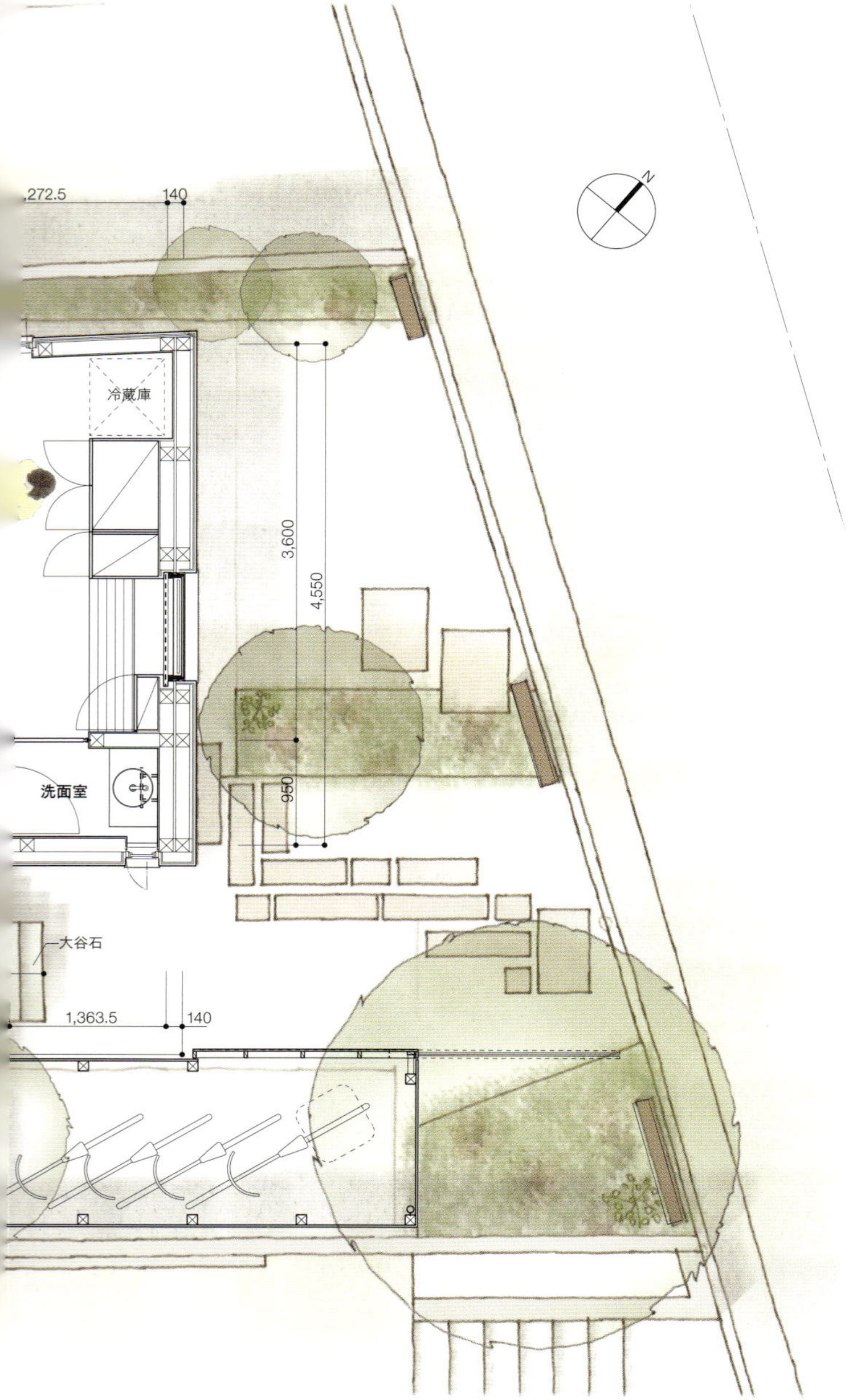

1 ダイニングからガラスの框戸越しにリビングとウッドデッキ、さらにその先の庭木を見る。ウッドデッキのベンチは枕木を使っている

2 庭とウッドデッキにつながる掃き出し窓はアルミ製サッシ。ダイニングの木製框戸（1）とバランスを取るため、前面に木の方立と無目を取り付け、アルミ感を消す

2つの部屋を仕切るガラス戸は壁に引き込めるようにしておく

通常は折戸の中に収められたピアノ。使用時に開けて使う、最小の続き間

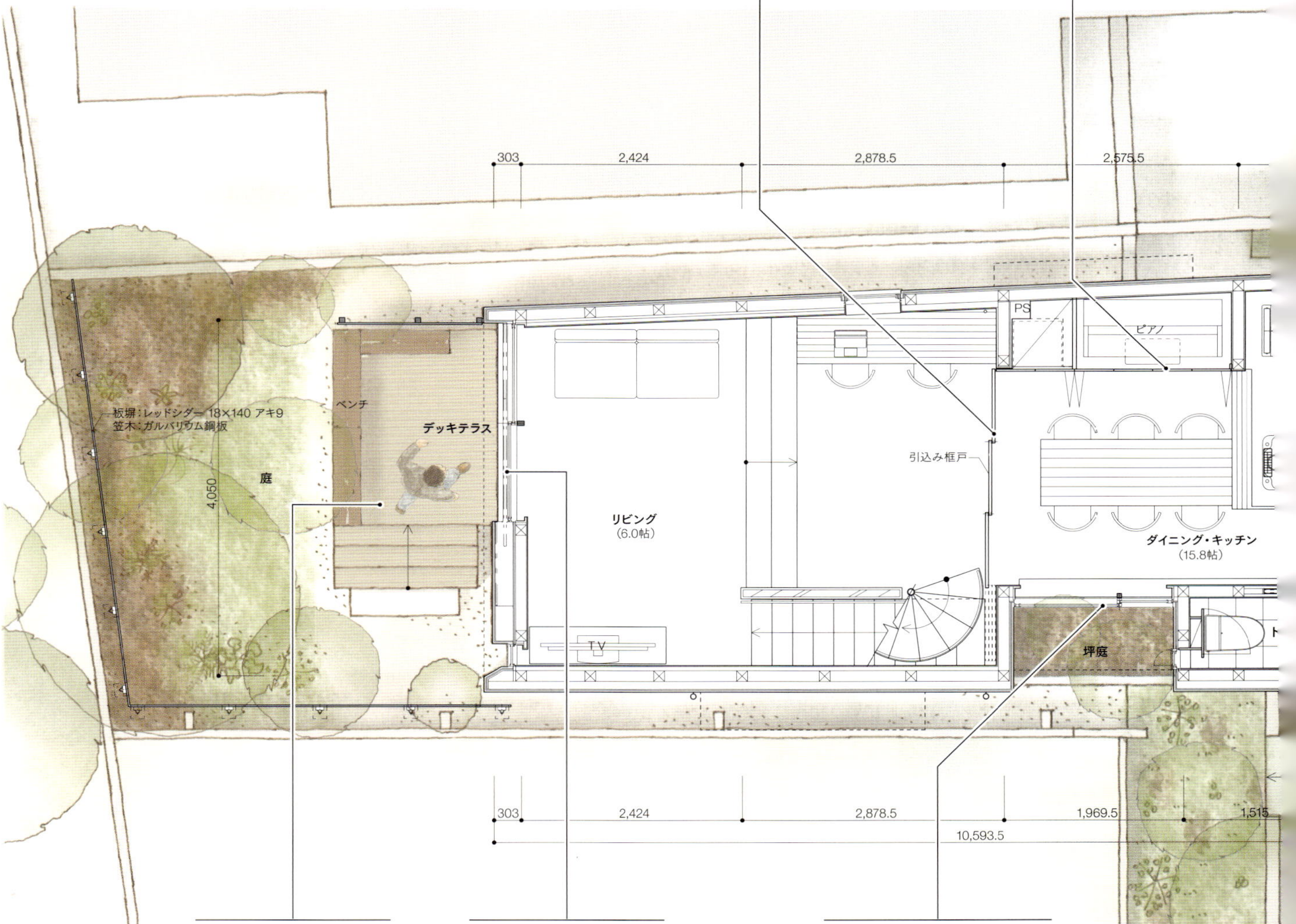

植栽を配した庭には、2階リビングの床レベルに合わせてウッドデッキをつくる

寒いときは洋服を重ねるように、カーテンやロールスクリーンを閉める。衣服の延長のように住まいを考えることもできる

四季折々、心地よい場所は微妙に異なる。建具を開け閉めして微気候を取り入れ、空間を変化させ、その時々の居場所をつくり出す

「千駄木の家」14／22頁

余白とずれが生むゆとり

住宅の性能や効率を考えることはもちろん大切ですが、それだけでは豊かな住まいはできません。大切なのは、遊び（余白）や隙（ずれ）をつくること。たとえささやかなものであっても、そこにはゆとりが生まれるからです。「稲毛の家」は小さな住まいですが、光を受ける大きな壁面をつくるなど、余白を感じさせる空間構成になっています。砂漆喰の壁は自然光により刻々と表情を変え、空間に静けさをもたらします。スキップフロアの床や壁が途中で切れ、その隙間に光や異なる素材が入り込むと、広がりや奥行きが感じられます。遊びや隙がつくるゆとりは住まい手の心にも表れるのです。

スキップフロアの小さな家

「稲毛の家」
1・中2階平面図［S＝1：300］

スキップフロアのプラン。玄関から半階上がるとLDKになる

ゆとりのある住まい

「稲毛の家」断面詳細図
［S＝1：60］

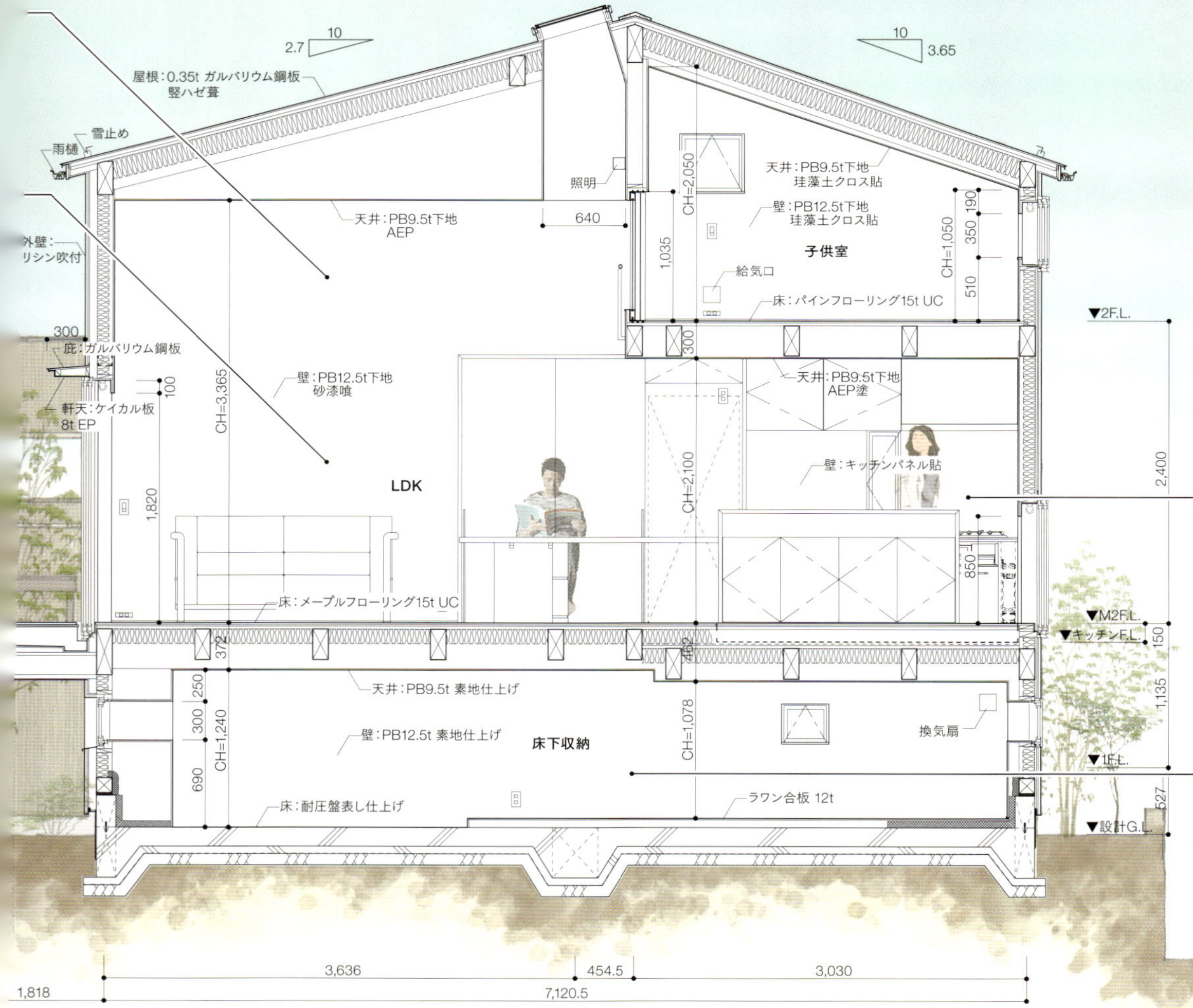

キッチン側の床はリビングやダイニングより15㎝ほど下がっている。ダイニングテーブルやソファで腰掛けている家族とも目線が合いやすく、会話もはずむ

大きな床下収納は余白のある空間の舞台裏。季節外のモノなど何でも入るマルチ収納スペースがあることで、LDKがモノで溢れることはない

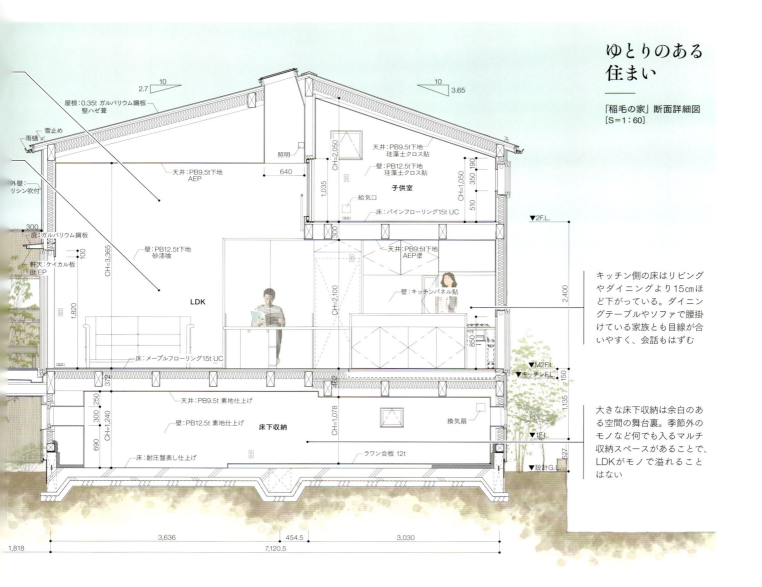

1

3

2

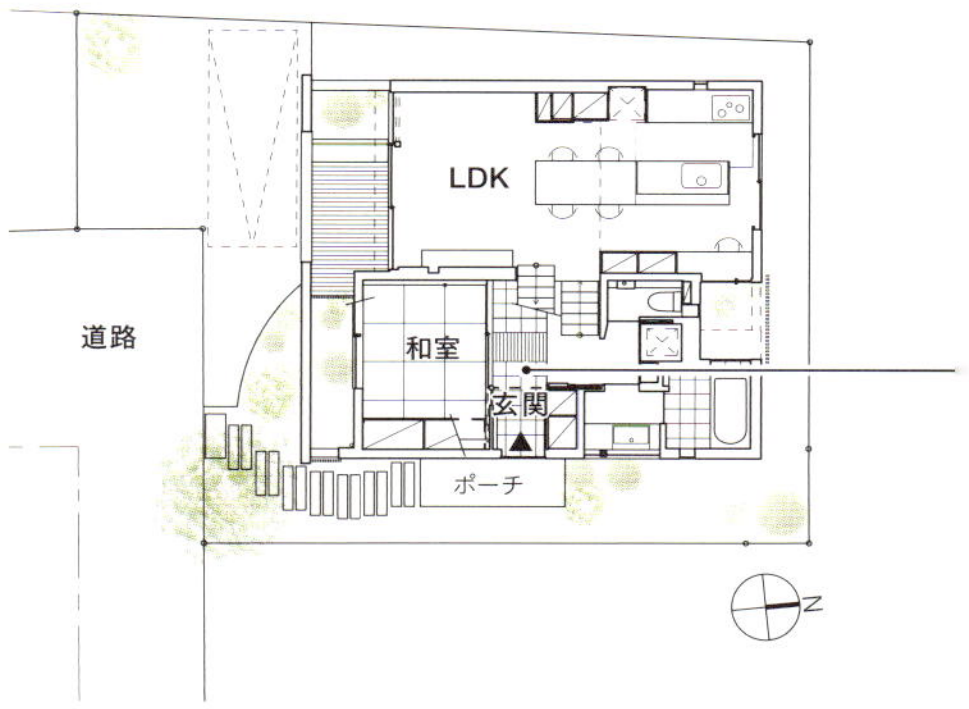

吹抜けに面した大きな砂漆喰の壁が、自然光を受ける。17帖大のリビングをより伸びやかに広く感じさせる

余白があるから、家族の暮らしや生活に使うモノが映える。余白のある(何もない)壁というぜいたく

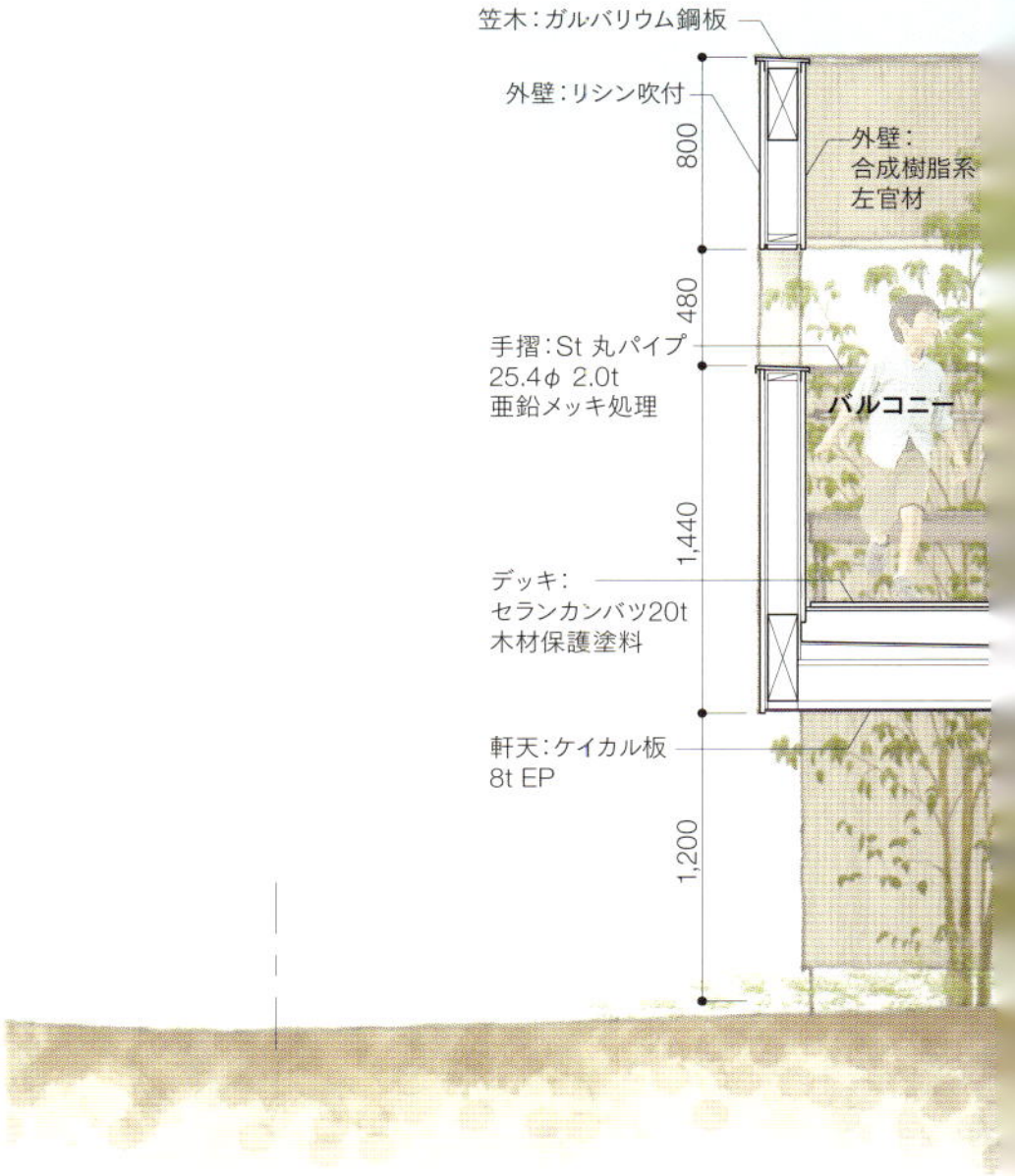

1 リビングからダイニング、キッチンを見る。大小の窓やトップライトから入った光は、余白を残した壁や床に拡散し、溶けていく。時が移ろい、静寂が生まれる

2 壁に明かり取りのスリットを開け、小さな飾り棚をつくる。家具や小物を置いてもなお余白が感じられる空間には、ゆとりや静けさが漂う

3 LDKの床下収納は1階の玄関土間から出入りする

「稲毛の家」141頁

横に縦に奥をつくる

小さな住まいなのに、なんだか広く感じられる――そんな家には総じて共通することがあります。「奥」があるのです。見通せない部分をつくることで、手前と奥が生まれます。奥にはその先に続く空間を感じさせる効果があります。

小さな住まいには、平面だけでなく立体的に距離をつくり、奥を感じさせることが必要です。各階を完全に分けるのではなく、下階の部屋に上階の一部分をちらりと見せたり、上方から光を落としたりして、空間の縦方向への広がりを予感させるのです。「縦露地の家」も建て坪は9坪ほどですが、横に縦に奥をつくることで、実際以上の広がりを得ることができました。

天井と壁、もしくは隣り合う壁どうしに細長い隙間をつくるだけでも、距離が生まれる。キッチンの突き当たりの天井は壁に沿って細長い吹抜けになっていて、トップライトの明かりが落ちてくる

2

1

1 ダイニングから吹抜けの階段室を見る。漆喰の天井面が見通しを遮り、上階から降り注ぐ光や窓越しに見える街路樹が縦方向に広がる感覚を与えている
2 屋根裏部屋から屋上の茶庭越しに茶室とその先にある街路樹を見る。手前に植えたセンリョウが茶室との距離をつくり出す

9坪ハウスに奥をつくり出す

「縦露地の家」
断面パース［S＝1：60］

階段を上り切り、にじり口をくぐると3帖の茶室がある。隣り合うのは屋上につくった茶庭。3階の最奥に外が広がる

庭の奥に見えるのは屋根裏部屋。窓越しに自分の住まいが見える楽しさと、奥に空間がまだ続くという感覚を味わえる

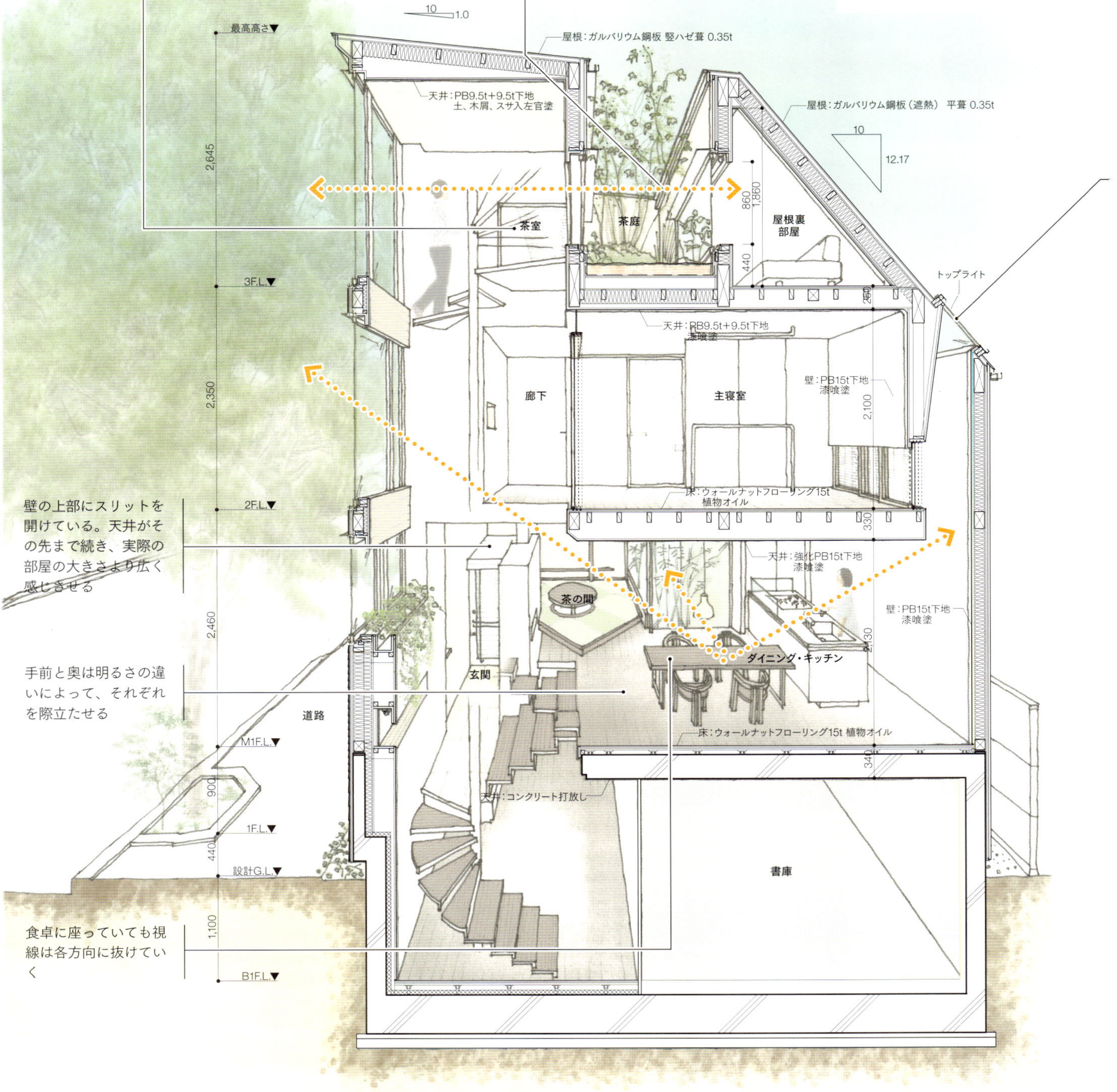

壁の上部にスリットを開けている。天井がその先まで続き、実際の部屋の大きさより広く感じさせる

手前と奥は明るさの違いによって、それぞれを際立たせる

食卓に座っていても視線は各方向に抜けていく

「縦露地の家」70／132／149／150／162頁

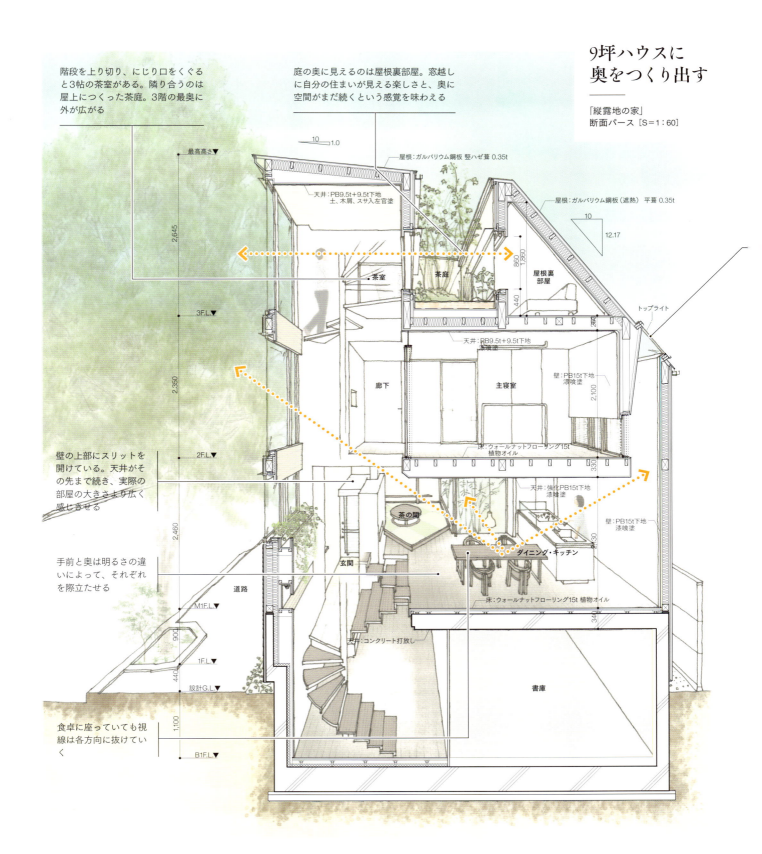

外に広がる 外とつながる

住まいには家族を引き寄せる「求心性」が不可欠です。同時に、視界が外に広がるような「遠心性」も必要だと考えています。そのためにも、外に向かって視線が抜ける窓や場所を設けます。室内で過ごす時間が大半という都会暮らしならなおさら。とはいえ、隣家が迫る場所に窓をつくっても、遠くの景色を眺めるどころか開かずの窓になってしまいます。

ここで紹介するのは、都内のそう広くない敷地に建つ住まい。小さな中庭をつくってヤマボウシを植え、どの部屋からも間近に楽しめるようにしました。屋上に出れば空が広がり、周囲の街並みや空を見渡すことができます。近くから遠くまで、大小さまざまな風景が住まいとつながり、暮らしを豊かにしてくれます。

玄関脇には地窓を設け、隣地とのわずかな隙間に植えられた緑へと視線を誘う

自然と交歓する住まい

「石神井町の家Ⅲ」
断面図［S＝1：75］

葉の動き1つで風を感じるように、窓先そばの景色は外の様子を雄弁に伝える。この住まいは部屋のすべてが中庭に面している

家にいても遠くの景色を楽しめるようにしておくとよい。住まいという場所は面積が限られているが、それ以上の広がりが感じられる

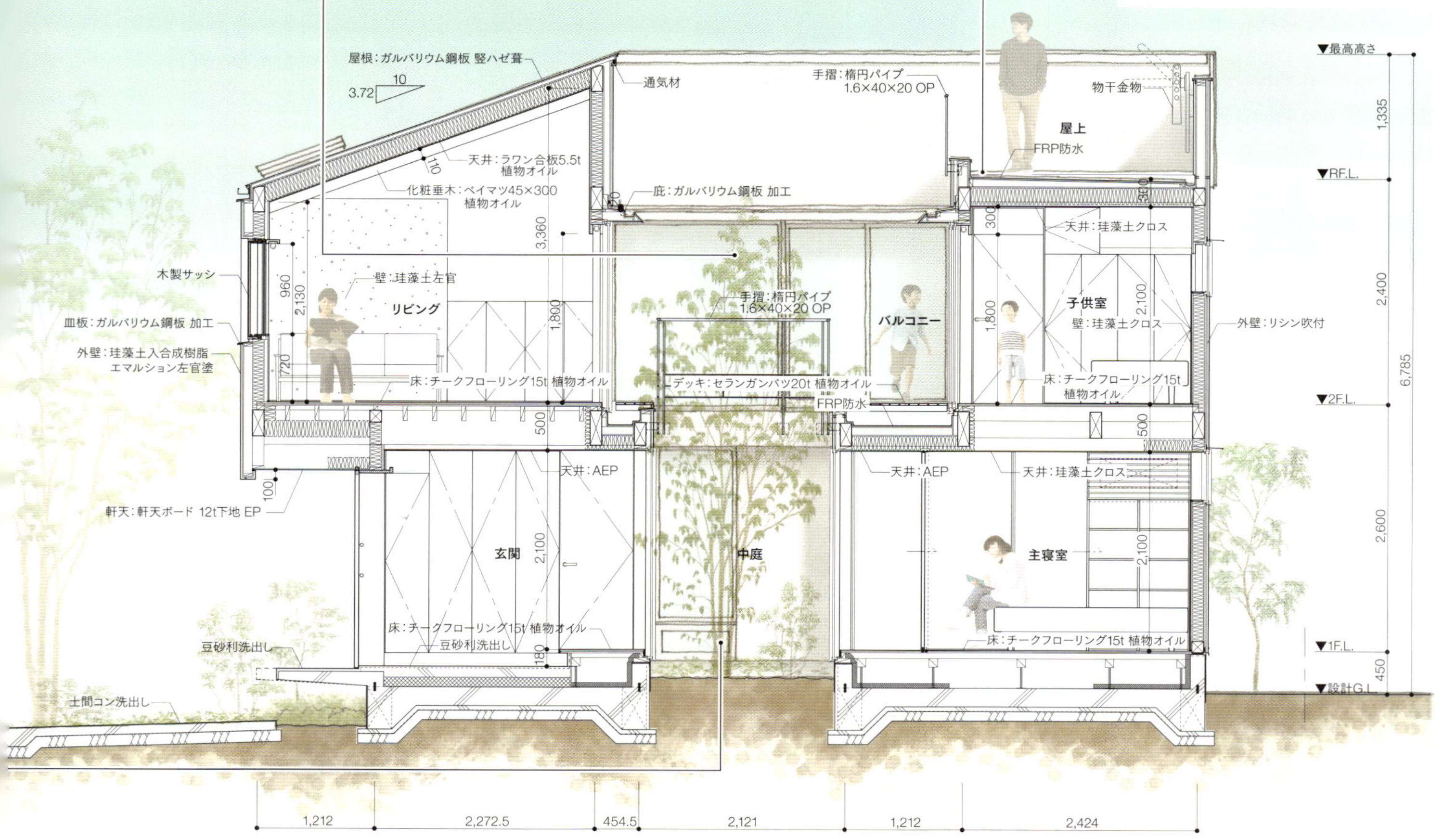

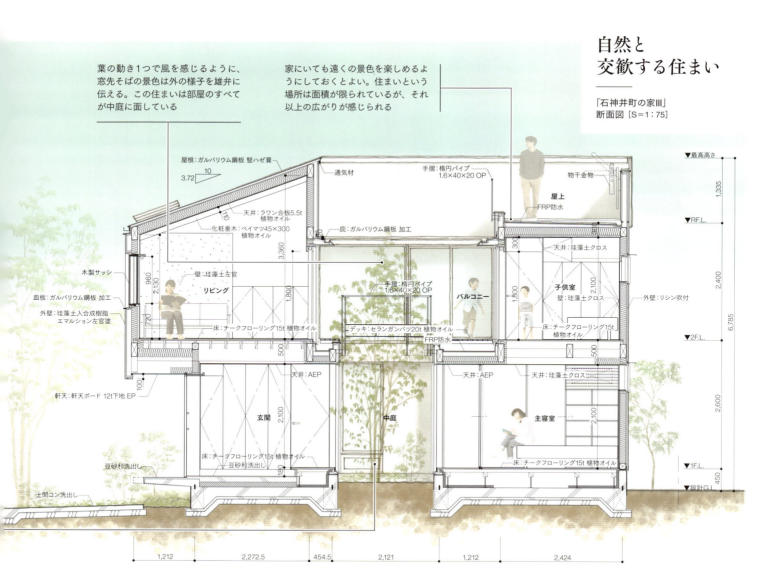

屋上から中庭を見下ろす。デッキを敷いたバルコニーの奥にリビングが続く。目を遠くにやると、暮れ行く街並みが見える。家の内外をつなげて、気持ちよく暮らしたい

中庭にはヤマボウシと下草を配している。落葉樹が1本あるだけで季節感が得られる

外とつながる旗竿地《はたざおち》の住まい

街なかの旗竿地では、道路から奥まった立て込んだところに家を建てることになります。難条件の下、光や風、緑など「外」をどう取り込み、「内」とつなげるのか、腕の見せどころです。「府中の家」は東西に長い旗竿地。通風・採光の起点となる中庭を間取りの中心に据えました。隣家が迫る南側と北側では窓を最小限にし、緑を借景できる西側に大きく開いています。2階に上がると、中庭越しに畳コーナーや外の緑まで見通せる「視線の抜け」があり、旗竿地特有の圧迫感も皆無です。

外から採り入れ 外へとつなぐ

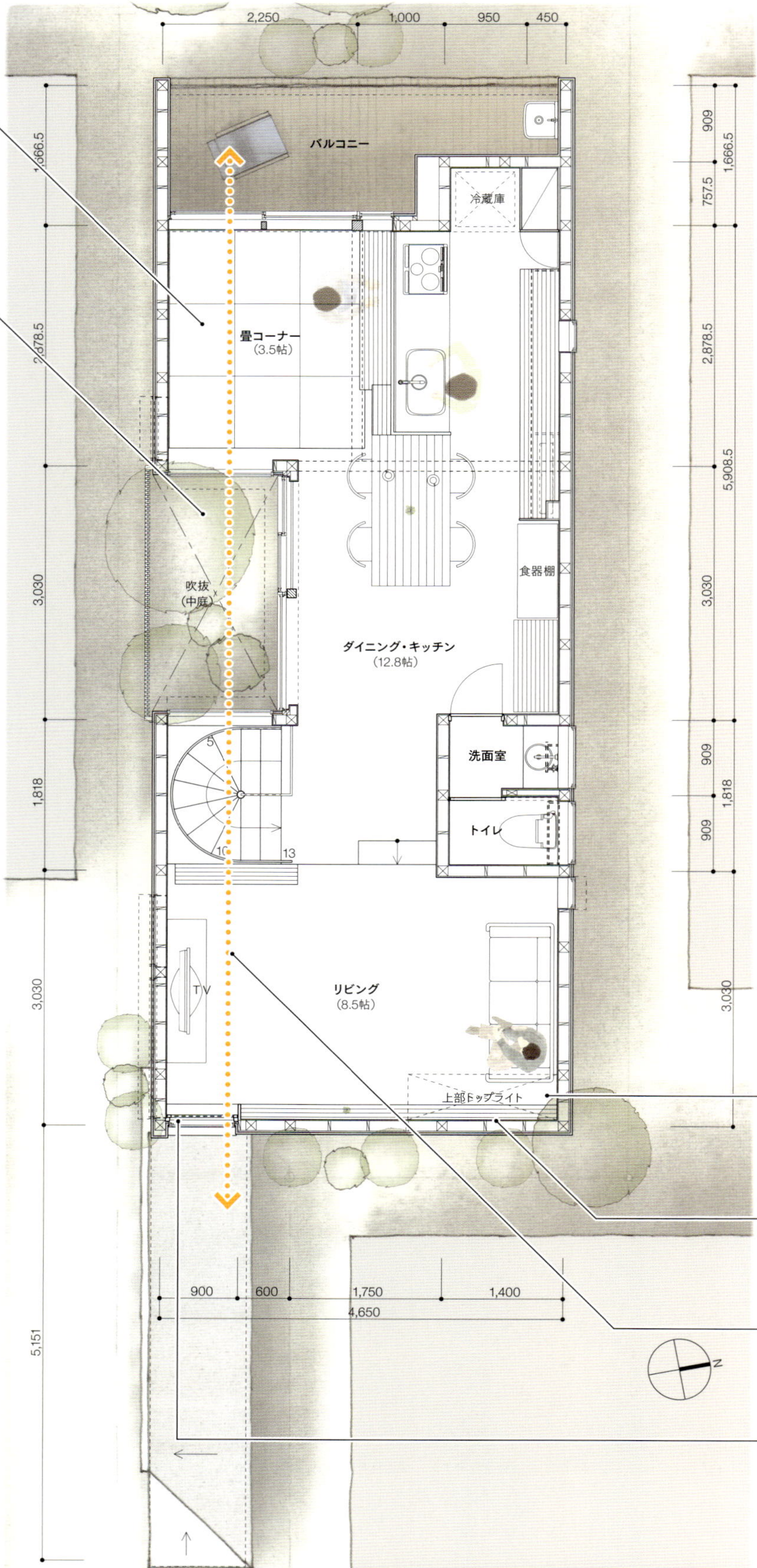

「府中の家」2階平面図
[S＝1：80]

隣家が迫るため、リビングの壁には通風のための小窓が2つだけ。採光のためのトップライトが美しい光を落とす

窓が開けられないことは丈夫な壁ができるということでもある

外まで続く、長い「視線の抜け」をつくると、空間に広がりと奥行きが生まれる

通りに面した小窓。住まいには、外の様子が分かる窓や遠くの空まで見える開口が不可欠

1 畳コーナーからダイニングを見る。中庭越しには階段室、唯一道路に面したリビングの窓がのぞく
2 家のどこからでも光と緑を楽しめる間取り。隣家に囲まれている事を感じさせない
3 中庭に差し込んだ光は、窓を通り、階段室を抜けて部屋の奥まで届けられる

外に向かって大きく開いた畳コーナー。向かいにある集合住宅の緑をわが家の庭に見立てて楽しむ

南北に奥行きのない建物だが、幅3m×奥行き1.5mの中庭を設けて「外」をつくり出し、室内に光と風を呼び込んだ

「府中の家」98頁

小さな余白　大きな満足

決まった場所で、決まった動きしか許されない住まいは少し窮屈に感じることも。あちこちにちょっとした余白（遊び）をつくることが大切です。

「成城の家」では、ダイニングの窓先にテラスを設けました。晴れた日に食卓を運び出せば、ランチやティータイムを楽しめます。リビングの窓辺につくった土間スペースは、雨の日ともなれば子どもの遊び場です。それぞれの場所が室名に示される機能を超えて、多様な使い方ができるようになれば、居心地も数段アップします。

ダイニングとテラスは床レベルをそろえている。内外の一体感もあり、出入りもしやすい

リビングと土間の床段差は子どもたちのお気に入りの腰掛けスペース。好きなときに好きなところに座って、本を読んだりおしゃべりをしたり……

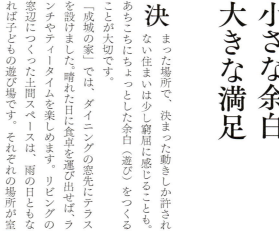

居心地のよさを支える仕掛け

「成城の家」1階平面図
[S＝1：100]

居心地のよい空間は長居したくなるもの。ダイニングならイスをゆったりサイズにしておくなど、余裕をもたせて

3帖程度のゆったりしたテラス。落下防止を兼ねたベンチにグラスや小皿を並べれば、即席の青空ダイニングになる

読書や勉強、多用途に使われる場合は、大きめのダイニングテーブルを選ぶ

テラスは土間と同じ芦野石で仕上げ、アプローチから家の奥まで土間空間が連続しているかのように見せる

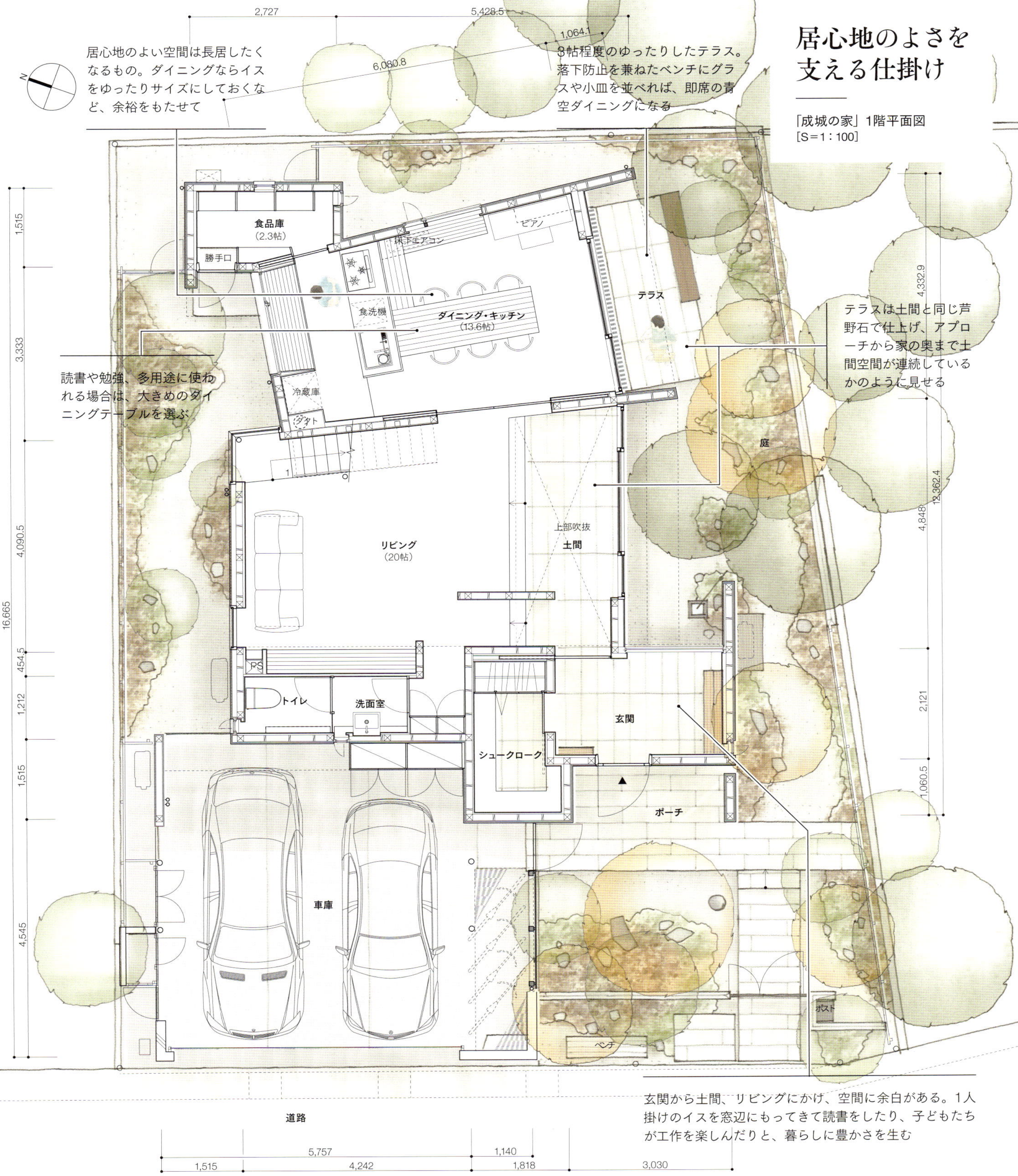

玄関から土間、リビングにかけ、空間に余白がある。1人掛けのイスを窓辺にもってきて読書をしたり、子どもたちが工作を楽しんだりと、暮らしに豊かさを生む

「成城の家」28／30／36頁

居間を間取りの前提にしない

家族団らんのスペースをリビングルーム（居間）と呼び、それを家の中心に据える住宅の形式は、20世紀初頭のアメリカで生まれました。日本には大正期に伝わり、全国に広まったのは戦後になってから。今では当たり前のように家の中心にある居間も、実は歴史が浅く新しいものなのです。敷地や家の規模、そこに住む家族のライフスタイルや団らんのあり方によっては、ソファの置かれた居間というものが暮らしに合わない場合もあるのです。

「上用賀の家」は2階のワンフロアが家族の暮らしの場。住まいの中心、家族みんなの集まる場は、小さな溜まりがいくつもつながったワンルームです。食卓でお茶を飲んだり、畳で寝そべったり、窓辺で本を読んだり……。思い思いに過ごしていても、家族の気配が感じられる空間になっています。

ワンルーム空間に、窓辺のベンチやダイニングの丸テーブル、書斎や畳コーナーなど、小さな居場所をちりばめた

別々の場所にいてもつながる感覚

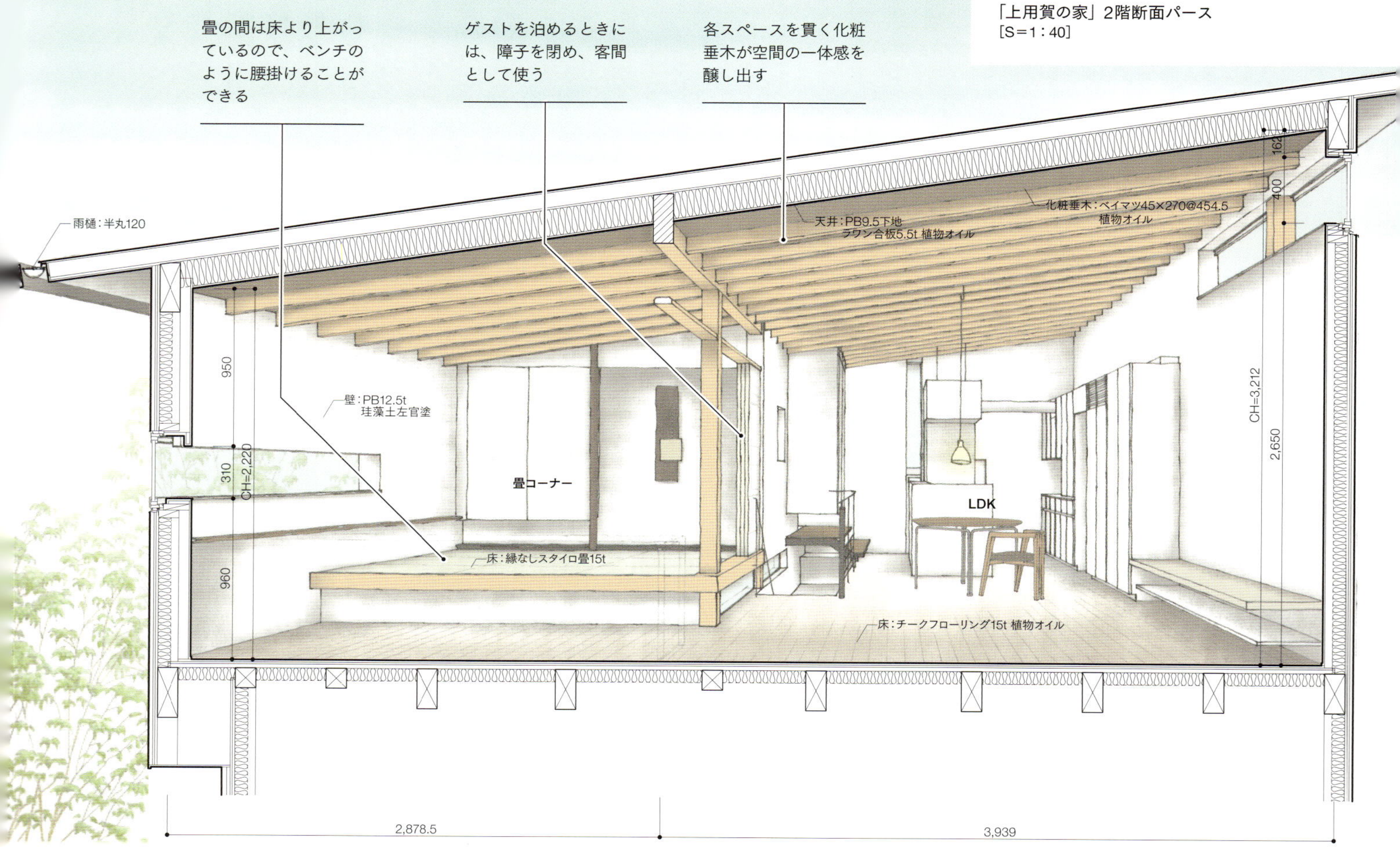

「上用賀の家」2階断面パース
[S=1：40]

こぢんまりしたワンルームだが、隅から隅まで見通せるわけではない。見え隠れする空間が、逆に奥行きと広がりを感じさせる

小さい溜まりを つなぎ ワンルームに

「上用賀の家」
2階平面図［S＝1：100］

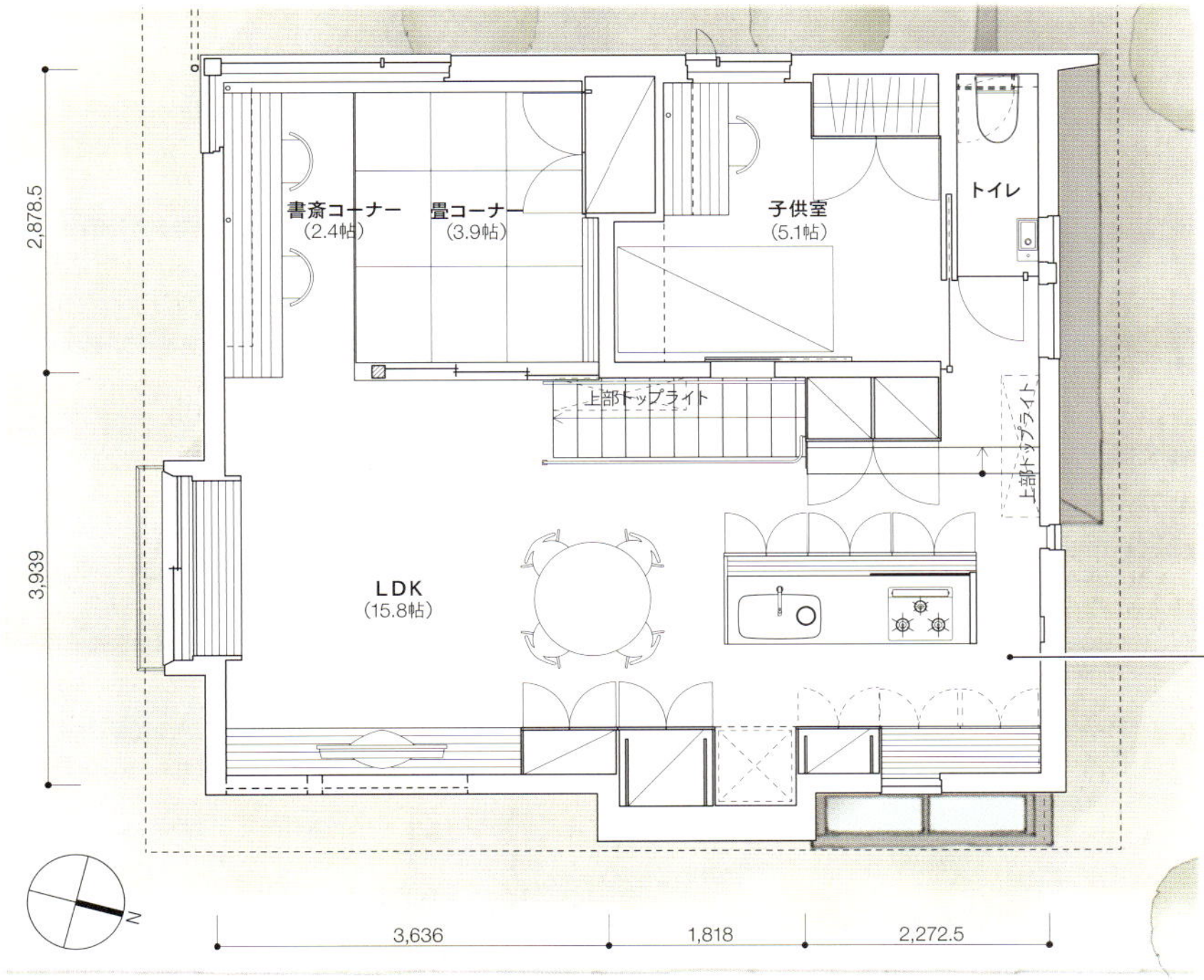

調理する、食べる、飲む、眺める、寝転ぶ、学ぶ……。小さな空間の溜まりそれぞれにできる事があり、その一つひとつを無理なくまとめる

「上用賀の家」40頁

リビングのソファからダイニング、畳コーナーを見る。違い棚のようなカウンターは掘りごたつ式で子どもも大人も使いやすい。らせん階段の奥には中庭が見える。窓辺のベンチは、座ってコーヒーを飲んだり、子どもたちがお絵描きしたり、楽しみ方もいろいろ

家族の集まる場所はどこ?

住まいに居間という部屋が定着したのは、戦後の高度成長期。テレビが一家に1台しかなく、家族みんなで1つの番組を夢中になって見ていた時代です。そのためテレビを置いた居間が家族の集まる場所でもありました。

今や娯楽は多様化。映像1つとってもパソコンやタブレット型端末、スマートフォンを使って、好きな時間に好きな場所で楽しめるようになりました。家族が集まるのは居間というよりも、家の中でもっとも居心地がよい場所です。「狛江の家」では、ＬＤＫのある1階に居心地のよさそうな場所をちりばめました。小上がりの畳コーナーや庭に面したベンチ、包まれ感のあるピット※のソファなど、ワンルームの空間の中で家族が思い思いにくつろぎます。

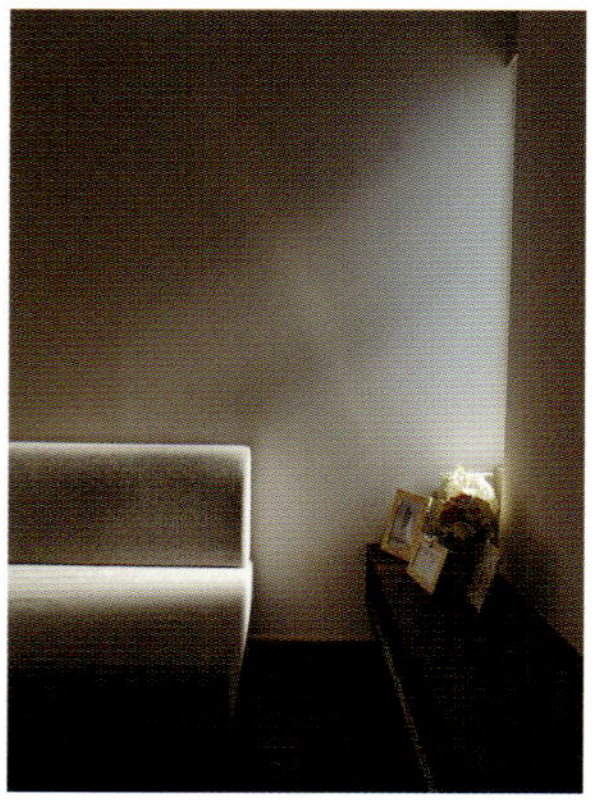

ソファの一角は3方向を壁で囲み、自然光を絞った落ち着いた場所。テレビや映画を大画面で楽しめる、家族の視聴覚コーナーだ

家族が集まる
リビング・ダイニング

「狛江の家」1階平面図
[S＝1：90]

食卓はフロアの中心で、LDK全体を見渡せる場所

ダイニングの奥に続く畳コーナーは横になってくつろげるのが魅力。子どもたちのお昼寝やお絵描きにも使われ大活躍

リビングの中央にあるらせん階段は、家族の動きが見える場所。吹抜けを通し、2階からは自然光が落ち、子供室の気配も伝わってくる

玄関から続く窓辺のベンチ。小物や美術作品を飾るギャラリーでもあり、自然を身近に感じる家族のお気に入りの場所でもある

リビングのうち、コの字形の壁で囲まれた場所は映像や音楽を楽しむエリア。窓を少なめにして光を抑えているので、テレビも見やすい

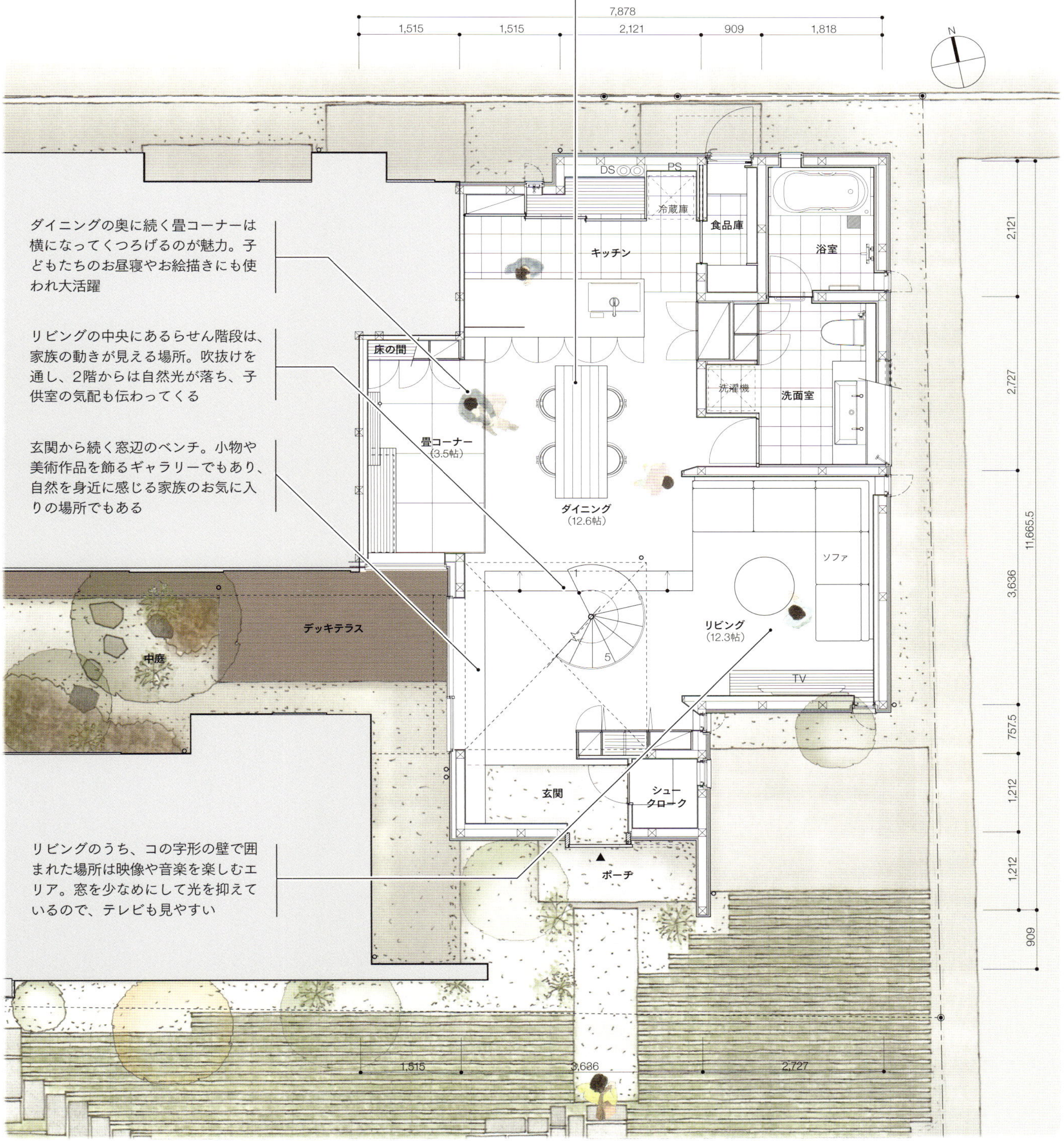

※：ピットとは床を部分的に下げたくぼみのこと

ソファもＯＫ畳リビング

「和」と「洋」のアイテムを1つの空間に混在させるときには、インテリアのテイストをまとめ、和洋を一体化させると違和感がありません。

「神楽坂の家」では、ソファで座って疲れたらそのまま畳で横になれる、そんな空間を提案しています。2階はワンルームのＬＤＫですが、その中心にあるのは畳スペース。周りにあるフローリング部分より床を上げ、断面を薄く見せることで、畳のもつ重い印象を払拭。空間にうまくなじませることができました。一方、家具や収納は畳と相性がよくないので、フローリング部分に造り付け。形や大きさの異なる収納も素材と質感を統一し、バランスを整えています。すっきりとした畳スペースですが、キッチン脇には折り畳み式のローテーブルがしまってあり、必要なときに出して使います。

宙に浮いているような広間の畳スペース。段差はベンチにもなり、周囲の板の間部分には生活に必要なものがコンパクトに収められている

畳×フローリングの広間がLD

「神楽坂の家」2階平面パース［S＝1：60］

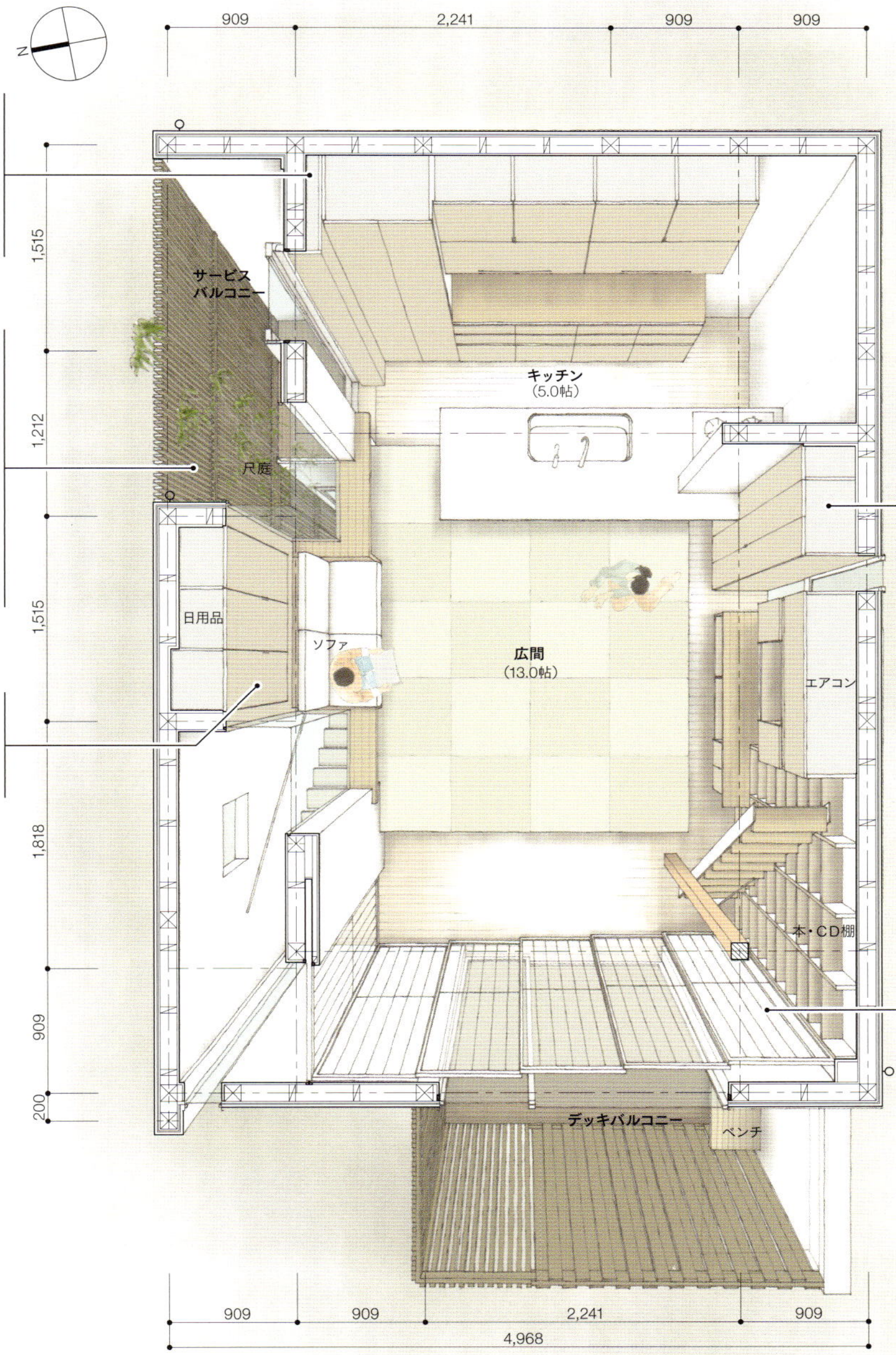

広間で使う折り畳み式のローテーブルの収納場所。テーブルは高さを2段階で調整でき、ダイニングテーブルとしても使える

木格子は間隔にもよるが、見付けに対し見込みを大きくすると外の視線がある程度コントロールでき、モダンに感じられる。寸法に決まりはないが、視線や風をどう抜くか、一つひとつ原寸で描き、検討することが大切

狭小の住まいほど収納は大切。畳スペースにモノが溢れないよう、収納スペースを確保

畳スペースを囲むフローリング敷きのスペースに、AV機器や書籍、掃除道具などさまざまな生活用品をしまう収納や棚を用意した

障子は縦の組子を連続させた格子のようなデザインにして、和洋をまとめている。外につながるのはデッキバルコニー

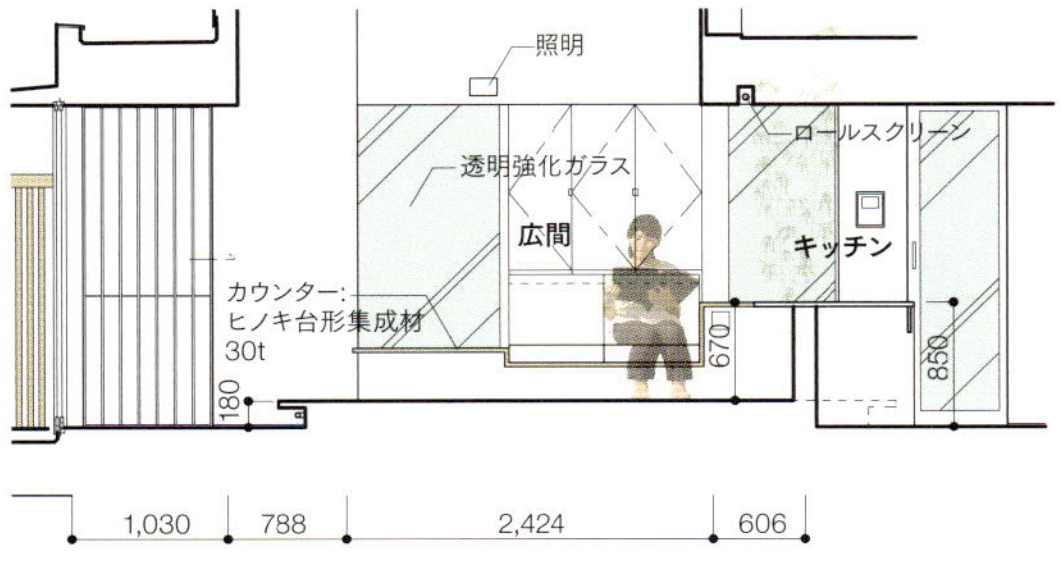

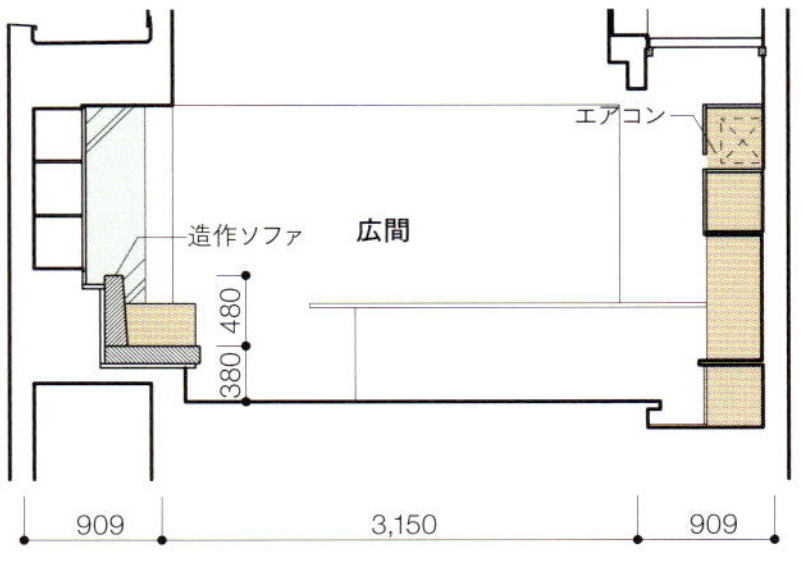

床レベルもいろいろ

「神楽坂の家」
広間展開図［S＝1：100］

コンクリートに表情をつける

素材のもつ質感、テクスチュアは住まいにとって大切な要素です。テクスチュアによって、建物や部屋の表情、その場所の雰囲気もがらりと変わるからです。

硬く冷たいコンクリートは時に無機質な印象を与えますが、型枠に何を使うか、仕上げをどうするかでテクスチュアを変えることができます。「元浅草の家」では、家族室のコンクリート壁を小叩き仕上げにして、繊細な表情をつくり出しました。硬い質感が優しく変化し、和の風情を感じさせます。

適所に素材を振り分ける

「元浅草の家」
右：2階平面図［S＝1：120］
左：断面詳細図（部分）［S＝1：50］

小叩きで仕上げたコンクリート壁は深い味わいと落ち着きがある

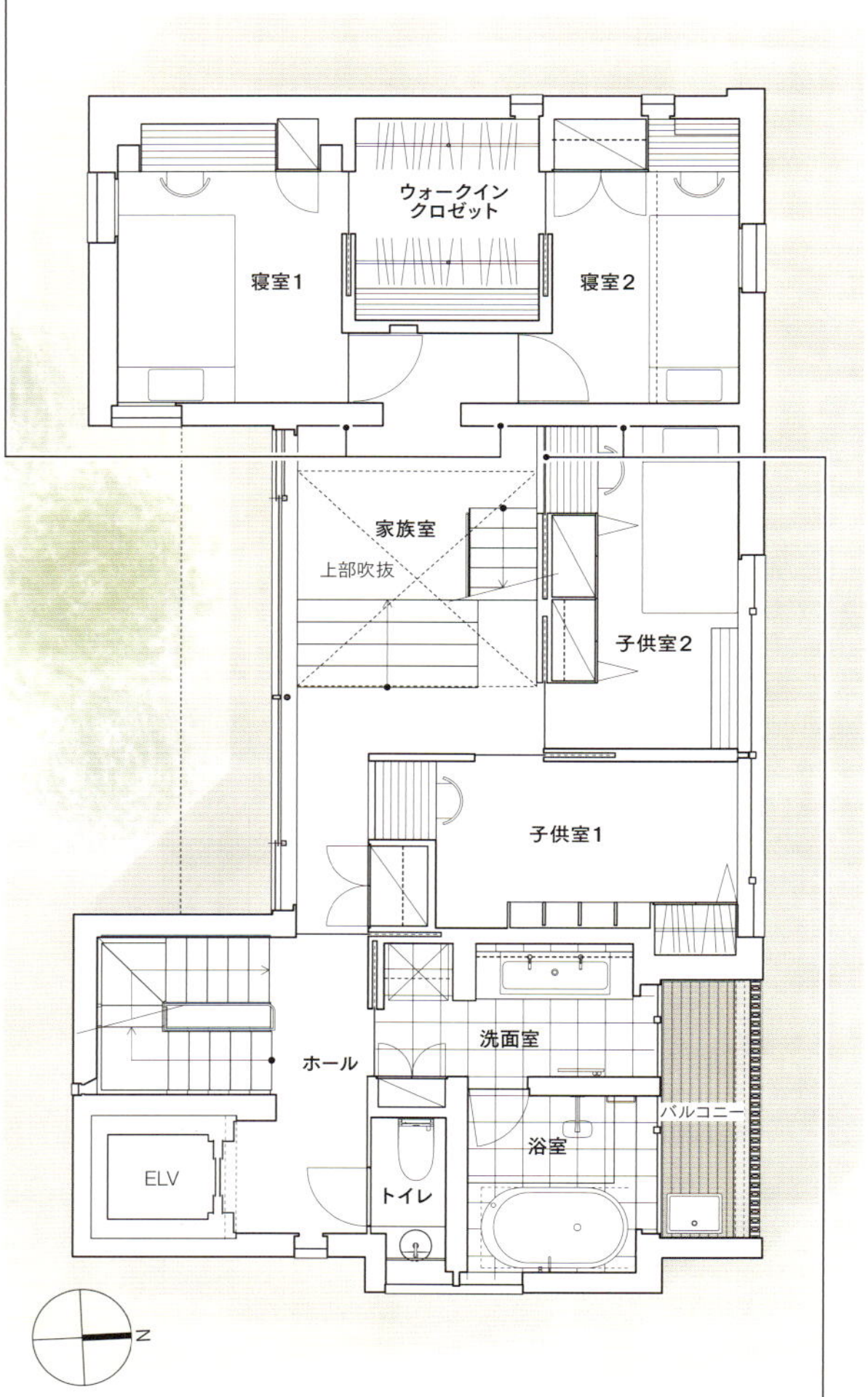

子供室の奥の壁は窓を通して家族室のコンクリート壁とつながって見えるので、同じ仕上げにした

吹抜けのある家族室から寝室の方向を見る。淡い色の左官壁の中で、小叩きで仕上げたコンクリートの壁が印象的

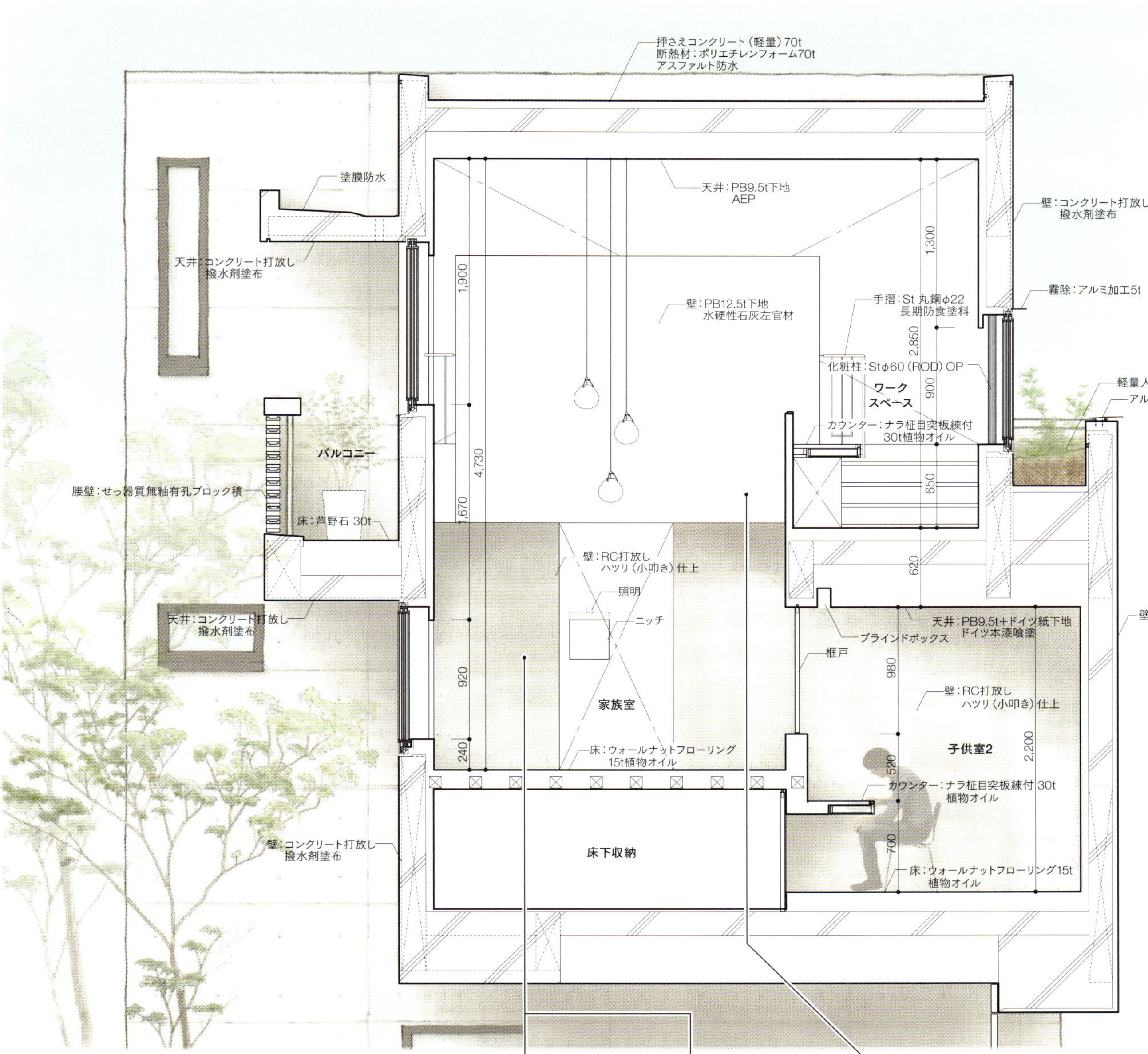

鉄筋コンクリート造の建物だが、コンクリートをそのまま内装に使う部分は、見せ場となる部分だけに限定。全体的に淡いベージュのインテリアの中で存在感を放っている

この家のベージュ色の壁は左官仕上げ。近寄ると凹凸があり、光を浴びると繊細な陰影をつくり出すのが分かる。部屋のどこにいても同じように見える素材で仕上げられた均質な空間とは違い、なんだか落ち着く

小叩き仕上げは手間の掛かる高級な仕上げだが、ここでは機械で叩くことでコストを抑えている

コンクリートを小叩きにすることで、出隅部分も角が取れ、目にも肌にも優しくなる

「元浅草の家」110／134／148／154／160頁

ただのワンルームにしない

小さな住まいの場合、部屋を小割りにするのではなく、ワンルーム化して空間を大きく使うのが一般的です。とはいえ、漠然と大きなワンルームをつくるとかえって奥行きが感じられず、狭さを強調することにもなるので要注意です。

ご夫婦とペットのネコとカメの住む「西大口の家」は生活の中心が2階。リビング・ダイニングの周りを2帖弱から5帖足らずのアルコーブ状のスペースで囲んでいます。仕切りがあっても建具を開け放てるのでワンルームともいえますが、小さな書斎にこもったり、デッキを敷いたバルコニーで花見をしたりできる、多様性のある空間です。このように「アルコーブのような小空間を複合させて大空間をつくる」という方法は、小さな住まいに有効なのです。

1 フリースペースから2段上がったところにあるリビング・ダイニングを見る
2 リビング・ダイニングは、家族（ご夫婦とペット）が集う、住まいの中心
3 土間のある和室。障子を閉めると、陰影のあるしっとりとした和の空間になる

ワンルームに奥をつくる

「西大口の家」2階平面図
［S＝1：75］

和室は障子の引戸を開けるとリビングとつながる

住まいの中心はリビング・ダイニングの丸テーブル。足元は愛猫のお気に入りの場所、ソファの隣はカメの水槽がある

1.8帖と小さなバルコニーもリビングを囲むアルコーブの1つ。隣にある学校の桜を満喫できるお花見スペース

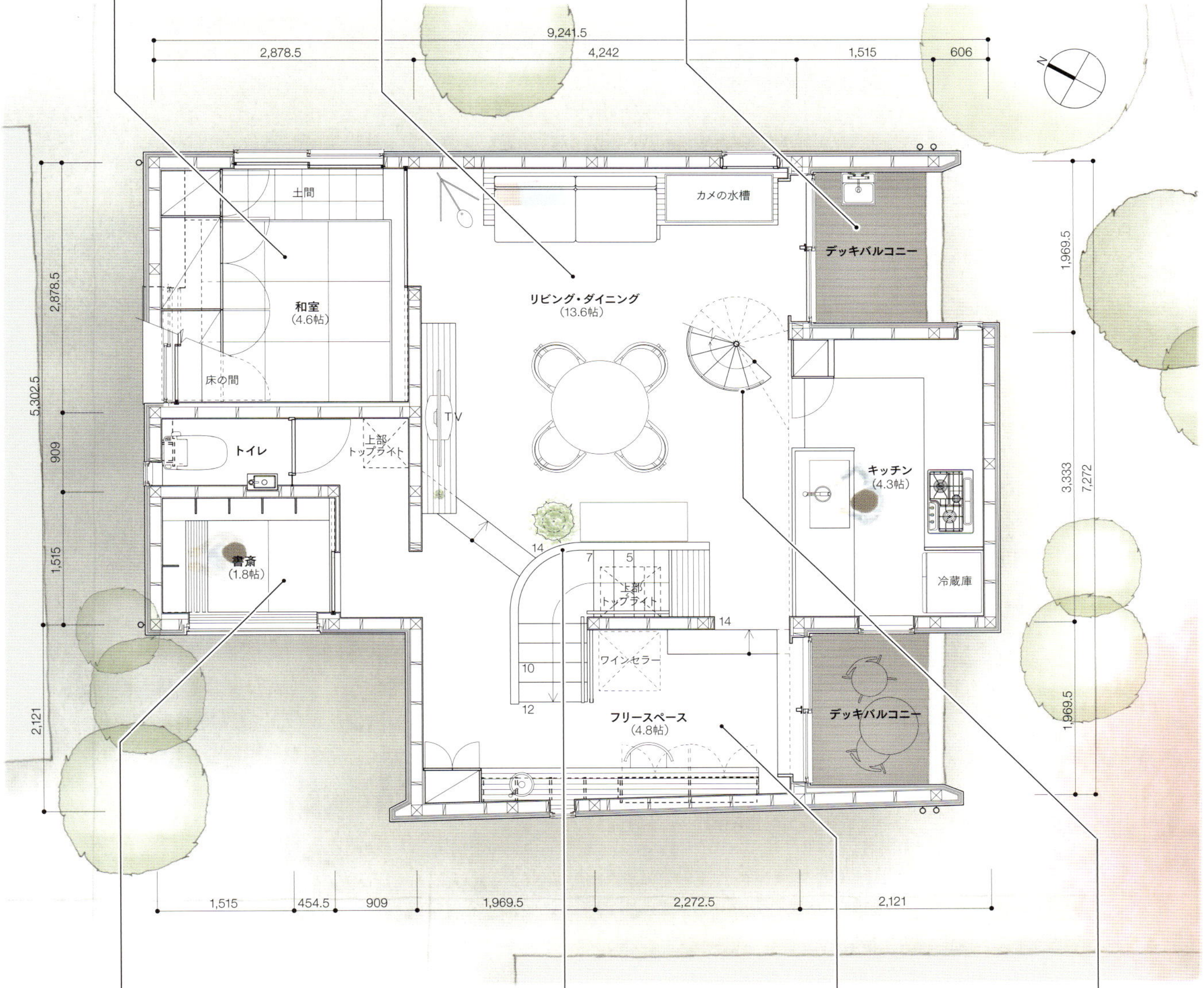

書斎はにじり口から入る極小の空間。1人きりで集中できる、離れのような部屋

階段裏のフリースペースは、高さのある腰壁でリビング・ダイニングと仕切られている

奥様の化粧コーナーを兼ねたフリースペースでは、ワインや読書など、趣味を楽しむ。収納量は十分に確保している

オブジェのようならせん階段はロフトに続く。横浜・ベイブリッジを望みながら気分転換できる

「西大口の家」93頁

和洋の境を紛《まぎ》らかす

「和漢の境を紛らかすこと、肝要」といったのは、室町期の茶人・村田珠光。唐物に負けない和物をつくり、境をなくせという教えです。これは住宅の設計にもいえることだと思います。

畳敷きの和室はイグサの香りや触感、ごろんと横になれる気軽さが魅力です。とはいえ、イスに座る生活が主となった今では洋室が中心。現代の住まいに畳を調和させるには工夫が必要です。「縦露地の家」にあるのは、ダイニングに隣り合う畳敷きの茶の間。小上がりにしたので、ダイニングでイスに腰掛けている人とも目線の高さが合い、自然に会話することができます。床を掘って据え付けた丸テーブルは、1本脚の洋風デザイン。座卓と違って腰掛けて使えるので、イスに慣れた現代人にもおすすめです。和漢ならぬ和洋の境を紛らかした茶の間が現代の住まいにフィットします。

洋風の丸テーブルを造り付けた畳敷きの茶の間。不整形な平面により生まれた隙間には壺（紹興酒の甕）を置き、季節の花を生ける。現代の都市住宅に和洋がなじむ

洋間になじむ現代の茶の間

「縦露地の家」1階平面詳細図（部分）
［S＝1：40］

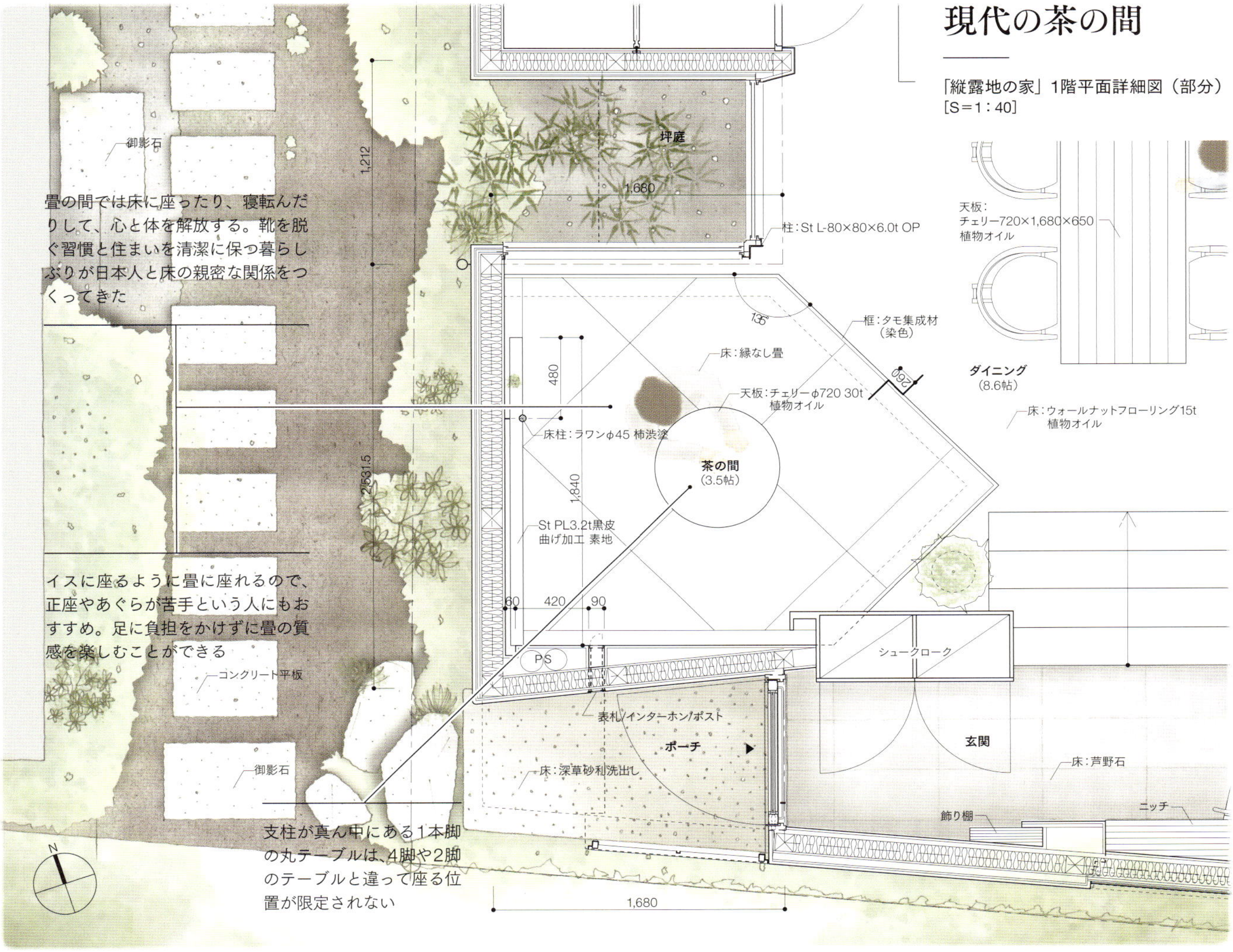

畳の間では床に座ったり、寝転んだりして、心と体を解放する。靴を脱ぐ習慣と住まいを清潔に保つ暮らしぶりが日本人と床の親密な関係をつくってきた

イスに座るように畳に座れるので、正座やあぐらが苦手という人にもおすすめ。足に負担をかけずに畳の質感を楽しむことができる

支柱が真ん中にある1本脚の丸テーブルは、4脚や2脚のテーブルと違って座る位置が限定されない

イスのように腰掛けられる小上がり

「縦露地の家」
茶の間—ダイニング展開図
［S＝1：40］

足元は床暖房付きなので、掘りごたつのような居心地

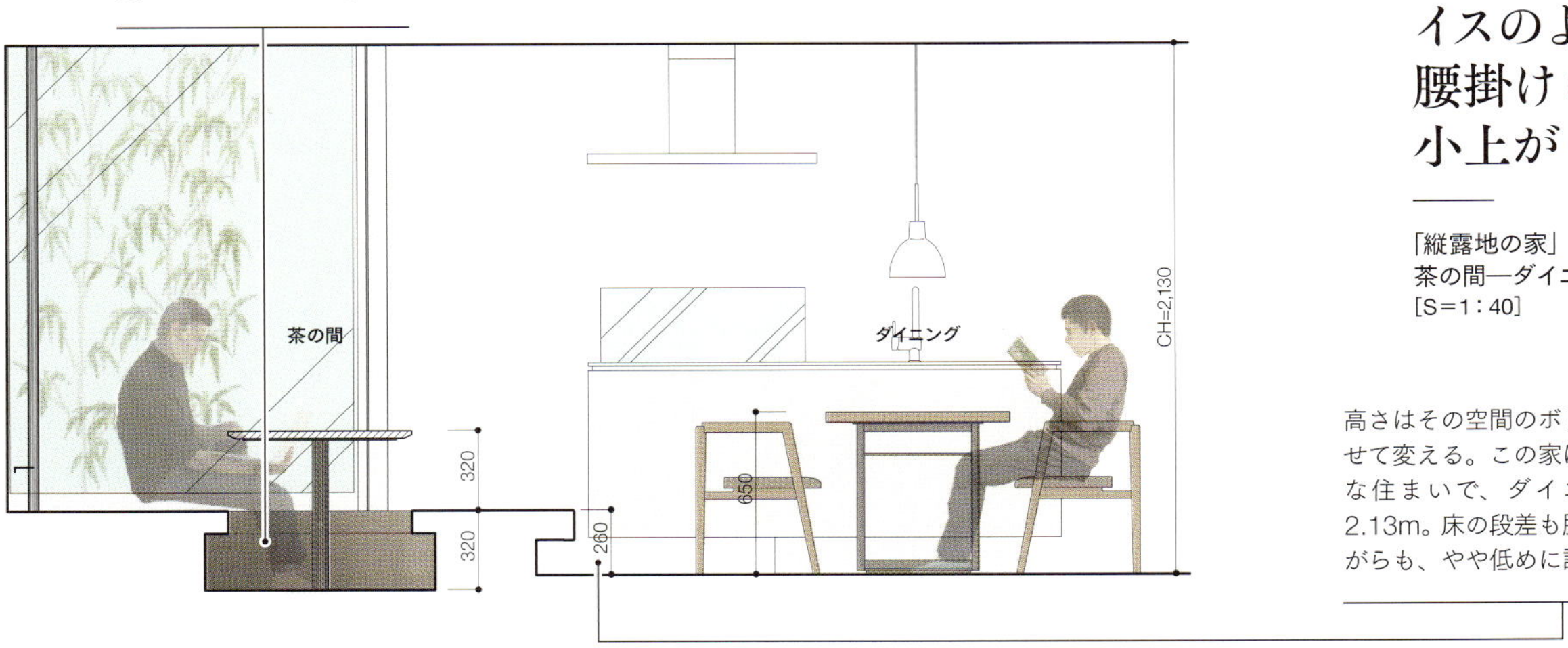

高さはその空間のボリュームなどに合わせて変える。この家は狭小地に建つ小さな住まいで、ダイニングの天井高が2.13m。床の段差も腰掛けられる高さながらも、やや低めに設定している

「縦露地の家」52／132／149／150／162頁

住まいに中心をつくる

僕の幼いころ、那須の母の実家には囲炉裏《いろり》がまだ残っていました。腰を下ろして火を囲むと、なんだか心がとても落ち着いたことを覚えています。家の中心というか、そこには自然と家族が集まっていました。囲炉裏は、採暖や煮炊き、炉火を頼りに夜なべ仕事をするだけでなく、団らんの場でもありました。

「御殿山の家」では、かつての囲炉裏に代わる場所を住まいの中心にしたいと考えました。ＬＤＫの一部の床を掘り、床暖房を設置。低めの丸テーブルを置いて、ペンダント照明もぐっと下げました。温かい明かりで包まれた床座の空間には、いつも家族が集まっています。

テレビ台は裏にあるトイレの目隠しとなるように通路まで突出させ、その背後に格子のパーティションを設けている

焦げ茶色に塗られた梁からペンダント照明を下げ、光の重心を下げる。さらに、丸テーブルを掘りごたつのように低くしつらえ、足元には床暖房を設置。囲炉裏のような求心性が生まれた

人が集った囲炉裏端

旧木村家住宅の囲炉裏／大和民俗公園（奈良）

1 囲炉裏は家族が集まる住まいの中心。くつろぎの場でも家事や仕事の場でもあり、多様な使われ方をした **2** 囲炉裏端では、家族や農作物、家畜の心配事からご近所の噂まで、話がはずんだ。子どもたちも大人に交じり、聞き耳を立てていた

部分的に重心を下げる

「御殿山の家」LDK展開図（部分）[S＝1：60]

ペンダントの高さを抑え、光の重心を下げる

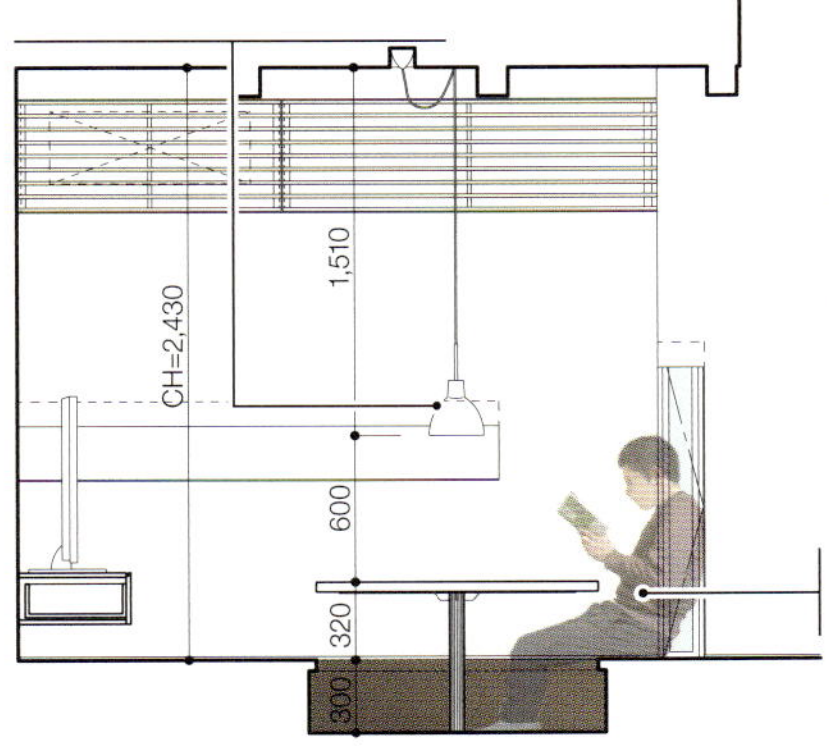

ここでは床に直接座る「床座」

LDKの一角に求心性をもたせて

「御殿山の家」1階平面図［S＝1：80］

目の前はすぐ庭。内と外がつながり、家族の気配も感じられる場所に住まいの中心を据える

LDKの一角にある、茶の間と囲炉裏を合わせたような場所。新しくて、懐かしい

LDKでは梁にハンモックを掛けてくつろぐことも

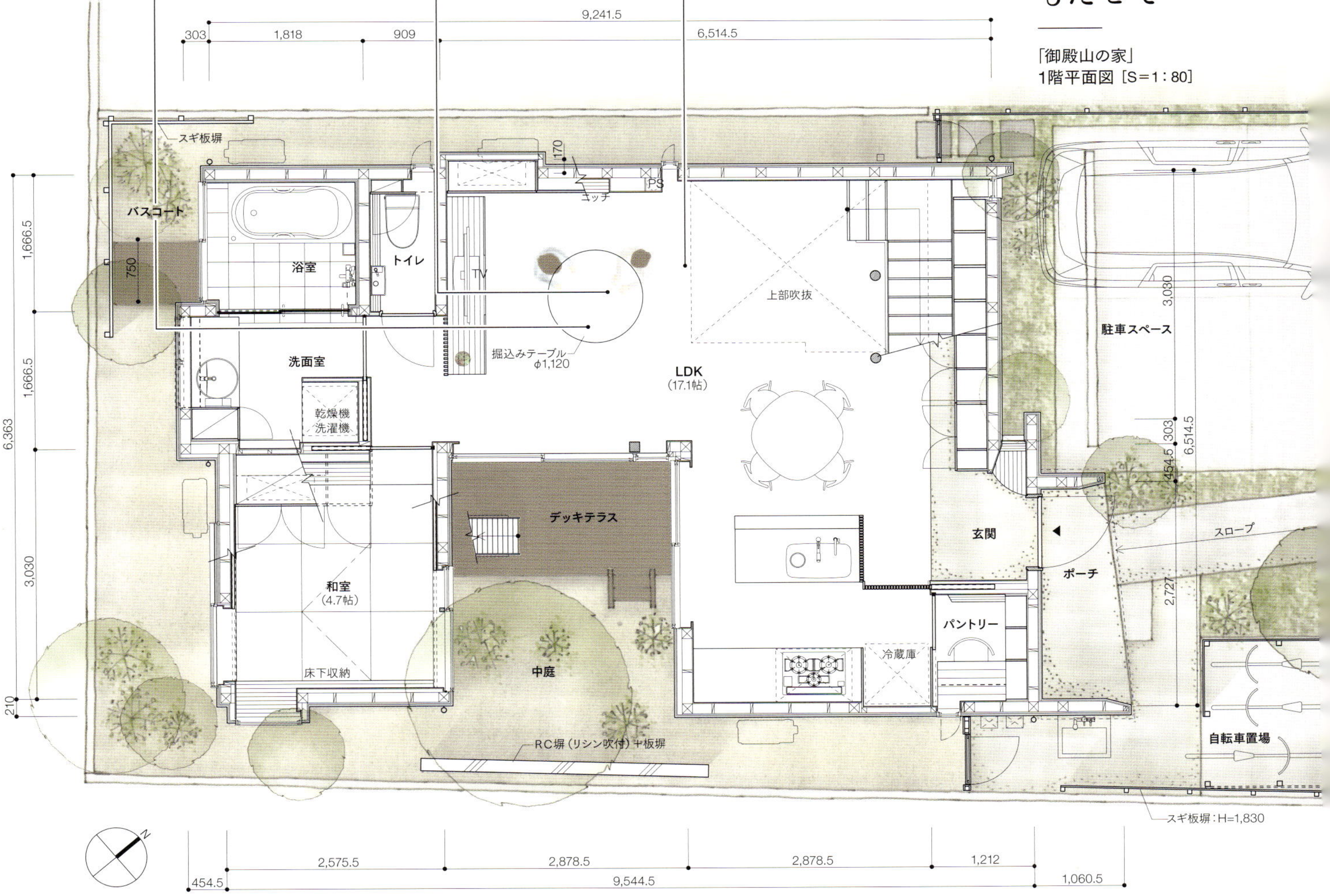

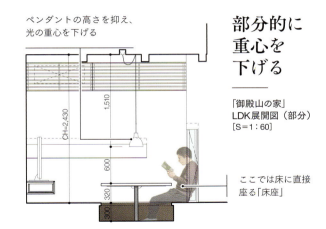

住まいの中心を外に設ける

2世帯住宅では、親世帯と子世帯をどこでどうつなげるのかがポイントになります。敷地に余裕のある場合は、つかず離れず、程よい距離感をもたせるのもよいでしょう。互いの気配は感じられるものの、余計な気遣いは不要。心地よく暮らすことができます。

「下高井戸の家」は分棟型の2世帯住宅です。中庭をはさんで雁行するように2棟が並んでいます。親世帯と子世帯は東西に伸びる広々としたデッキテラスと大小2つの庭でつながります。なかでも、屋根をかけたデッキテラスは眺めも風通しも抜群で、晴れの日も雨の日も居心地のよい場所。家族みんなが集まって、お月見や餅つきも楽しみます。この家では、半屋外のデッキテラスが住まいの中心となり、2世帯をゆるやかにつないでいるのです。

1 中庭から共用デッキテラスを見る。屋根が強い日差しや雨を遮り、心地よい半屋外空間になっている。1日に何度も両世帯が行き来し、集まるデッキテラスは、外にありながら住まいの中心になっている

2 子世帯のダイニング・キッチンからデッキテラスのある庭を望む。親世帯も子世帯と雁行しながら、横長デッキと芝庭の景色を共有する

2世帯をつなぐ半屋外の横長デッキ

「下高井戸の家」1階平面図
[S＝1：80]

それぞれの世帯に光と緑をもたらす中庭。互いの気配を何となく感じられるような距離感をつくり出す

お互いの気配を伝える中庭の窓は、親世帯が掃き出し窓で、子世帯が地窓。絞られた開口の先に幼子の姿がチラチラとうかがえる。2世帯の窓を向き合わせる場合は、互いに丸見えにならないよう配慮する

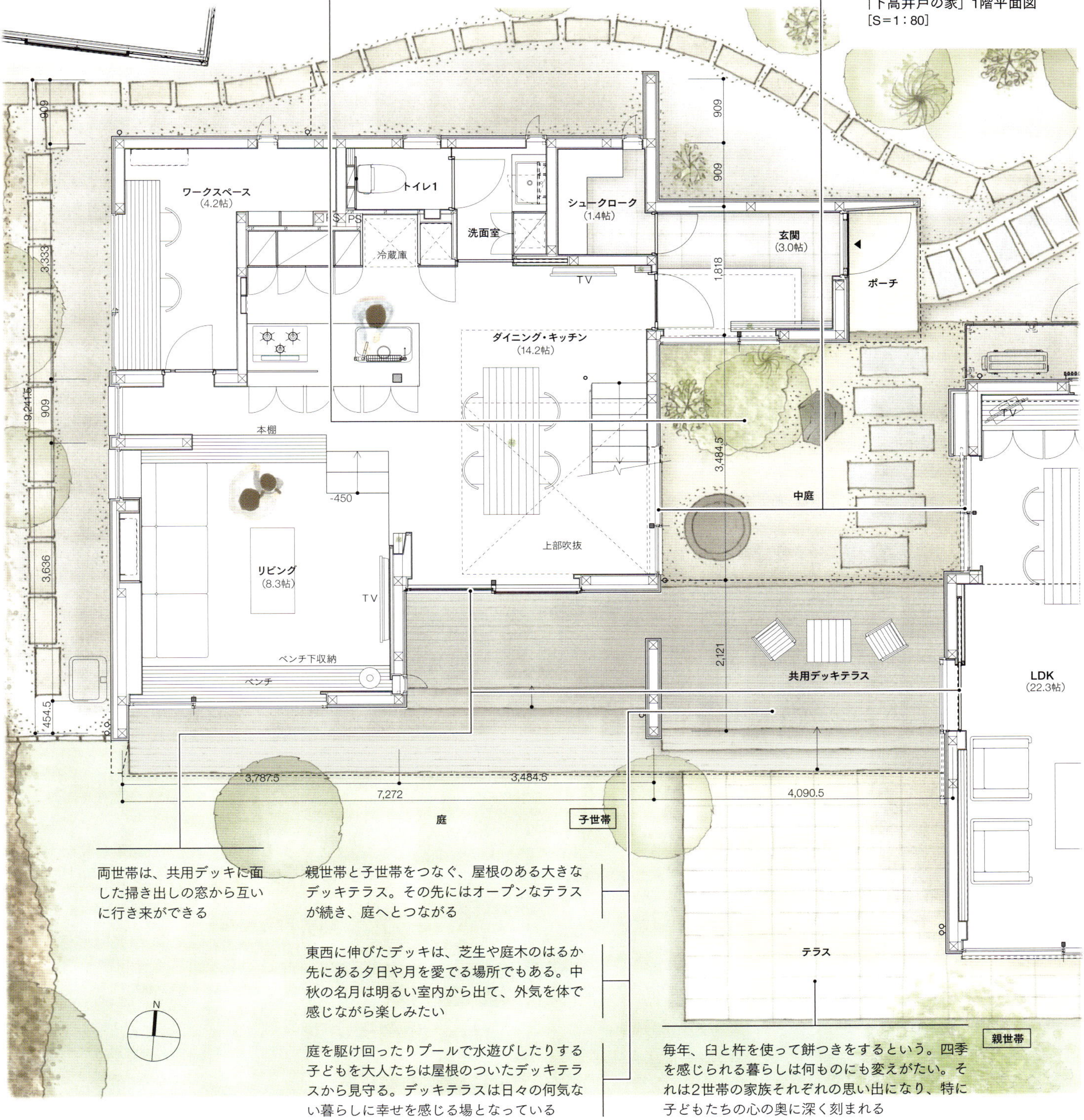

両世帯は、共用デッキに面した掃き出しの窓から互いに行き来ができる

親世帯と子世帯をつなぐ、屋根のある大きなデッキテラス。その先にはオープンなテラスが続き、庭へとつながる

東西に伸びたデッキは、芝生や庭木のはるか先にある夕日や月を愛でる場所でもある。中秋の名月は明るい室内から出て、外気を体で感じながら楽しみたい

庭を駆け回ったりプールで水遊びしたりする子どもを大人たちは屋根のついたデッキテラスから見守る。デッキテラスは日々の何気ない暮らしに幸せを感じる場となっている

毎年、臼と杵を使って餅つきをするという。四季を感じられる暮らしは何ものにも変えがたい。それは2世帯の家族それぞれの思い出になり、特に子どもたちの心の奥に深く刻まれる

「下高井戸の家」84／161頁

chapter 3

部屋

機能と意匠の両立

日本人に「部屋＝壁で仕切られた室」という概念が根付いたのは、つい最近のことのように思います。

僕が生まれた家は平屋で、広めの座敷の奥に六畳間が2間《ま》、仕切りは襖か障子で、それが雨戸のある縁側（内縁）を介して、庭とつながっていました。これは昔ならあちこちで見られた間取り。建具を開け放てば、2間が1間になり外ともつながる――可変性のある開放的な空間です。その家も小学生になった1960年代になると、アルミサッシのついた木造2階建てに建て替えられました。新しい家には、以前にはなかった応接室や部屋と呼べる個室がありましたが、1階には茶の間や襖で仕切れる続き間が残っていました。

一方、現代の住まいは、耐震性、断熱・気密性など高い性能が要求され、強固な壁でしっかり囲うことが基本です。部屋どうしも壁できっちりと仕切られます。ですが、この隙のない住まいが人間にとって居心地がよいかどうかは別問題。人間はそんなに強いものではなく、繊細で傷つきやすく脆い存在です。住まいにはそんな人間を包み込む優しさ、柔らかさが必要なのではないでしょうか。

具体的には、壁に守られつつも窓を通して光や風、庭の景色を適度に室内に取り入れ、内と外とを柔らかくつないでおくことです。仕上げの素材についてですが、この強くなった住まいをさらに強固なもので包むのは、弱さをもつ人間にとって、少し厳しいと考えています。強い素材だけで固めるのではなく、部屋どうしの境界も含めて、木や土、紙のような素材で仕上げ、自然や人の気配が伝わるようにします。これらは呼吸し触感もよい、美しい素材ですが、弱点があります。しかし、その弱い素材で仕上げたところに光や風が降り注ぐと、その自然のささやきに応えるかのように部屋全体が生き生きとし、何ともいえない癒やされる空間になるのではないかと考えています。

プライベートな部屋をつくる際も、ほかのスペースとのつながりを考えつつその部屋の機能を満たすことはもちろんのこと、実際に目に触れ、手足に触れるその感覚的世界とデザインを両立させることが大切なのです。

写真：御殿山の家

1人の居場所がほしい

住まいを設計する際、家族が集まるリビングやダイニングと同じくらい、家族一人ひとりの居場所についても思いを巡らせます。わずかなスペースだとしても自分の居場所に身を置くことができれば、気持ちも落ち着くものです。

居場所をつくるといっても特に個室である必要はありません。座り心地のよいお気に入りのイスでもいいし、庭に面した縁側でも構いません。家族の気配を感じつつ、1人の時間を味わえるのは最高です。庭の新緑や木漏れ日を楽しんだり、夜空を眺めたりして、ゆっくりと心や体を休めます。

外も居場所になる

「宇都宮の家」
バルコニー廻り断面詳細図［S＝1：50］

屋根のある大きな2階のバルコニーは、屋内的な使い方ができる。寝イスに寝転び、中庭や空を眺めていると、ゆっくりと静かな時間が流れる

主寝室に面したバルコニーは雨の日も居場所になる。雨に打たれる木々や流れる雲を眺めながら時を過ごす

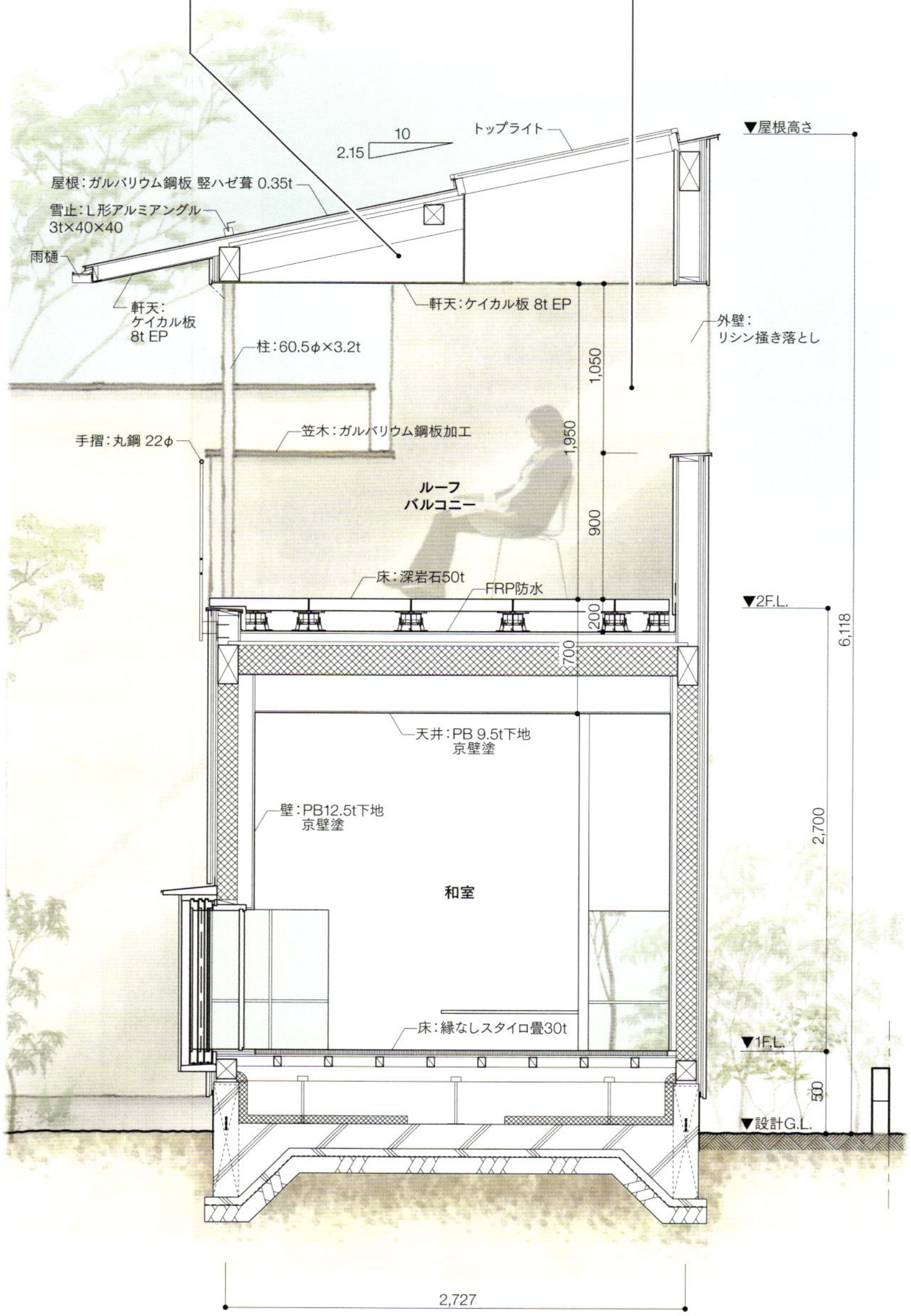

主寝室からバルコニーを見る。窓際に「ニーチェア」を置けば、そこも居場所に早変わり。暗がりの室内から明るい外を見ていると心が落ち着く

窓辺につくった身の置きどころ

「宇都宮の家」2階平面図［S＝1：200］

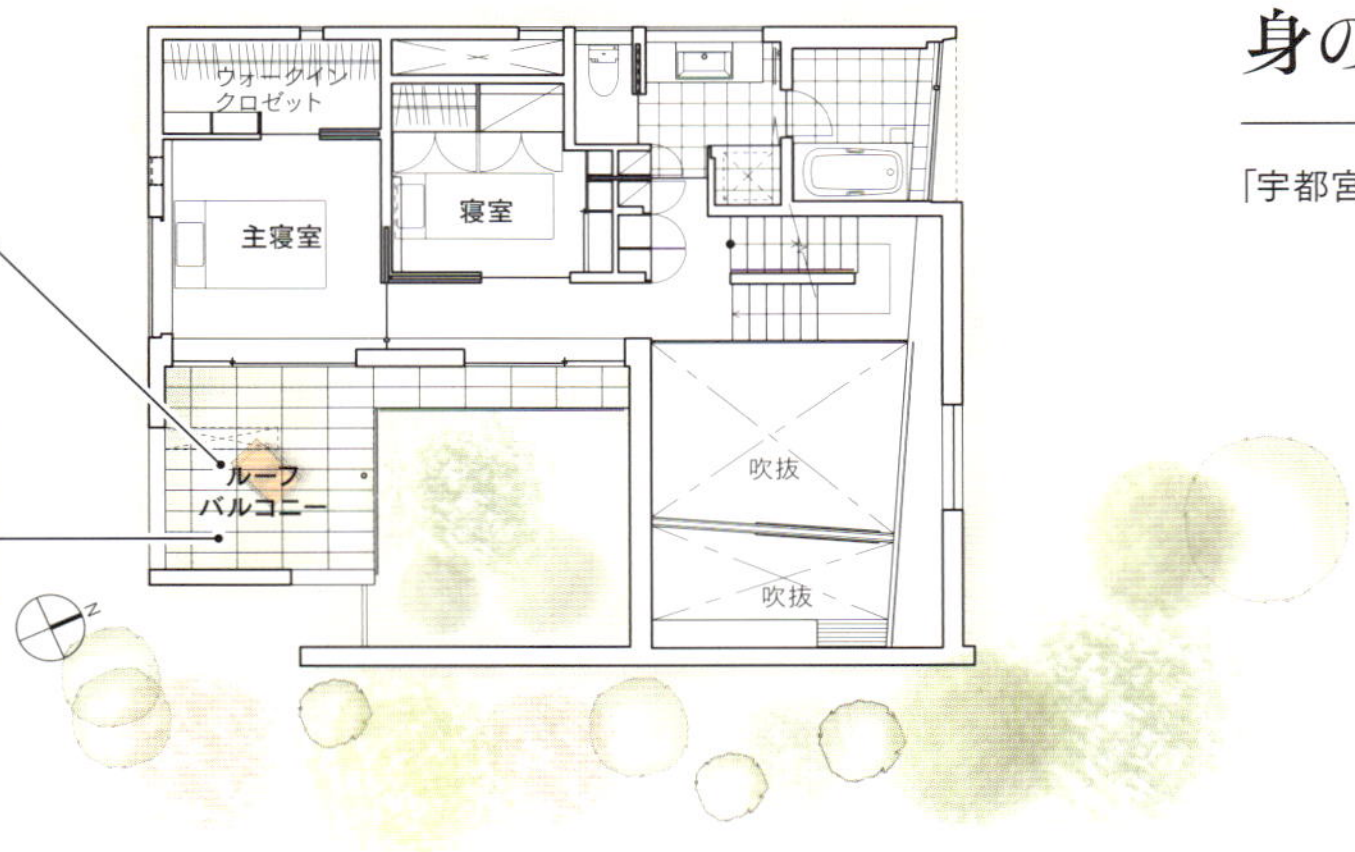

建物と手摺壁で3方を囲われたバルコニーは中庭に向かって大きく開く。適度に囲まれた安心感と開放感が心地よい場所をつくる

家族一人ひとりに専用の居場所を用意する必要はない。それぞれに自分の居場所と思える場所があればよい

屋根のかかった2階のルーフバルコニー。心静まる場所は家の「内」にあるとは限らない。屋根や庇、壁で守られた緑に近い「外」も心を解き放ってくれる

「宇都宮の家」8／32／44／115／117／140／144／152頁

狭小住宅こそ断面で考える

いわゆる狭小地では、部屋の配置、つまり間取り（平面）だけを考えていると、住まい手の要望になかなか応えられないことも。ほぼ同時に、建物の断面を検討する必要があります。縦方向に住まいを考えることで、限られた空間の中に残された隙間や住まい方のヒントを見つけることができるのです。

狭小地にある「二子玉川の家」でも、断面や模型での検討を当初から行い、限られた空間全体を最大限生かすことを考えました。たとえば姉妹2人が使う子供室は4.5帖ですが、家具を立体的に配置することで「自分だけの場所」がもてるように。また、ほかの部屋よりも3段ほど床を上げ、床下に大きな収納量を確保しています。

子供室から家族室を見る。天井のほうを見上げると窓越しに2階のLDKとつながっているのが分かる

家族室から見た子供室。2台のベッドは違い棚のように配置し、勉強机となるカウンターと本棚は姉妹それぞれのものを対角に配している。床下には十分な収納スペースが確保されている

部屋どうしのつながりを断面にもつくる

「二子玉川の家」
断面詳細図［S＝1：60］

住宅の設計をするとき、平面が先で断面があとといった風に順番が決まっているわけではない。いつ・どこで・誰と考えるか、素材はいつ決めるか、何を重視するか、どんなスケールで考えるか、模型やパースで検討するか、模型を何でつくるか……。これらによって、導き出される答えが変わってくることを強く意識したい

LDKと子供室、階は異なるが、窓を通して気配を伝え合う

子供室の床の高さを上げることで、床下には空間が生まれ、上階との関係もつくりやすくなる

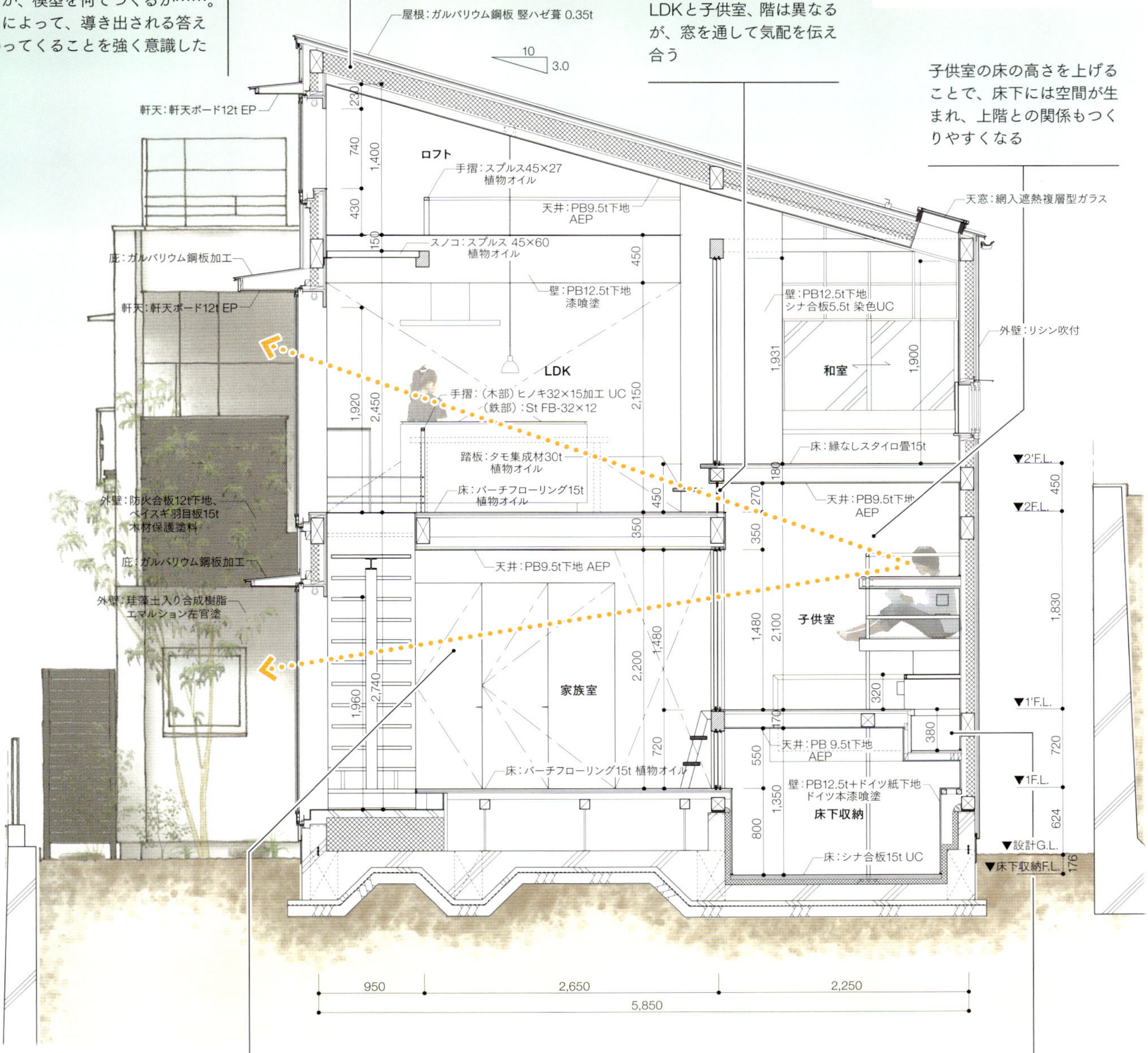

狭小地では特に、計画当初から断面の検討を行う。隙間を使いこなすのはもちろん、「視線の抜け」を早い段階でつくっておき、狭さを感じさせないようにする

造付けのカウンターは勉強机。腰掛けて使えるよう床を掘りこんでいる

「二子玉川の家」90頁

子どもに合わせて変化する子供室

子供室というのは、子どもが小さなうちはあまり使われないし、巣立ってしまうと不要になることも。子どもの成長や暮らしの変化に合わせ、多目的な使い方ができるようにしておきましょう。そもそも、子どもたちの居場所は子供室を越え、家の内外のあちこちにあることが理想です。リビングの片隅に小さなカウンターでもあれば、そこで宿題を広げるかもしれません。ちょっと広めの廊下に座って本を読んだり、半屋外のスペースで友達と遊んだり……。家の中に余白を見つけては自分のものにするのが子どもです。子どものためにも、余白のある住まいが望まれます。

子どもが子どもでいてくれる時間は意外に短いもの。だからこそ、子どもたちと過ごす家での時間と空間が大切だと考えています。

建具を壁に引き込み、子供室2からフリースペースを見る。テラスも含め一体的に見え、大らかな空間になる。フリースペースは家族の気配を感じながらも読書や勉強に集中できるよう、吹抜けに面して壁を立て、視線や光を絞っている

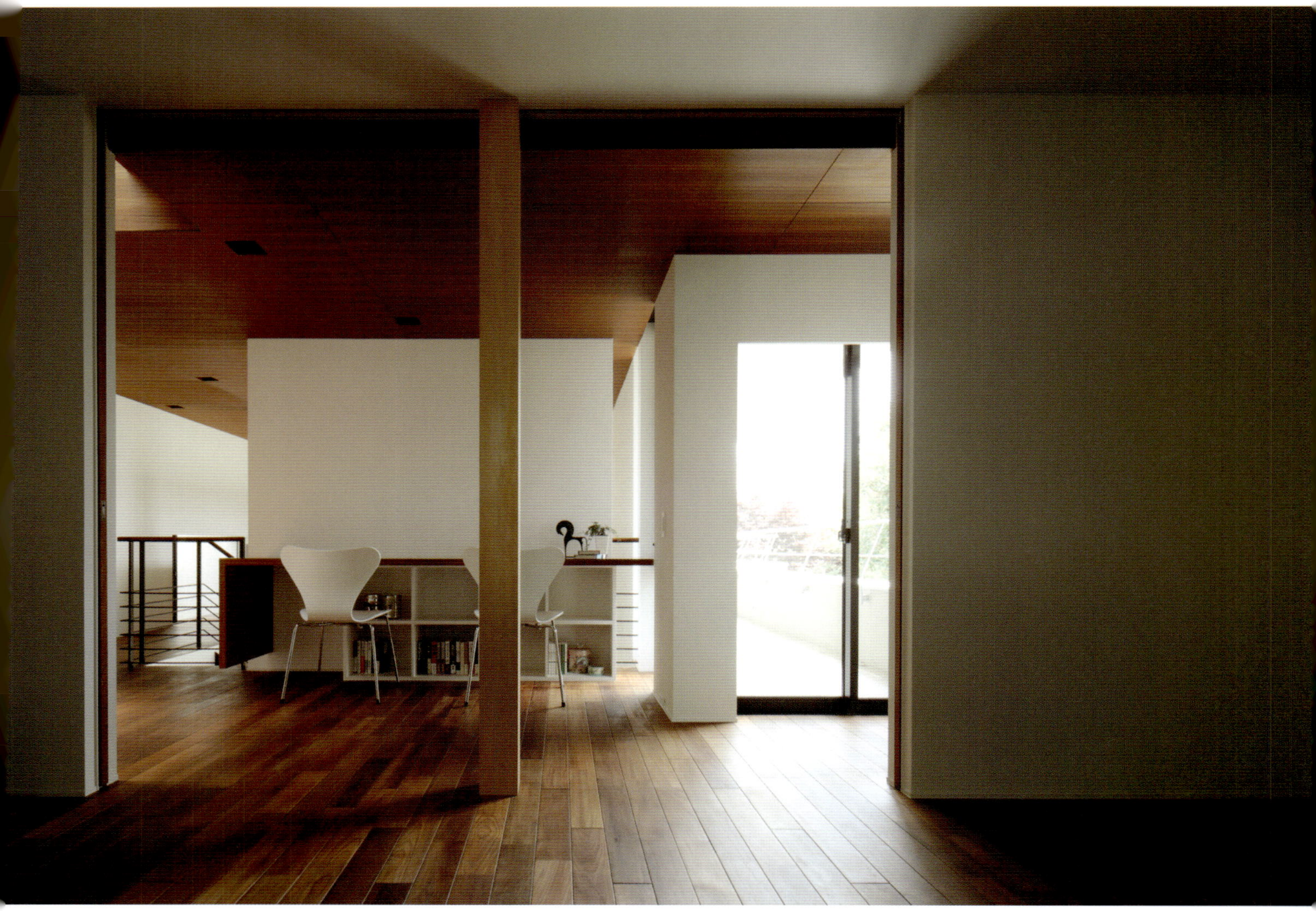

1 2階階段ホールからフリースペース、子供室2を見る。ただの廊下ではない、ゆったりとした居心地のよい空間
2 子供室1の窓からは庭木の緑が楽しめる。コーナー窓がつくる開放感は部屋を広く見せる

子どものエリアは変幻自在

「Terrace & House」
2階子供室廻り平面図
[S＝1：80]

小さな余白は人の溜まり場になる。子供室前の廊下を広めにとって、カウンターを設置すれば、子どもたちお気に入りのスペースに

子供の居場所は子供室だと決めつけない。家の中に余白を残しておけば、子どもはその時々の自分にあった居場所を見つけられる

個室は子どもが必要としたときに与えればよい。家族の集まる場所に多様な「居場所」が用意してあれば、子どもが個室にこもりきりになることも少ない

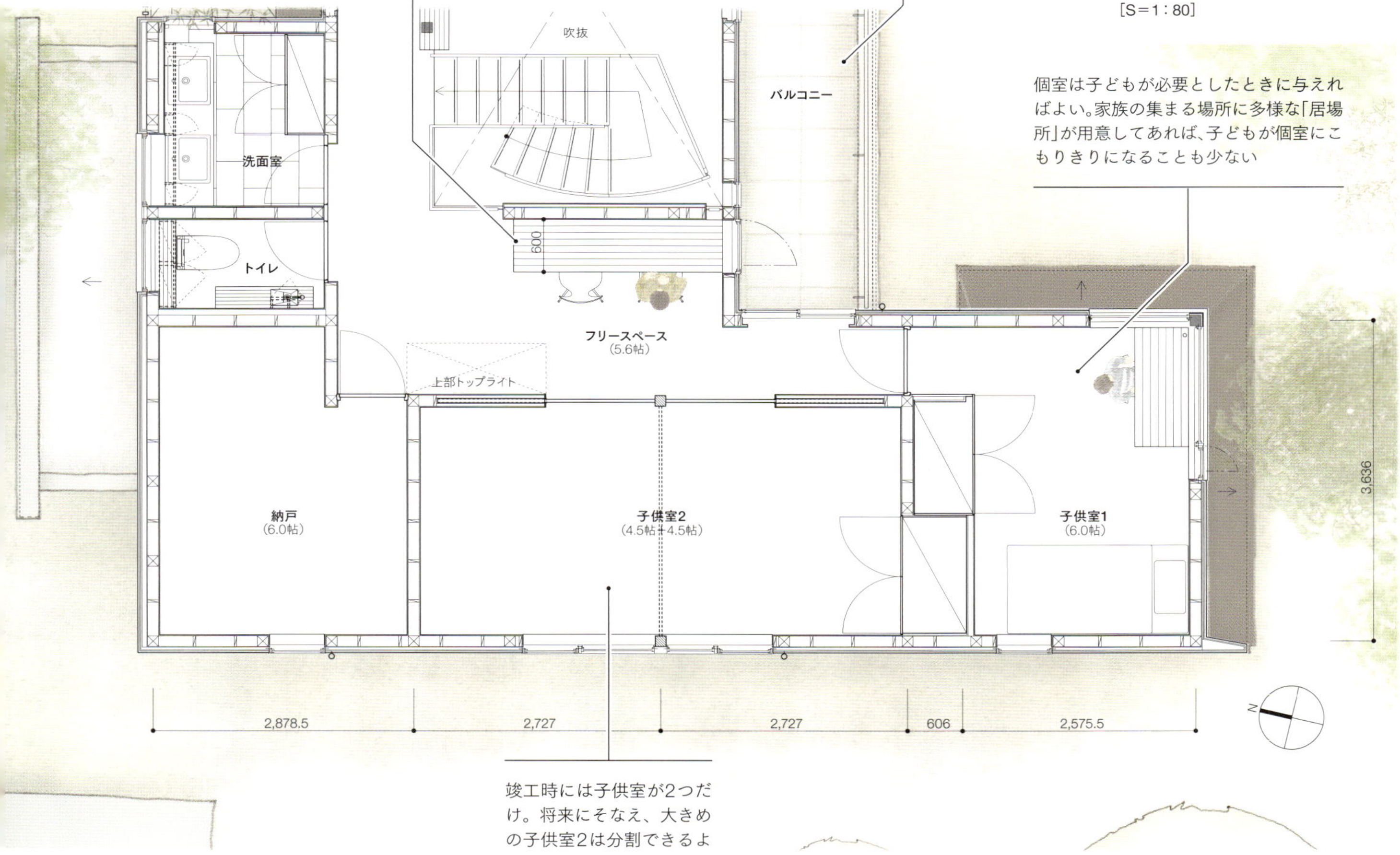

竣工時には子供室が2つだけ。将来にそなえ、大きめの子供室2は分割できるようになっている

「Terrace & House」88／108／124頁

コミュニケーションがとりやすい間取りに

家族が集まる部屋と子供室が別々の階に分かれるプランは珍しくありません。そんなときには、玄関から子供室に至る経路（動線）上に、家族と触れ合える仕掛けをつくっておくとよいでしょう。

「下高井戸の家」も1階にLDK、2階に子供室を配した間取りです。2階への階段をLDK全体を見渡せる位置に設けたので、親子のコミュニケーションがとりやすくなっています。子供室はダイニング上部の吹抜け廻りに配置、上下階で声が届く距離にあります。キッチンに立つお母さんにも子供室の気配が伝わるので、離れていても安心です。

子供室から吹抜けを見る。子供室は北側にあるため、吹抜け越しに南側の光を採り入れる。引戸を閉めていても、幅広のガラス戸なので十分に採光できる

階段の下り口付近から吹抜け越しに子供室を見る。子供室は建具を壁に引き込めば、吹抜けとひとつながりの空間になり、下階のLDKと気配を伝え合う

離れていても つながる工夫

「下高井戸の家」2階子供室・吹抜け廻り平面詳細図［S＝1：50］

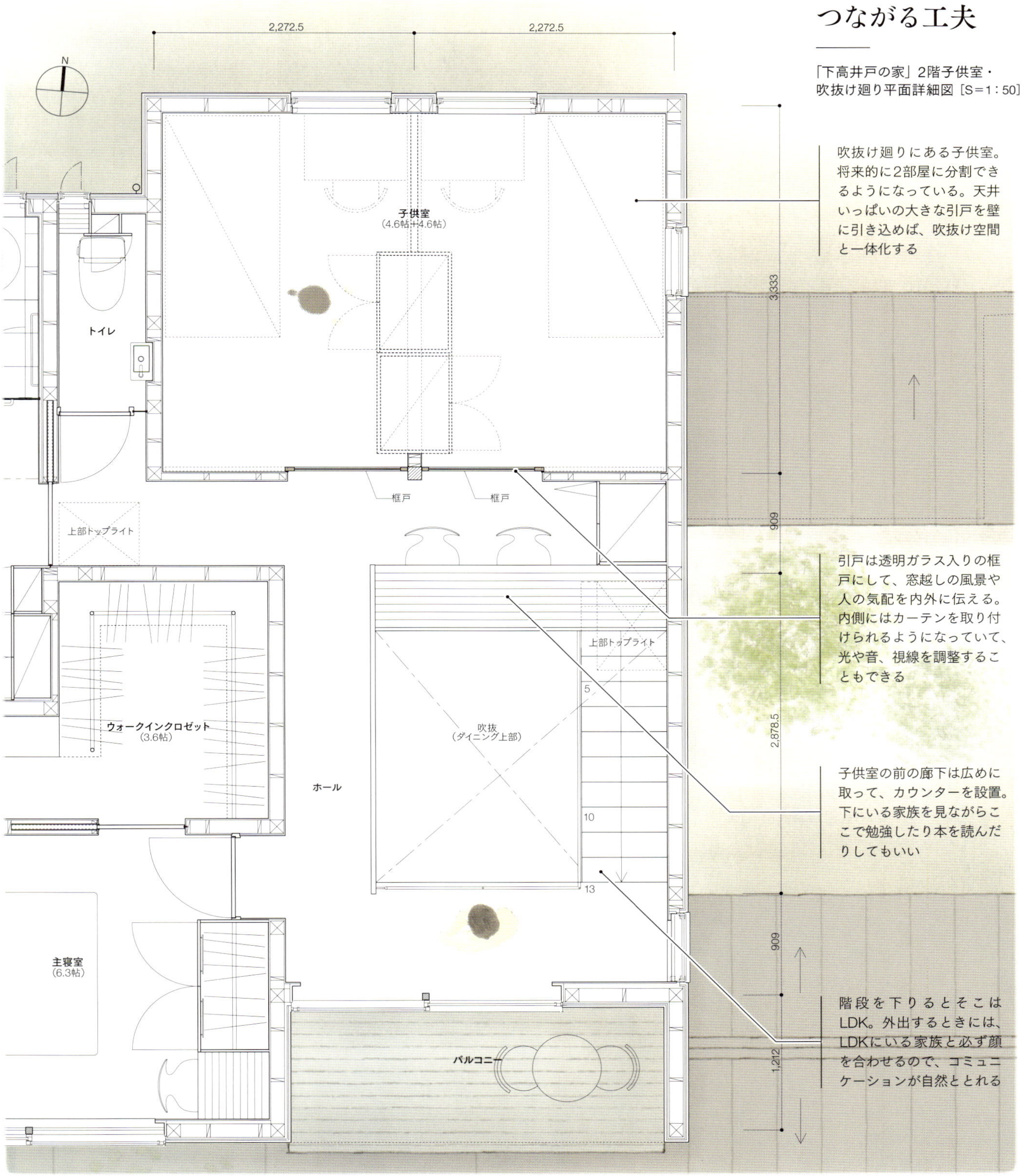

吹抜け廻りにある子供室。将来的に2部屋に分割できるようになっている。天井いっぱいの大きな引戸を壁に引き込めば、吹抜け空間と一体化する

引戸は透明ガラス入りの框戸にして、窓越しの風景や人の気配を内外に伝える。内側にはカーテンを取り付けられるようになっていて、光や音、視線を調整することもできる

子供室の前の廊下は広めに取って、カウンターを設置。下にいる家族を見ながらここで勉強したり本を読んだりしてもいい

階段を下りるとそこはLDK。外出するときには、LDKにいる家族と必ず顔を合わせるので、コミュニケーションが自然ととれる

「下高井戸の家」74／161頁

室内窓でコミュニケーション

窓は外壁に面した部分に設けるだけではありません。部屋の仕切り壁に設けた「室内窓」は隣り合う空間をつなげ、採光や通風、視線の抜けをよくしたり、人の気配を伝えたりすることができます。

「常盤《ときわ》の家」では、子供室に小さな室内窓をつくりました。この窓をちょっと開けるだけで、リビングやダイニングにいる家族の様子をうかがうことができます。子供室には多少の「隙」をつくっておくほうが、コミュニケーションもスムーズに図れるのではないでしょうか。ドアを閉めれば完全に遮断されてしまう密閉された子供室は、子どもたちもきっと望んでいないはずです。

子供室にある室内窓を開け、リビングを見たところ。階段室の書斎コーナーやバルコニーまで見通せる

子供部屋に閉じ込めない

「常盤の家」2階平面詳細図［S＝1：60］

小窓からは家族の風景が見える

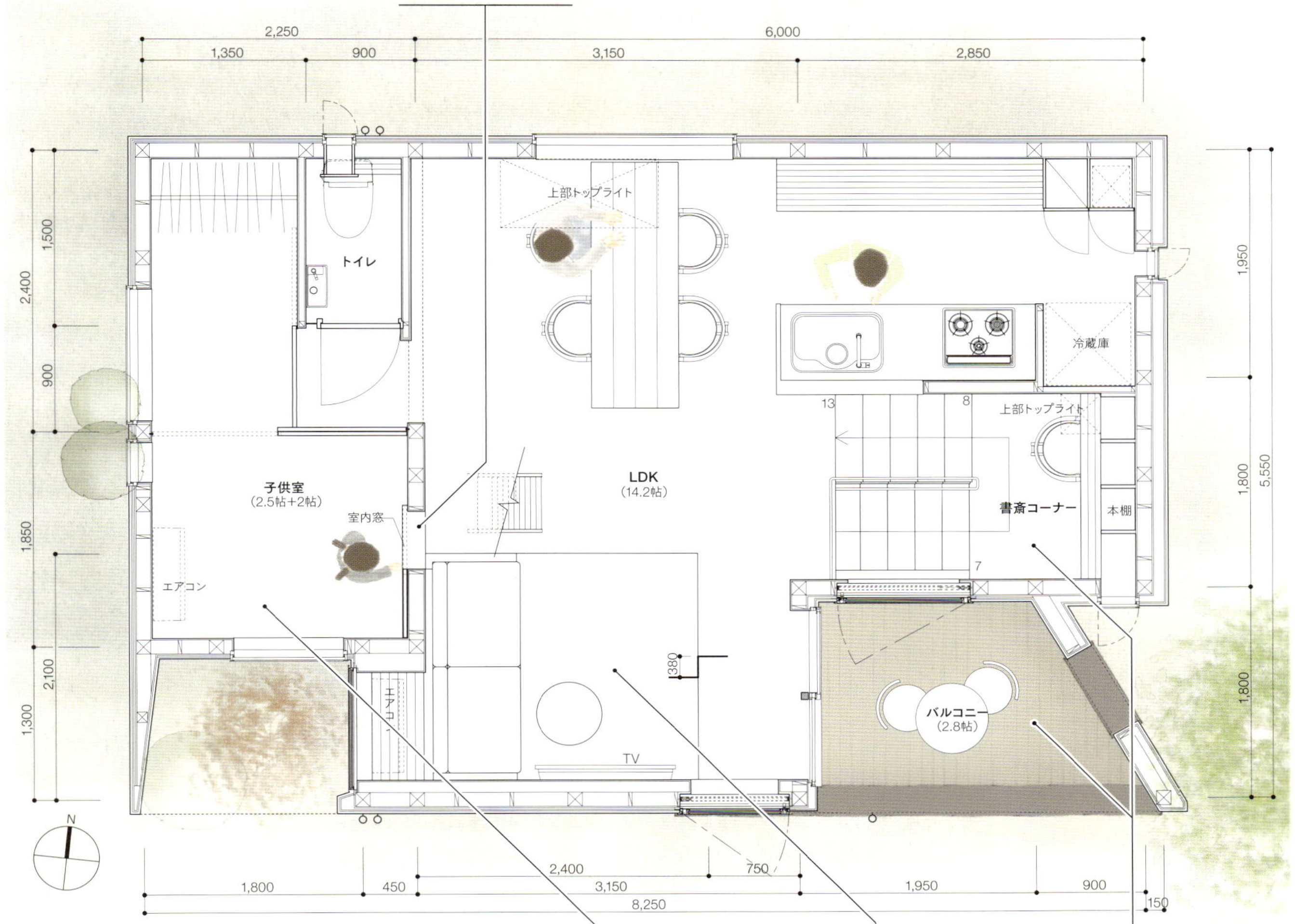

L形平面の子供室は2つに仕切れるようになっている。南側の空間は2.5帖大だが、緑が見える大小2つの窓に加え、リビングとつながる室内窓があるので、狭さをあまり感じない

子どもも大人も思わず長居したくなるような、居心地のよい場所を家のあちこちにつくっておく。階段室につくった書斎コーナーや広めのバルコニーもその1つ

子どもの居場所は子供室だけ、と決めつけない。子どもと共に暮らす住まいでは、家全体が子どもたちのフィールドで、ベースキャンプが子供室と考える。子供室は狭くても構わないが、大人になっても十分対応できるだけのボリュームは確保しておく

リビングから室内窓を見る。手前にある階段はロフトへ続く。2階全体を見渡せるロフトは子どもたちのお気に入り

「常盤の家」20／102／130／158頁

和室にしっくり低さと柔らかさ

和室は床に直接座る「床座《ゆかざ》」が前提です。床や壁にも体が直に触れることになるので、土や紙、植物由来の優しい触感をもつ素材がしっくりきます。また、畳に座ったときの目線に合わせ、空間の重心も低くしておきます。鴨居の高さを抑えたり、地窓や深い軒で庭の景色を切り取ったりと、相互関係でつくられた重心の低さは和室に落ち着きをもたらしてくれます。

南側の庭から和室にある土間を見る。ガラス戸や雨戸はすべて壁に引き込むことができる

障子を開けると土間があり、庭に出ることができる。開口部の高さと幅を抑えることで、庭の広がりを感じさせ庭先の隣家を視界から外している

洋間とは異なる部屋づくり

「Terrace & House」
1階和室廻り平面パース［S＝1：75］

手持ちの桐だんすは収納の中にしまう

左官壁に和紙で腰張りをする。壁の保護はもちろん、部屋の重心を下げるのにも一役買っている

和室はウツ（空）なる空間。体を預ける固定の家具は置かず、床に直接腰を下ろす。壁もそばにある。そこに必要なのは、はねつけるよう硬い素材ではなく、木や畳、土のような軟らかな素材

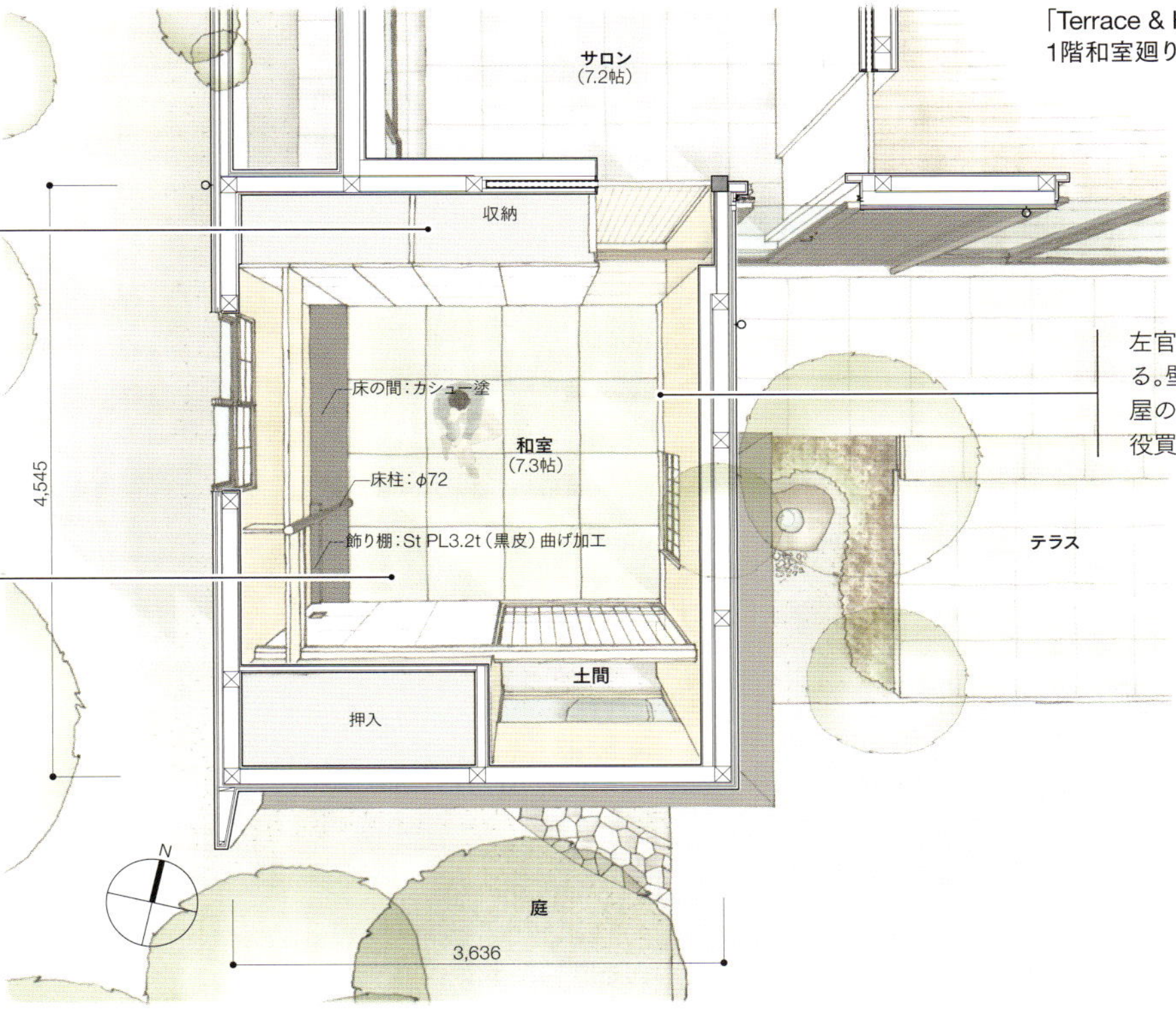

床座に合う高さ

「Terrace & House」
和室展開図［S＝1：60］

間口の高さが抑えられた床座の空間

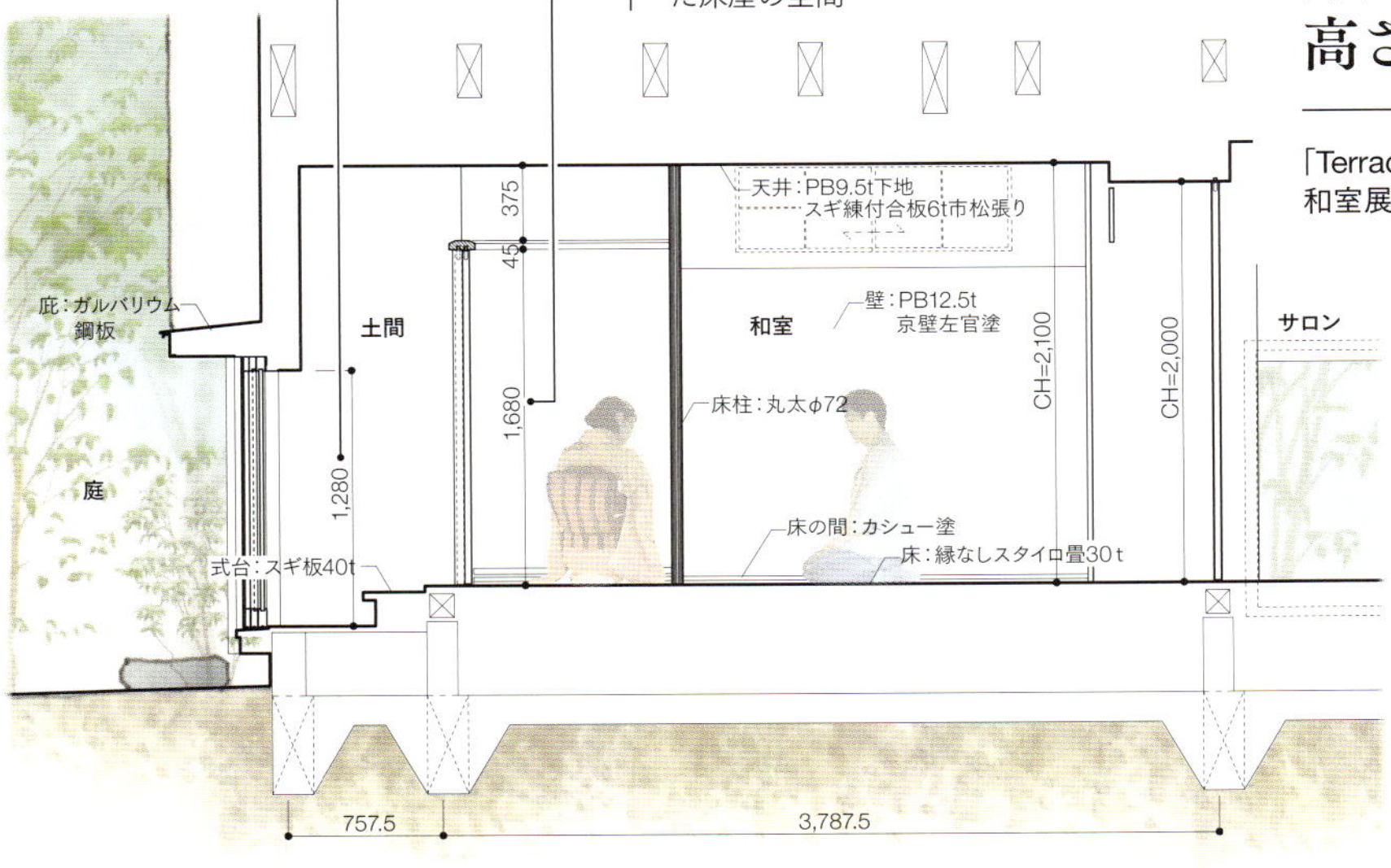

欄間のある和室入口。板畳に立ち、土間の先の庭を見る

「Terrace & House」82／108／124頁

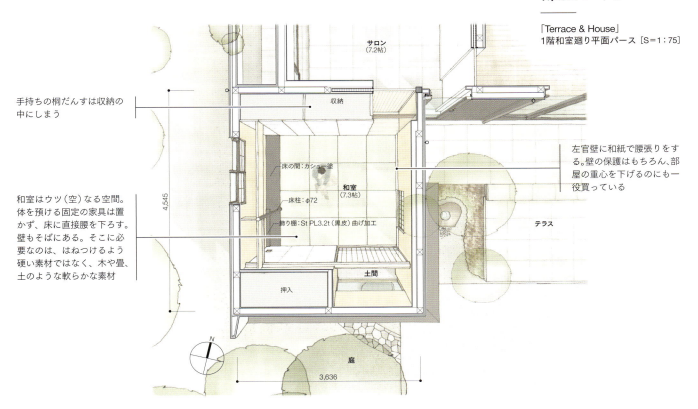

極小空間がつくる住まいの奥行き

お茶の世界では、茶碗を眺めて「よい景色ですね」といったりします。小さな器や道具にまで風景を見る日本の心です。何げない日常にも、穏やかで豊かな風景が生まれるような住まいを提案したいと考えています。

「二子玉川の家」は小さな住まい。階段の1段目を広く取って茶室への踏込みにしました。非日常感を演出するにじり口をくぐると、そこにあるのは2帖にも満たない小間。障子越しの光しかない、ほの暗さが印象的です。陰《かげ》りのある極小空間が狭小の住まいに「奥」をつくり出しています。陰影のある畳の間がつむぐ静かで落ち着いた風景は、今日も家族の心を癒やします。

階段の上り口からにじり口を見たところ。1段目が踏込みのようになっている

1.7帖の小間が奥を感じさせる

「二子玉川の家」
1階茶室廻り平面パース
[S＝1：30]

床の間は取外し可能なシンプルな置き床にして、カシュー塗りで仕上げた

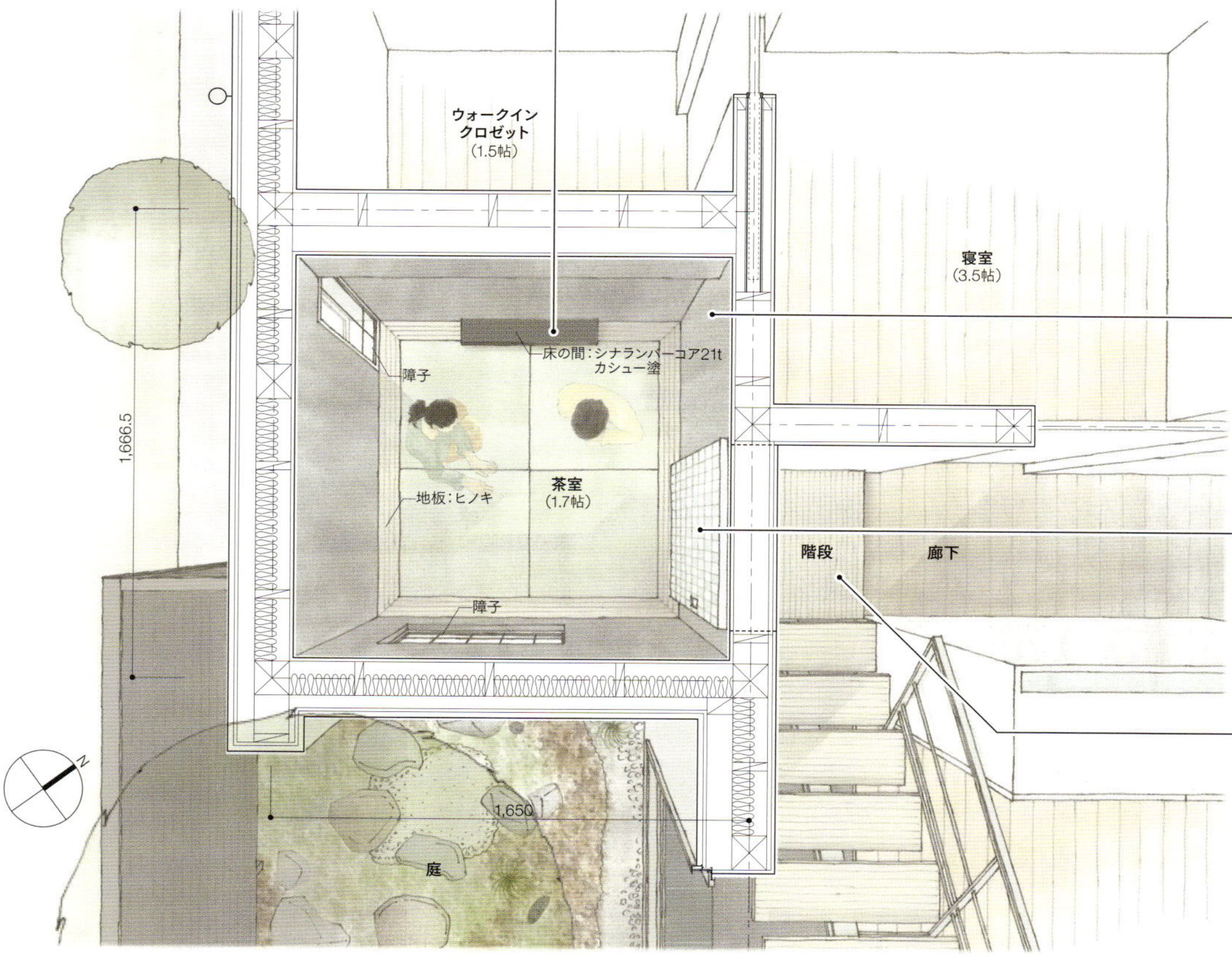

壁は侘びた灰色の左官仕上げ、天井は薩摩ヨシベニヤ貼り

小間茶室で見られる、人ひとりが体をにじって入る客用の小さな出入口を「にじり口」という。ここでは幅65cm、高さ108cmほどの大きさ

階段の1段目が茶室の踏込みを兼ねている

障子越しの柔らかい光に包まれた畳の極小空間。心を落ち着かせ、1人静かにお茶を頂く

「二子玉川の家」80頁

畳の間には床の間を

畳の間は固定化された装飾がないウツ（空）の空間。その中にあって、季節の移り変わりや節日の行事をしつらえる場が床の間です。花や掛軸、置物などを床の間に飾るだけで、空間はがらりと変わります。

「光辺の家」の和室は変形した平面で、床の間は幅94㎝、奥行き30㎝ほどしかありません。この小さな床の間に存在感を与えるため、床板に厚さ42㎜もある芦野石を使っています。重厚感あふれる石の床板が、どんな床飾りも引き立ててくれます。

小さな床の間はシンプル×存在感

「光辺の家」
上：1階和室廻り平面図［S＝1：120］
下：床板部分断面詳細図［S＝1：3］

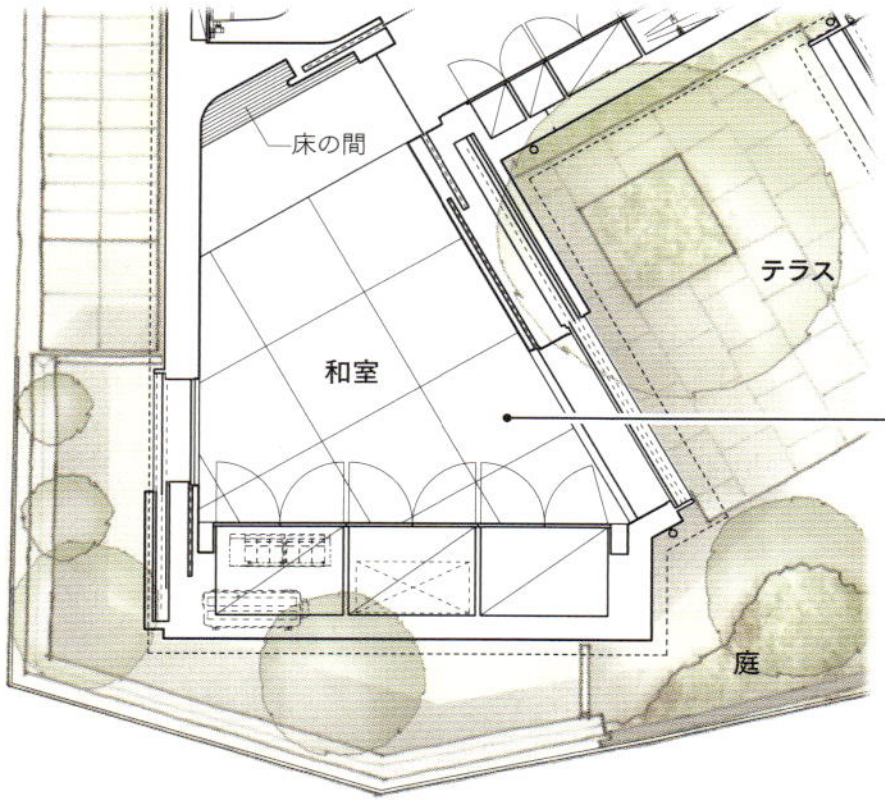

変形した和室。石製の床の間の手前には地板を敷き、和室の踏込みを兼ねる

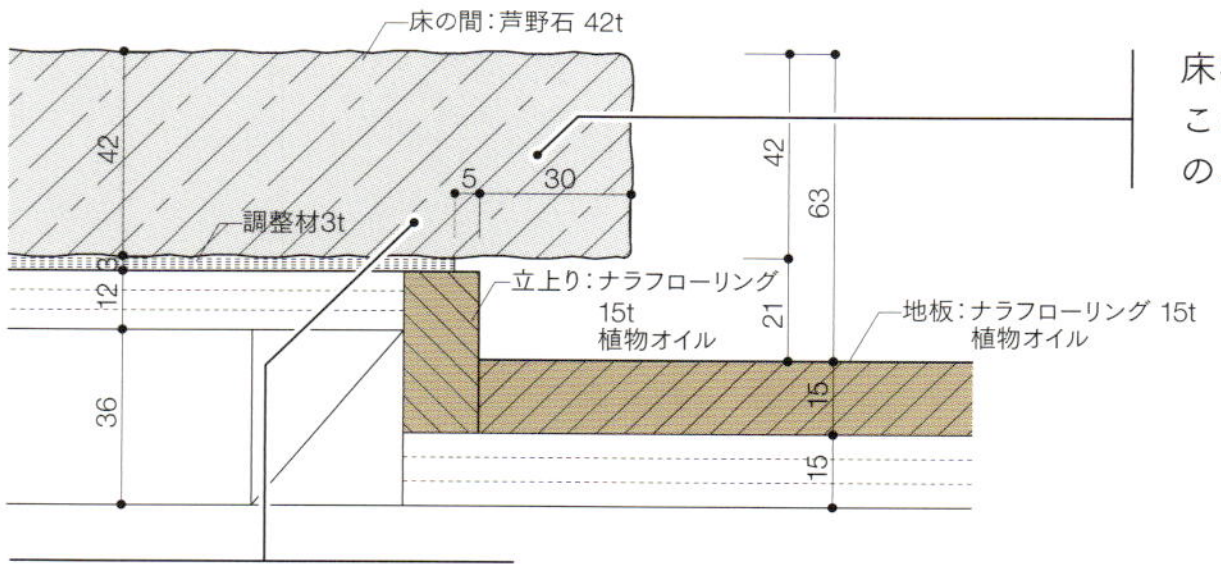

床板を30㎜持ち出すことで、浮いているかのように見せる

面取りはほとんどせず、石の厚みや素材感をそのまま見せる

1 奥行き30㎝にも満たない床の間だが、石を使うことで存在感を出している。この日、飾ったのはシンプルで小さな漆器
2 床板に使ったグレーの芦野石を舞台に、朱赤の器が薄明かりの中で浮かび上がる

「光辺の家」12／24／46／128／155頁

にじり口から入る主人の書斎

リビングなどの一角を書斎コーナーにすることがあります。省スペースでいいのですが、にぎやかな空間に隣り合うだけに、ちょっと落ち着かないという難点も。「西大口の家」では1.8帖大の極小スペースをあえて左官の壁で囲い、畳を敷き詰め、茶室の小間のような書斎をつくることにしました。リビングにありながらもにじり口をくぐるだけで、静けさのある空間で集中することができます。

1 リビングの壁にある小さなにじり口
2 襖を開けると、雰囲気のまったく異なる畳敷きの書斎が広がる

茶室の佇まいを再現

「西大口の家」
書斎断面パース［S＝1：30］

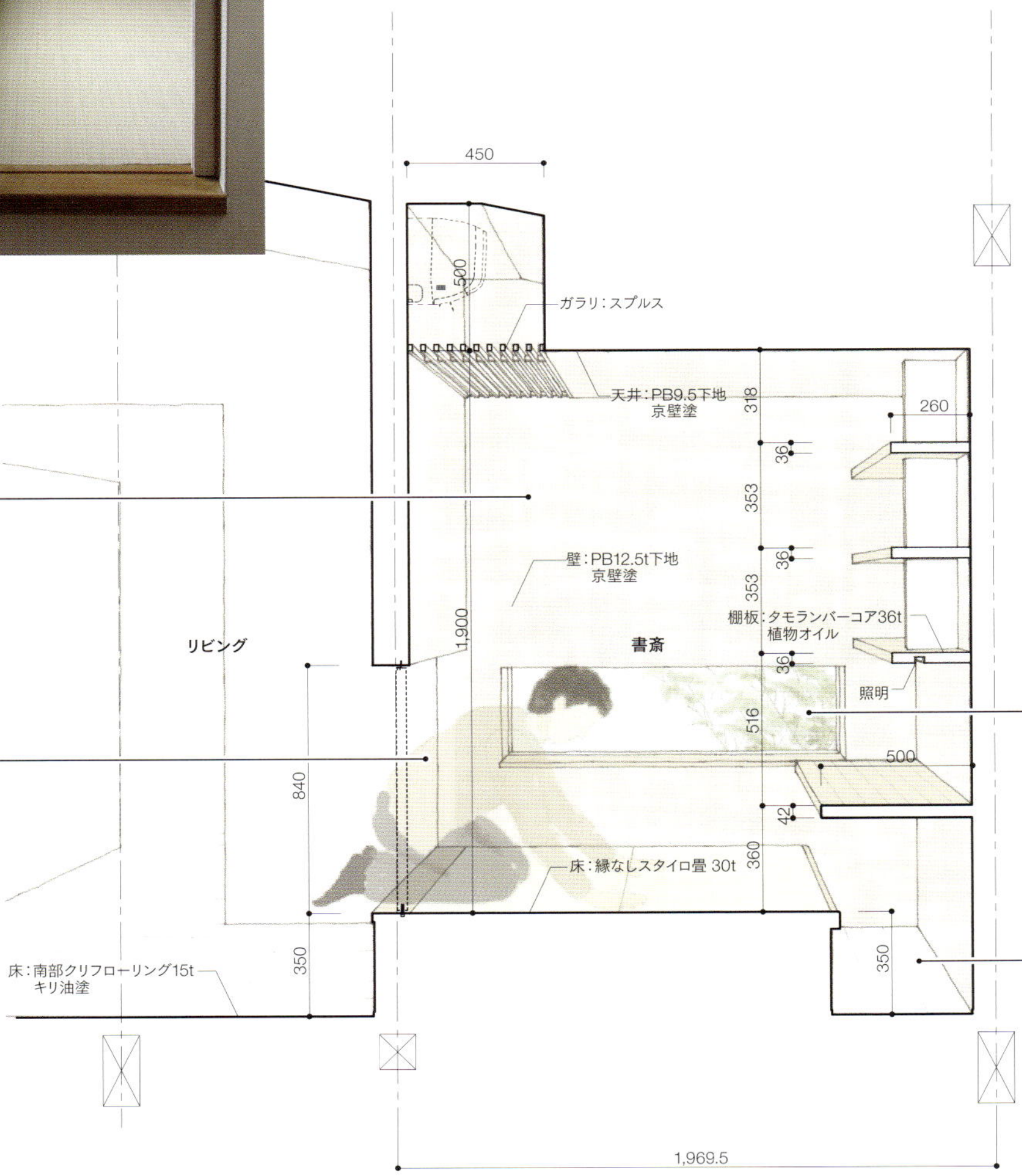

壁や天井はスサ入りの左官で仕上げ、茶室風に

人がやっと入れるくらいの小さなにじり口。くぐった先に非日常の世界が待っている

小さな窓は公園の緑を緑取るだけでなく、手元を照らす明かり取り

腰掛けて使えるよう、床を1段下げている

「西大口の家」68頁

男の居場所 書斎をつくる

書斎は男の夢ですが、「可能であれば、小さくてもいいので」と控えめにいうご主人も少なくありません。何とかして実現させようと、設計にもつい力が入ります。書斎を机に向かって読み書きする部屋と決めつけず、身を落ち着けていられる空間としてつくるのがおすすめです。広さはそれほど必要ありません「つづら折りの家」の書斎は3.6帖ほど。読書に適した柔らかい光が障子越しに差し込みます。机や本棚のほかに可動式のソファベッドが用意され、コンパクトながらも自由な使い方ができる寛容さをもつ男の居場所になっています。

主人の居場所

「つづら折りの家」2階平面図［S＝1：150］

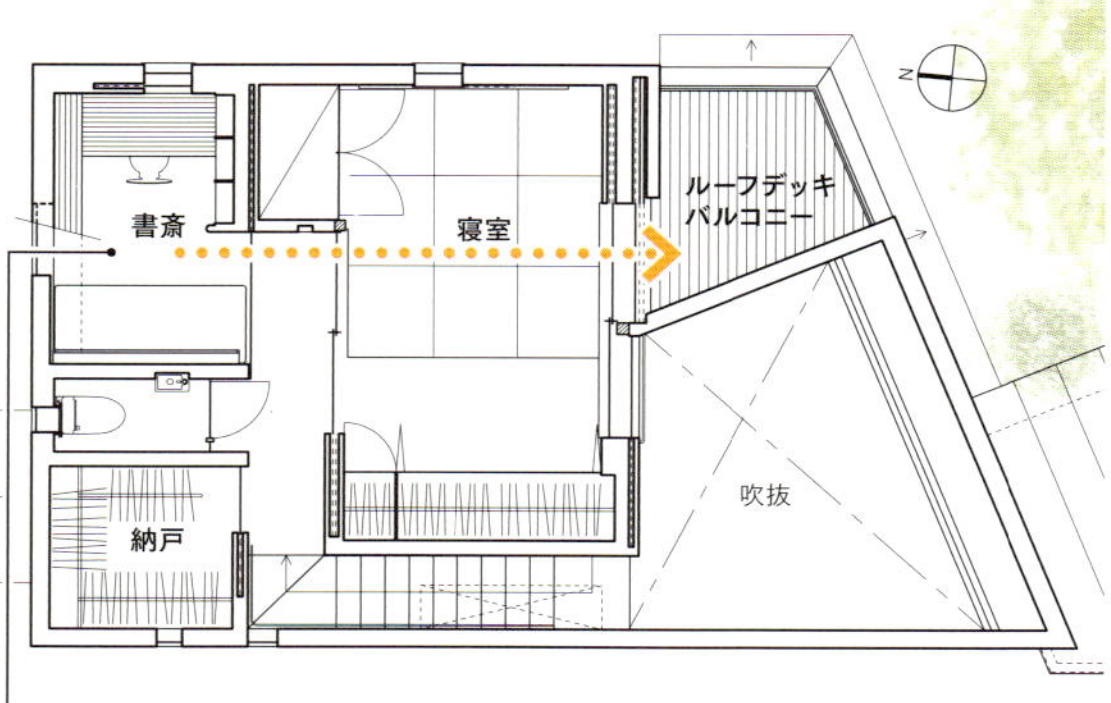

2階北東の角につくったコンパクトなご主人の居場所。引戸を開け、寝室の戸も開け放てば、ルーフバルコニー越しに、庭のモミジやウメの木が楽しめる

狭くても居心地のよい書斎

「つづら折りの家」
書斎断面パース［S＝1：20］

3.6帖とコンパクトなスペースだが、1人の身を安心して預けることのできる、男の居場所

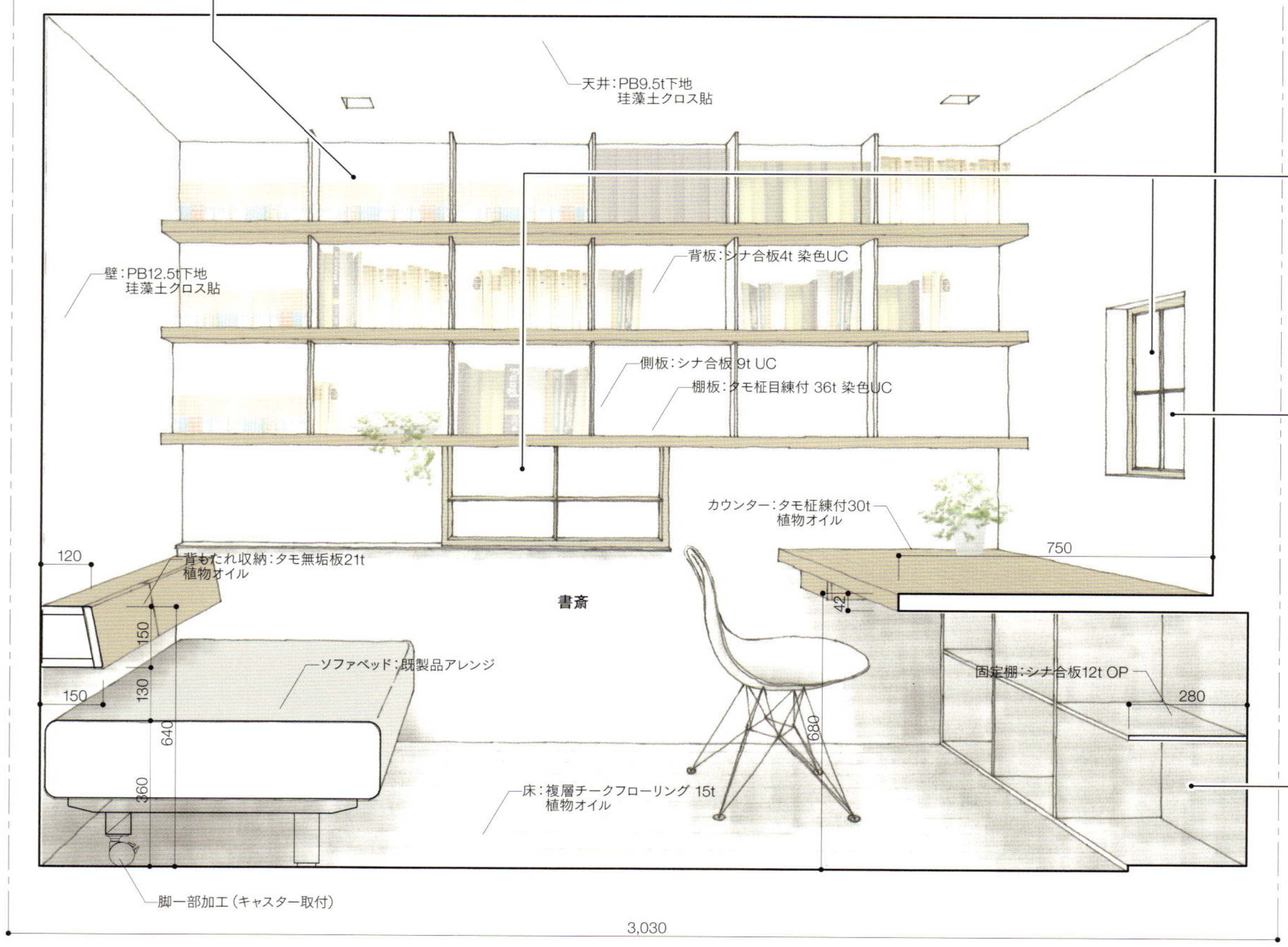

窓は小さく2カ所。北側からは安定した光が期待できる。読書などに適した柔らかい光に変えるため、障子をフィルターにする

東側の窓からは隣家の庭が望める。障子は壁に引き込むことができる

本やノート、ファイルなど書斎にしまうものは意外に多い。居場所をモノであふれさせないよう、収納量を確保しておく

書斎と名の付く部屋だが、イスに座って本を読んだり、ソファに寝転んで昼寝をしたり、ソファを背に床に座って音楽を聞いたり……。好きな姿勢で好きなことができる、そんな場所だ

「つづら折りの家」10／34／106／133／146／156頁

みんなが満足する趣味の空間

その昔、車は憧れでした。スーパーカー世代には当時の熱い気持ちをもち続けている人が今も少なくありません。愛車と暮らすために離れをつくったこの家のご主人もその1人です。1階には駐車スペースだけでなく、車を映し出す鏡やメンテナンス用のシンク、そして愛車を愛でるための部屋を用意しました。

なお、趣味の空間をつくるときには、家族への配慮も忘れずに。ここでは、土間の一部に大谷石を敷き詰め、ホームパーティなどにも使える美しい仕上げとしました。家族みんなで楽しめるようにしておくことが、個人の趣味を家で楽しむ秘訣のようです。

メンテナンスの合間に、チークフローリングの丸いベンチでひと休み。幅5.6mの横長の鏡が愛車を映し出す

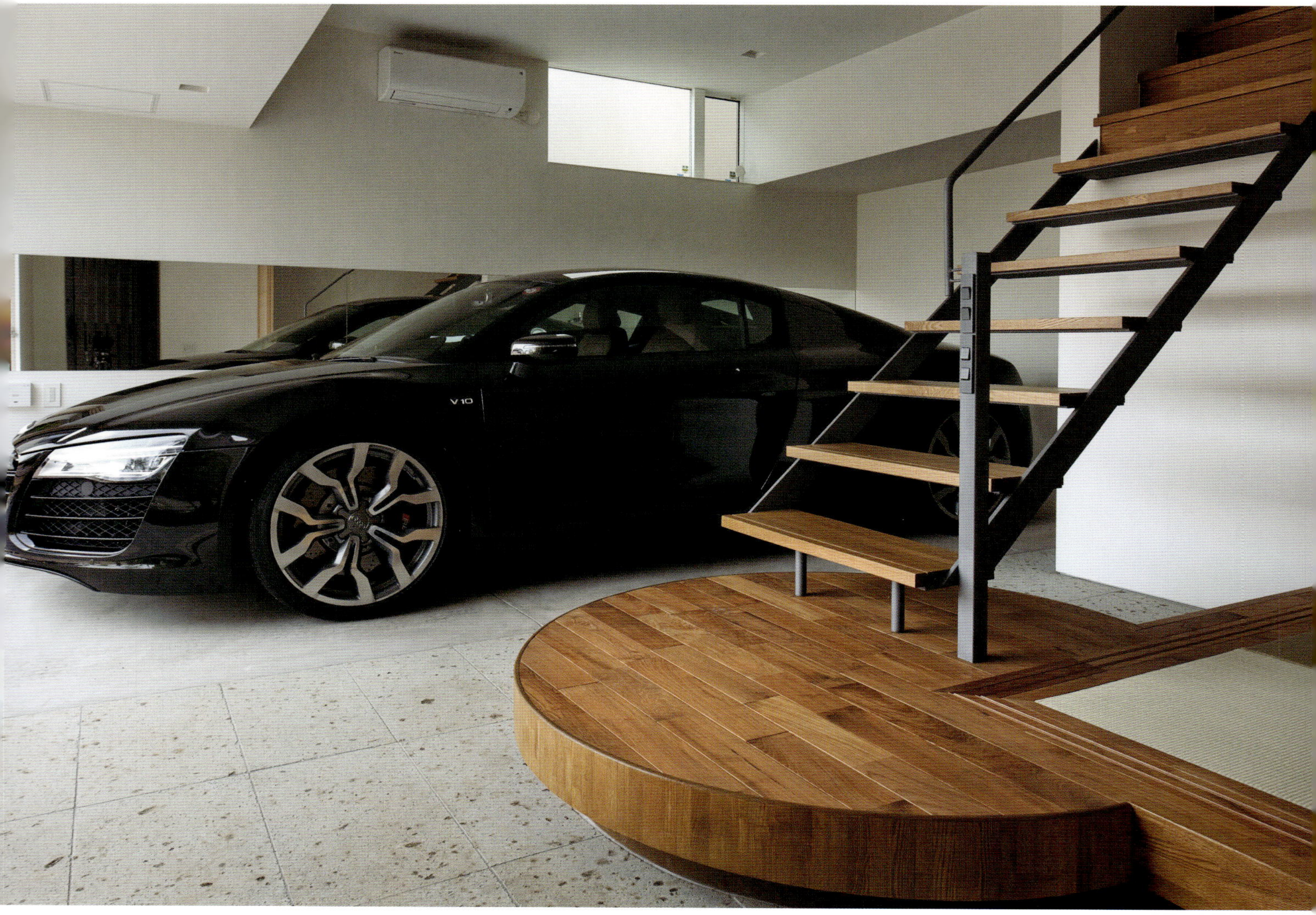

車と暮らす＋αの小さな離れ

「浅間町の離れ」
1階平面図［S＝1：75］

母屋と隣り合う離れは、車を家族の一員のように大切にする空間

シンクは車のメンテナンスのほか、パーティの際にも役に立つ

畳に寝転び、メンテナンスを終えたぴかぴかの車を眺めるのは至福の時

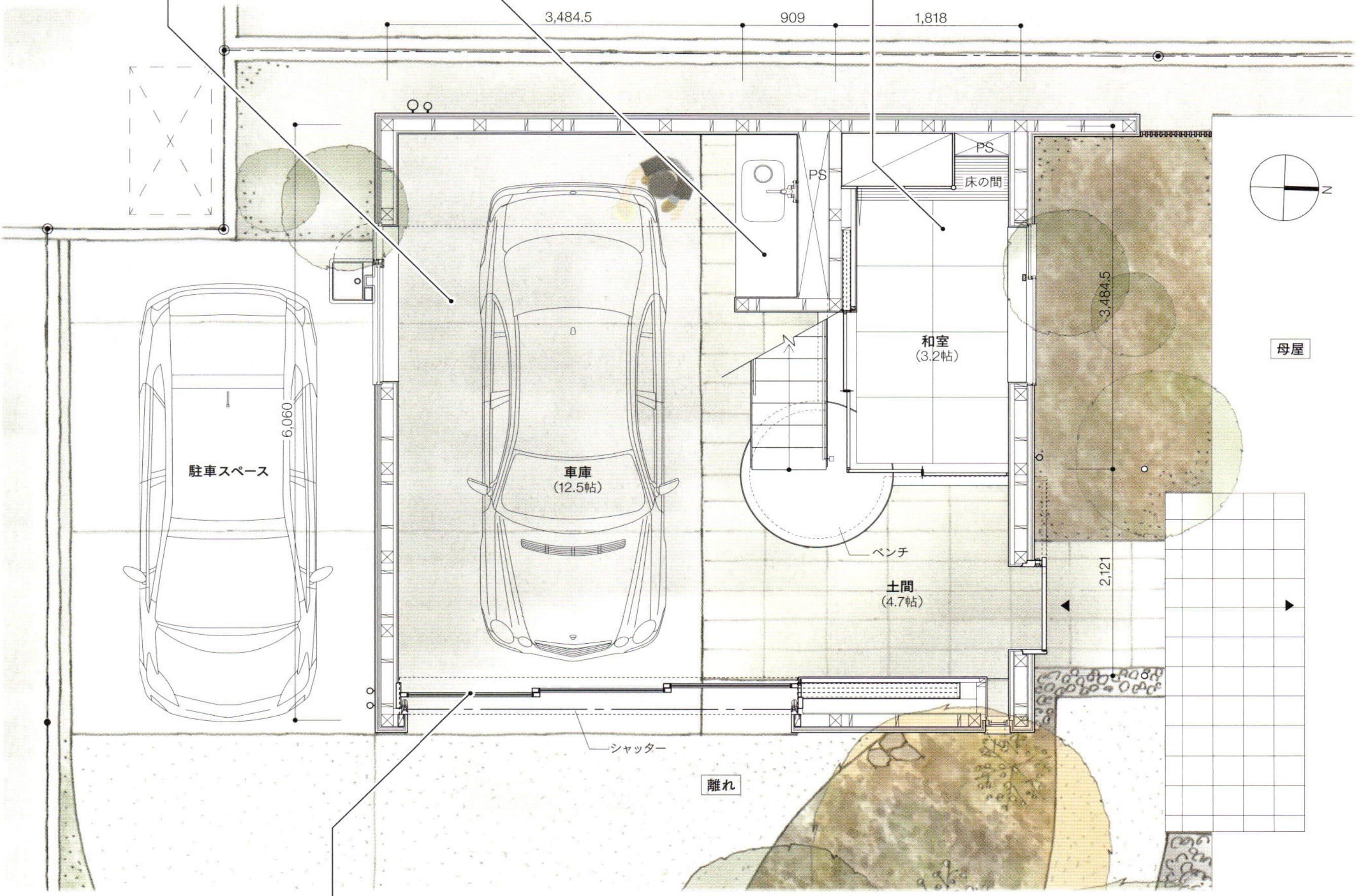

車を出せば、ホームパーティに最適な土間空間に。開口部にはシャッターのほかに透明ガラス入りの框戸が入っている。框戸を閉めていても日差しが入り、庭の緑も楽しめる

離れを正面から見る。シャッターを上げ、框戸を壁に引き込んでいる。右手の奥が和室

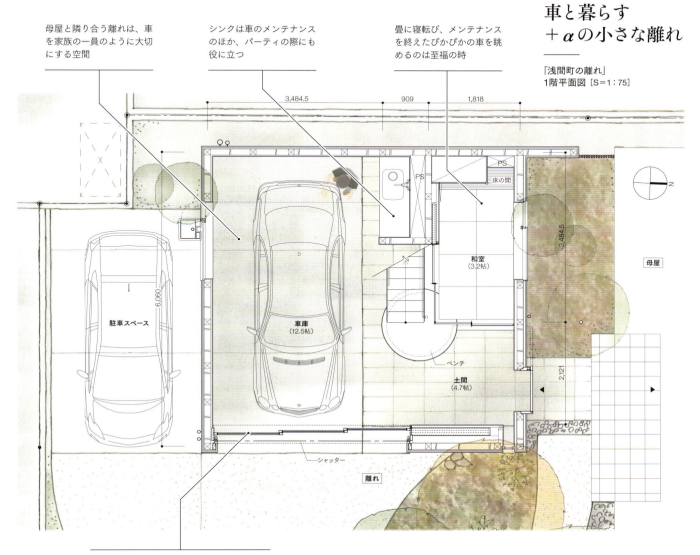

期待をもたせるトンネル状の玄関

形が整っていて、ほどほどの広さもある——そんな恵まれた土地は街なかにそうは残っていません。変形地や狭小地も今や当たり前、建物に魅力をもたらす「敷地の個性」として前向きにとらえたいものです。「府中の家」は旗竿地に建つ小さな住まいです。

道路に面した竿状の部分は間口2.5mに対し、奥行きなんと17m。ここに細長いトンネル状の玄関をつくりました。暗めの玄関は足元だけを明るくして抜けた先に期待をもたせる仕掛け。もちろん、その先にある居住スペースの明るさや開放感を際立たせることはいわずもがなです。

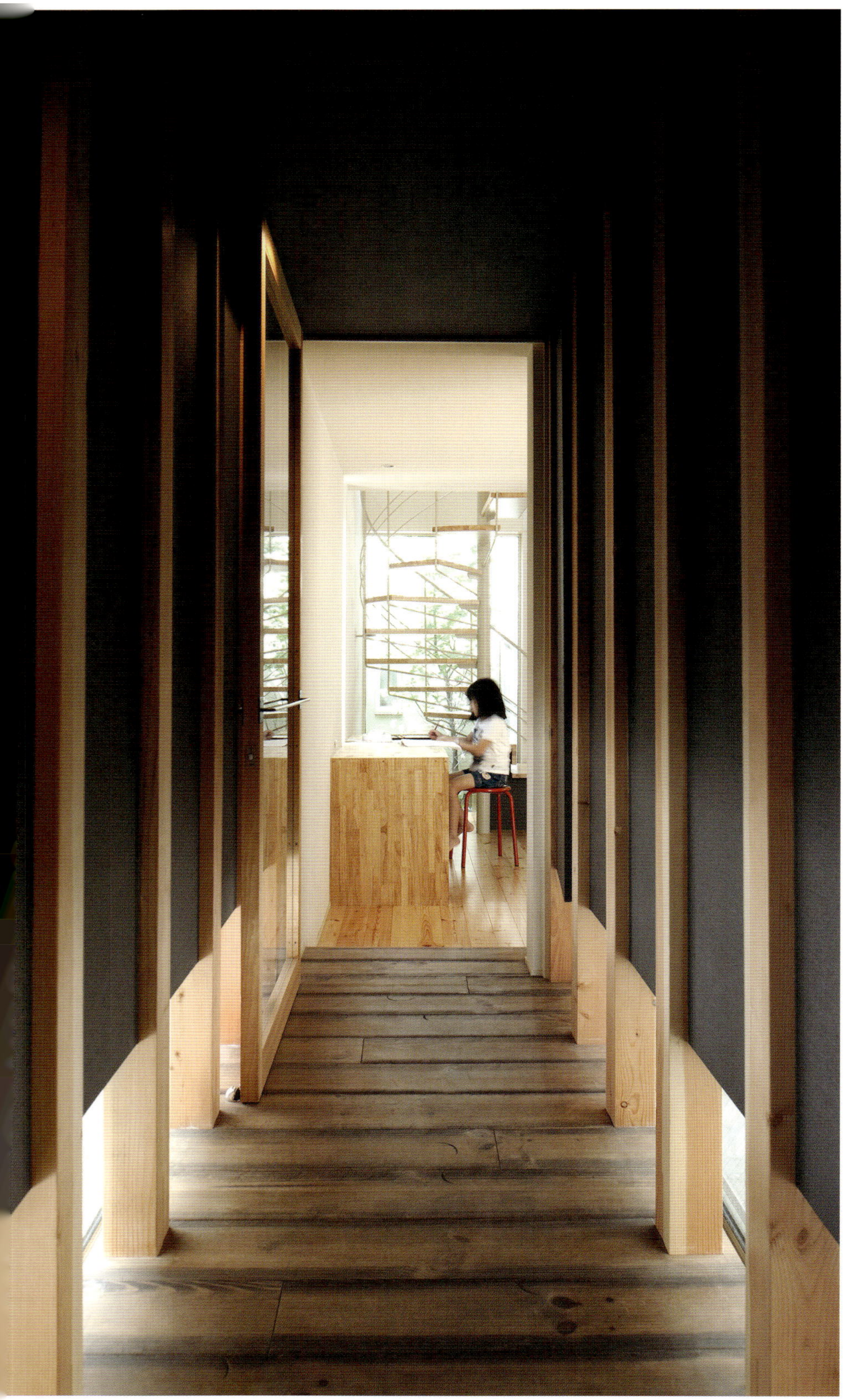

トンネル状の薄暗い玄関からフリースペースを見る。奥は中庭から入った光で明るく、訪問者や帰って来る家族を優しく迎えてくれる

玄関がコントラストを際立たせる

「府中の家」
1階平面図［S＝1：150］

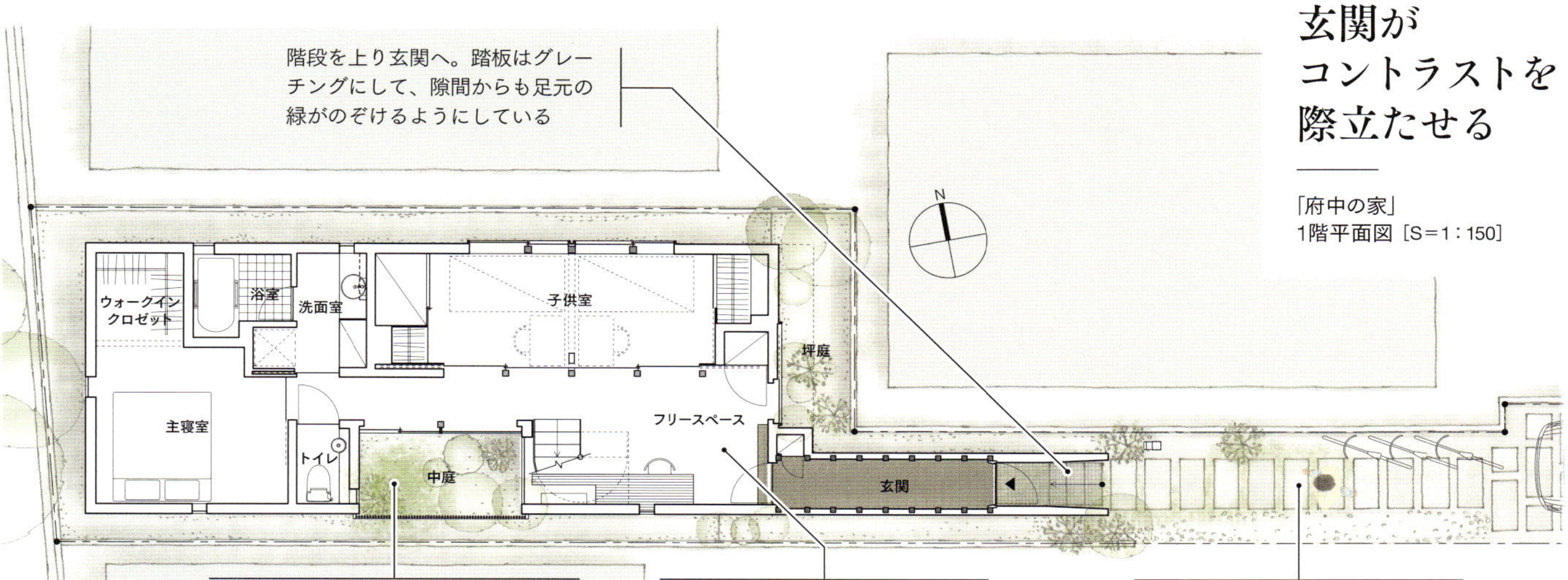

階段を上り玄関へ。踏板はグレーチングにして、隙間からも足元の緑がのぞけるようにしている

敷地の最奥に広がる居住スペースは、中庭に降り注ぐ光のおかげで明るい。トンネル状の薄暗い玄関と対照をなしている

玄関の先にあるフリースペースでは子どもたちが遊んだり、勉強したり。家族みんなが気軽に使える場所

奥に長く続くアプローチ。白御影石を敷き、植栽を施して、雰囲気のある露地に仕立てる

浮遊感のある玄関

「府中の家」
断面図［S＝1：150］

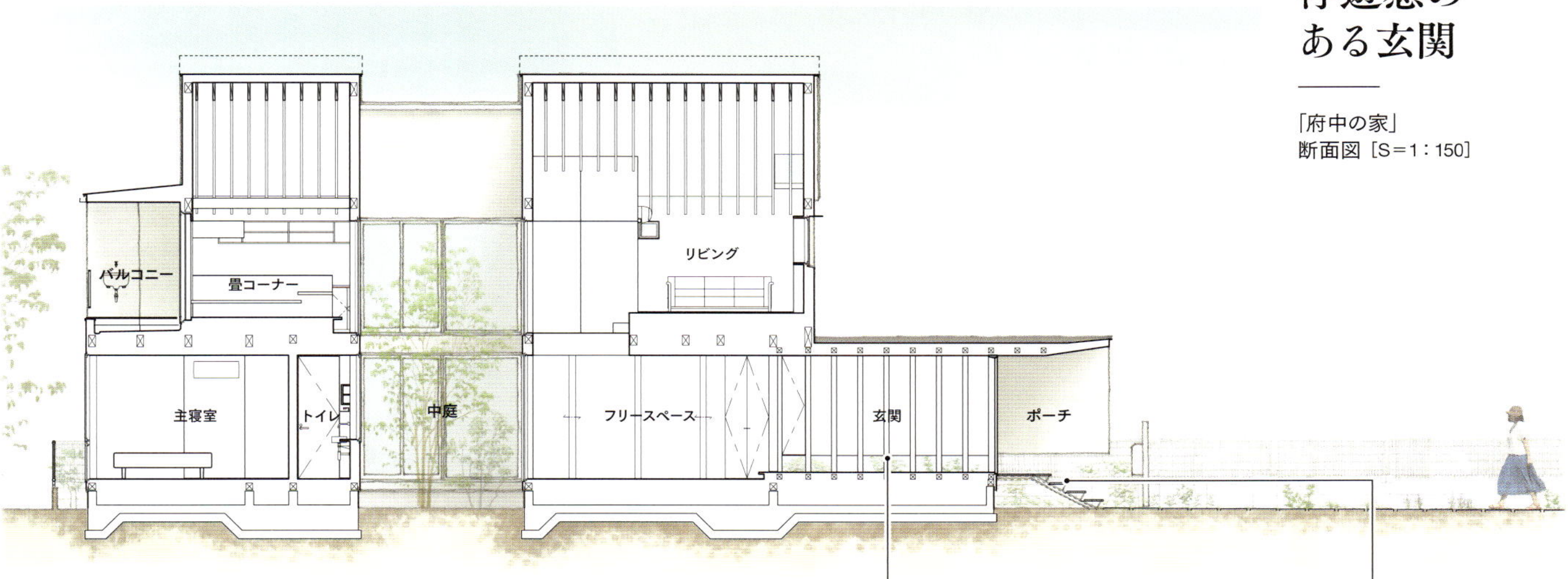

トンネル状の細長い玄関は、9㎝の角材でつくった門形フレームが60㎝ピッチで入っている。開口は足元のみにし、光を絞る

玄関ポーチと階段にグレーチングを使い、浮遊感を出す。グレーチングの隙間からは自然光や雨が落ち、下草などの緑や土も見える

フリースペースから子供室、その先の主寝室方向を見る。中庭の周りに各スペースが配されている

「府中の家」56頁

あいまいさは柔軟さでもある

日本間の特徴は続き間（48頁）です。部屋どうしの仕切りは取外しのできる建具で、境界があいまい。空間は固定されず、内から外、外から内へと移ろいゆくものでした。この空間構成に新たな解釈を加えれば、現代の住まいにもマッチする空間が生まれるはずです。

「妙蓮寺の家」には玄関の脇に5帖大のフリースペースをつくりました。建具を閉めれば応接室や趣味室として使うことができます。玄関の正面奥には和室があります。間仕切りの障子を壁に引き込めば、旅館のような風情あるホールに。友人が泊まりに来たときには障子を閉めて客間として使います。多様なライフスタイルを包み込む現代の住まいにこそ、境界のあいまいさ、空間の柔軟性が必要なのです。

和室から中庭、フリースペースを見る（上）。フリースペースを完全に仕切るときは壁から障子を引き出す（下）

多様な使い方ができる玄関廻り

「妙蓮寺の家」玄関廻り平面詳細図［S＝1：60］

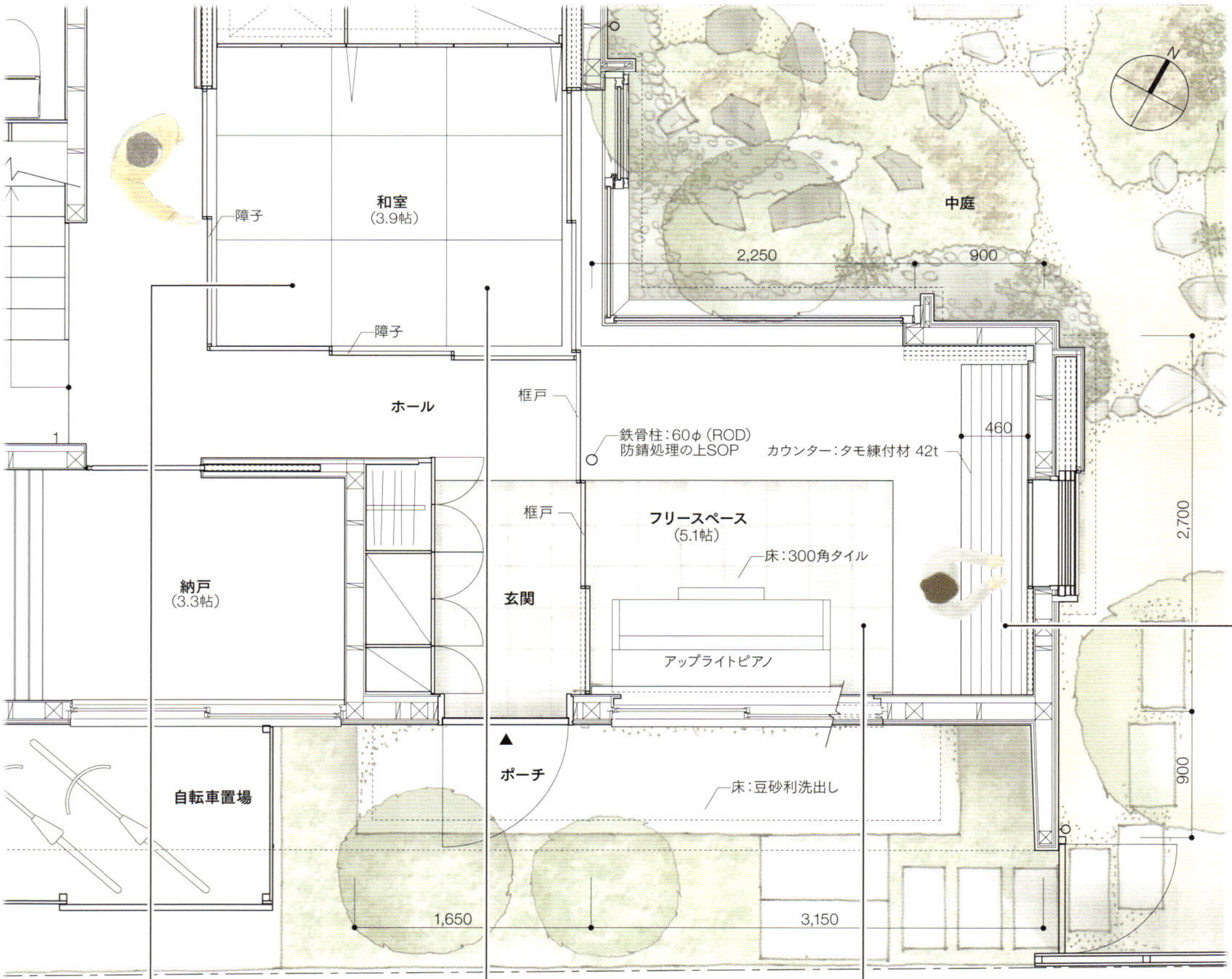

和室は間仕切りの3方が障子になっていて、すべて壁内にしまえるようになっている

障子を引き込めば、旅館の前室のような畳の間

建具を閉めれば、突然の来訪者を迎える場としても、ピアノを弾いたり本を読んだりする部屋としても使える

庭に面した窓際のカウンターは家族のお気に入りの場所。足元が掘りこまれていているので、腰掛けて使える

フリースペースから玄関ホール、和室を見る。開口部は中庭に面した地窓だけだが、間仕切りの建具を開け閉めすることで空間に奥行きや開放感を生み出す

使える 玄関脇の畳の間

「常盤の家」には玄関脇に3帖ほどの和室があります。このスペースは玄関にゆとりを感じさせるだけでなく、応接の場となります。板畳の部分に直接腰掛けてもらえば、客人に靴を脱ぐ手間もかけさせません。実はこの和室、夜にはご主人の書斎へと様変わりします。床の間風の飾り棚は、床板を外せば文机に。襖戸の奥には本棚が隠れています。

いろいろな用途に使える和室。その実力を生かすには、場をウツ（空）にできる仕掛けが必要です。うまく片付くようになっていれば、畳の間の可能性はさらに広がるはずです。

玄関土間に隣り合う和室は人を迎える場。ご主人の書斎でもあるが、その機能はうまく隠されている。坪庭に面した窓辺は床の間風のアレンジ、実は文机と本棚になっている

応接間や書斎にも変幻自在の畳の間

「常盤の家」
左：和室断面図［S＝1：50］
右：1階平面図［S＝1：200］

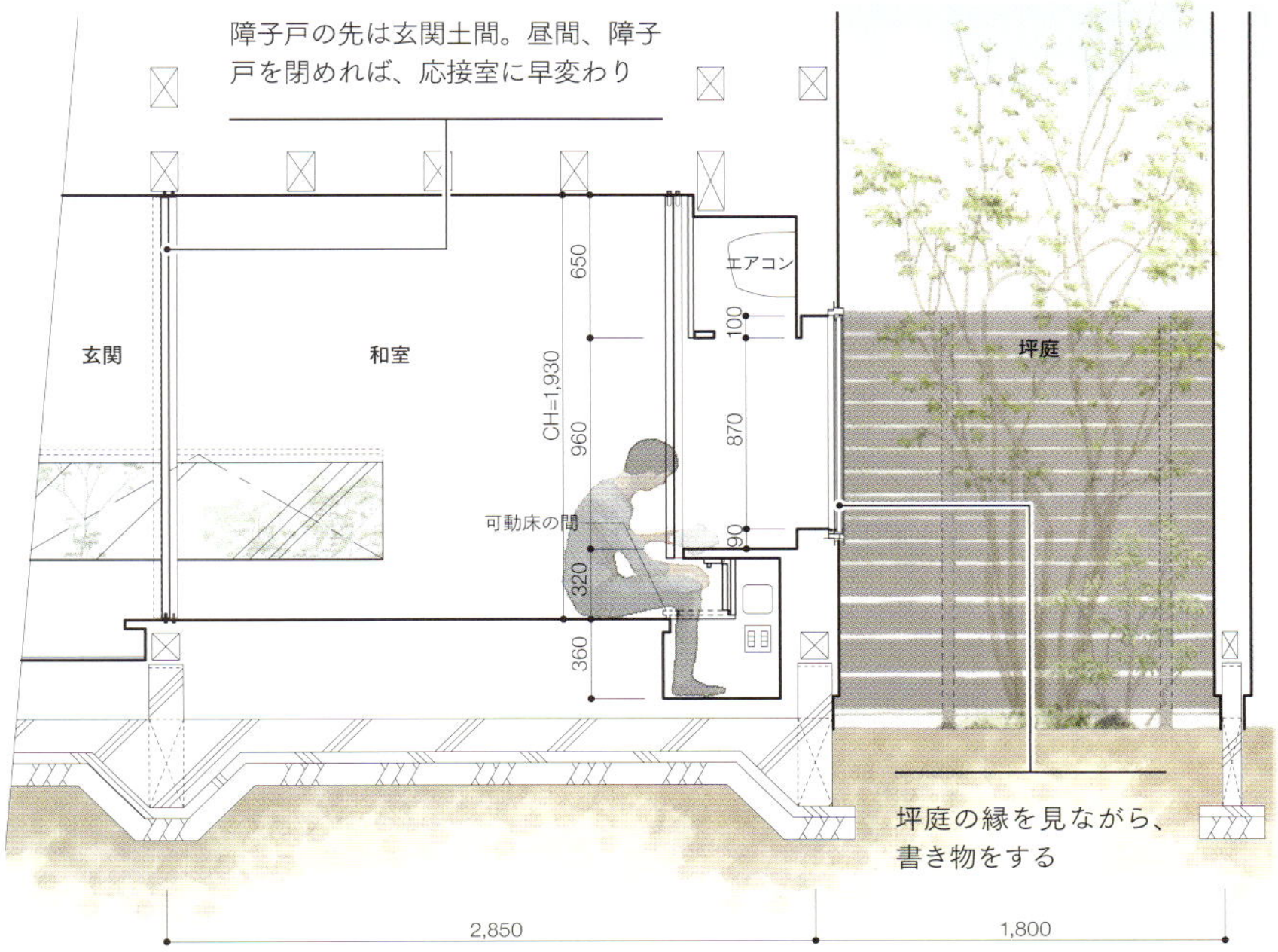

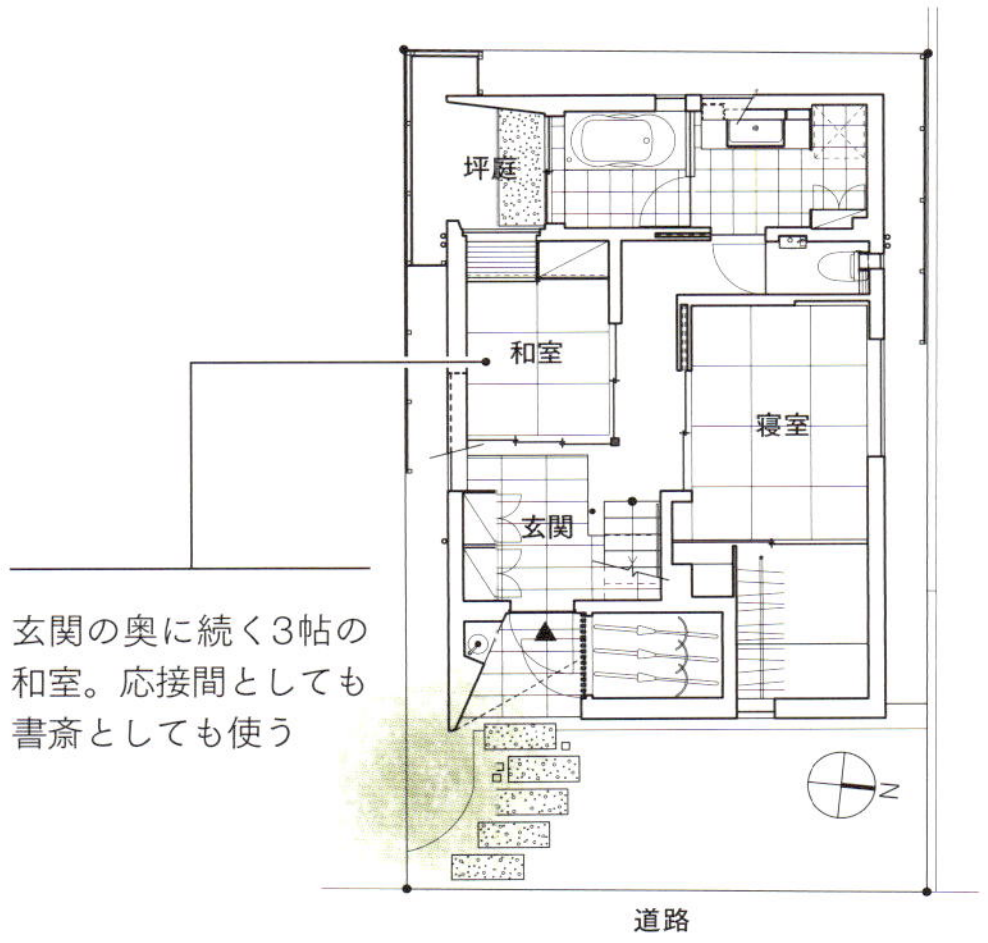

機能を丸見えにしない

「常盤の家」
床の間断面詳細図［S＝1：10］

窓辺のカウンターは床の間風。右手に見えるのは吊り引戸、開けると本棚になっている。山吹色の和紙貼りにして、壁のように見せる

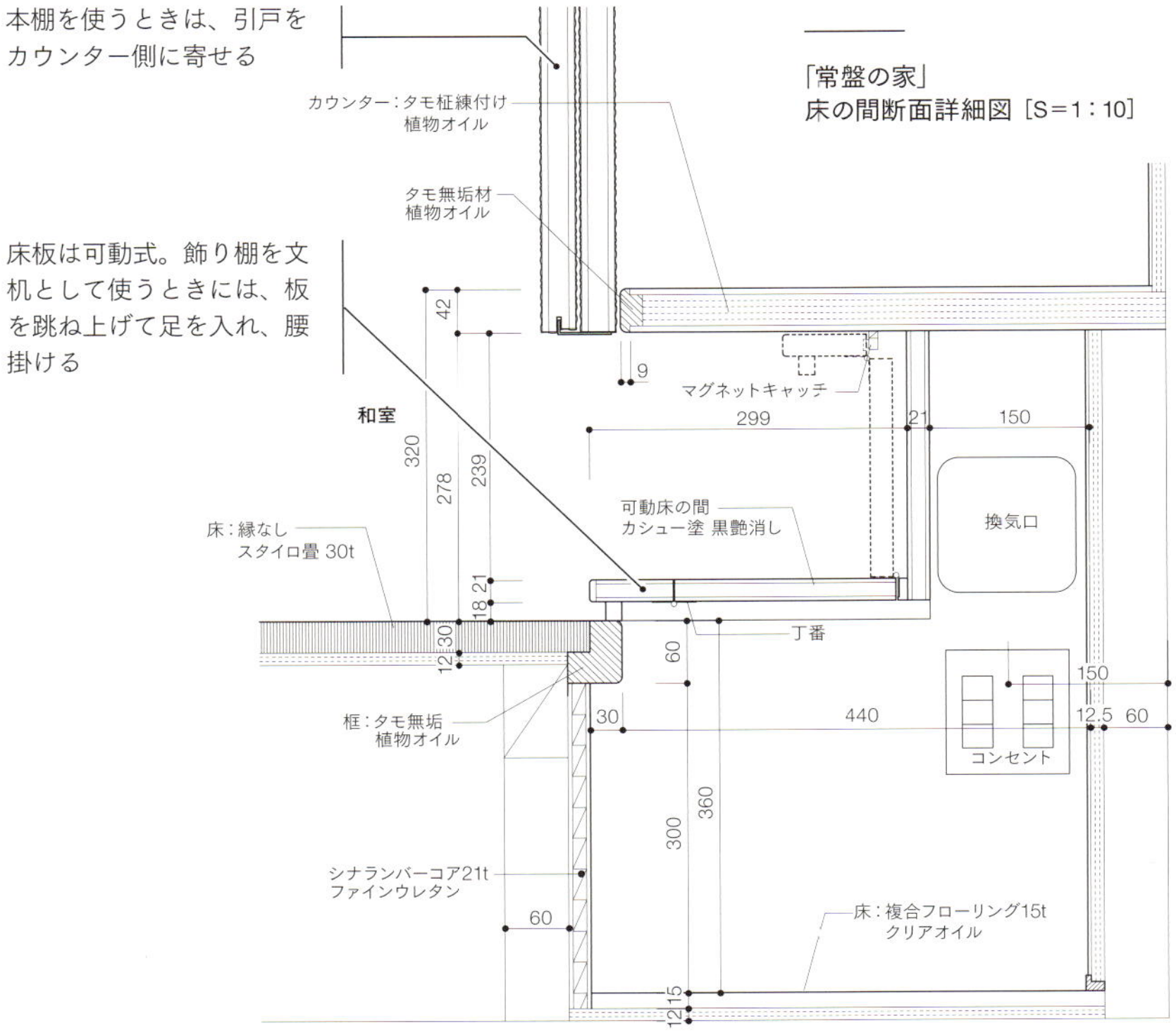

「常盤の家」20／86／130／158頁

効率よく家事ができる家

住宅の設計で気をつけたいのは、家事の動線を複雑にしないこと。特にスキップフロアの住まいでは、家事の度に上ったり下りたりをくり返すことのないよう、キッチンを含めた水廻りは同一階（できれば中間階）にまとめるようにします。

「東村山の家」はリビングより階段を5段上がったところがダイニング・キッチンのある中2階です。この階には家事室や物干し場を集約。ほぼ一直線上に配置しているので、調理や洗濯、物干しなどの家事を効率的に行うことができます。

1階のリビングから中2階、2階へと至る2つの階段を見る。中2階にいれば、炊事・洗濯の際に階段を上り下りする必要はない

ダイニングからキッチンを見る。奥には家事室や洗面室、浴室が続く。リビングから半階上がった位置に、主要な家事スペースをまとめている

家事動線を中2階に集約

「東村山の家」
1・中2階平面図［S＝1：70］

中2階でほとんどの家事ができるのが魅力。ダイニング、キッチン、家事室、物干し場はほぼ一直線に並べられ、無駄のない動きが可能

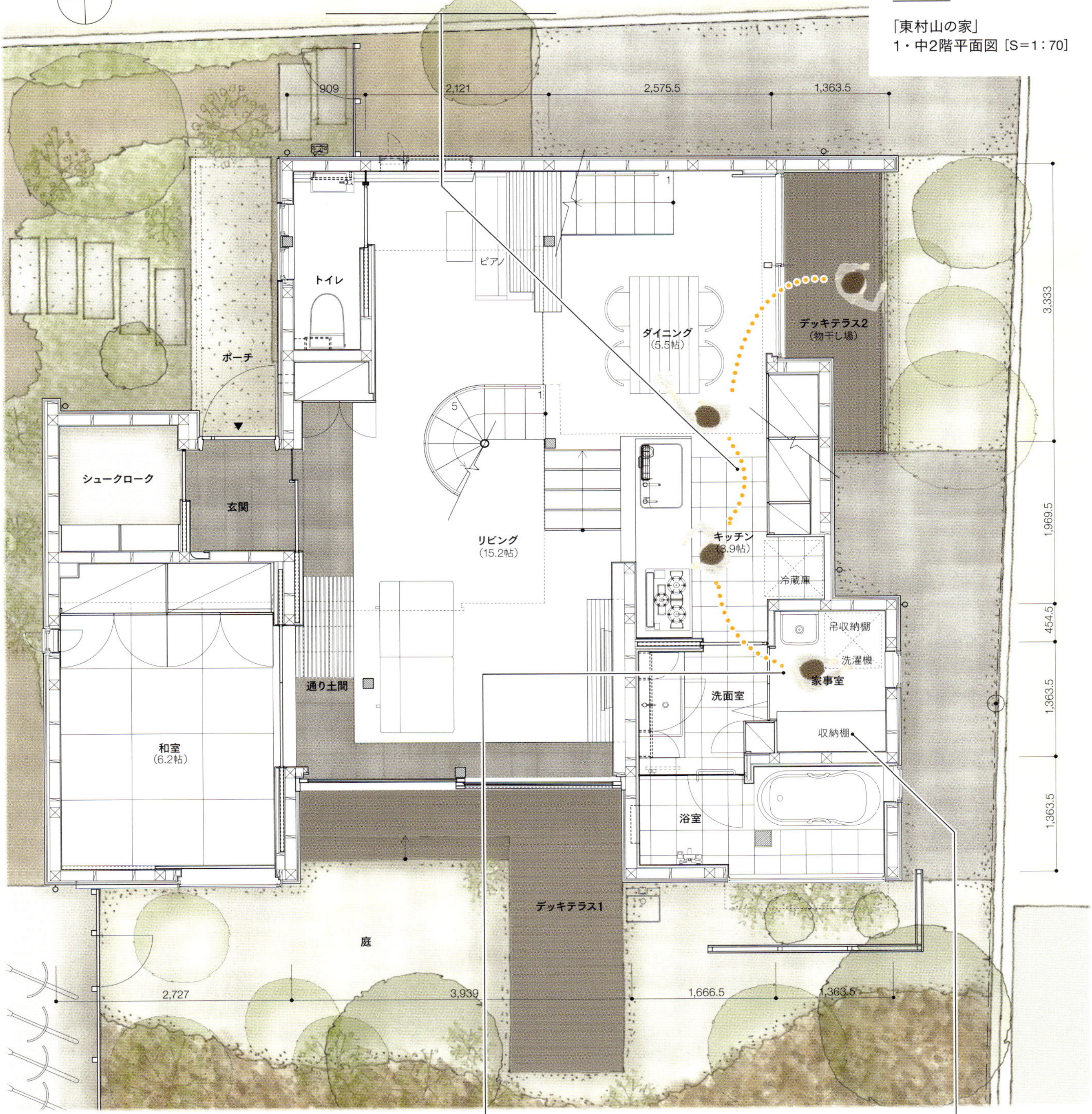

キッチンのすぐ近くに家事室がある。煮炊きしている合間に洗濯を行うのにも便利。スロップシンクがあるので、靴も洗える

家事室には棚を設け、食品庫も兼ねる

「東村山の家」114頁

ベストは私好みのキッチン

キッチンの使いやすさは、間取りとの関係で決まります。「つづら折りの家」のキッチンはリビング・ダイニングとひとつながりの空間になっていて、ガスレンジを壁側に、シンクと作業台をアイランド状に配置。作業の大半はダイニングにいる家族と窓越しの庭の緑を見ながら行うことができます。アイランド部分を中心に回遊できるので、複数の人がキッチンに同時に立つことができ、作業もしやすくなっています。シンク側・レンジ側とも収納は引出しです。決まったルールはありませんが、奥行きのある収納をつくる場合は、引出し式のほうが奥のモノを取り出しやすく便利です。

なかには調理用具や鍋をディスプレイのように見せるキッチンを希望される建て主も。キッチンの使い方は人それぞれなので打ち合わせを念入りにし、ニーズに合った使い勝手のよいキッチンをデザインしたいものです。

家族みんなのキッチン

「つづら折りの家」
上：1階キッチン廻り平面図［S=1：40］
下：同展開図［S=1：40］

ガスレンジの脇にも作業スペースを確保すると、意外に便利

ダイニング側からキッチンを見たときに雑多な印象を与えぬよう、アイランド部分には立上がり（カウンターより＋23㎝）を設けている

回遊型のキッチンは複数人での作業に向いている。ダイニングにいる家族も巻き込んで、料理や片付けができる

TVも大きな片引戸の奥にしまっているので、LDKはすっきりとした印象に

1 リビングからダイニング越しにキッチンを見る。キッチン廻りの面材はすべてタモ合板で統一され、見た目に美しい
2 アイランド部分の立上がり。盛り付けの終わった食器を置いておけば、家族の誰かが食卓まで運んでくれる

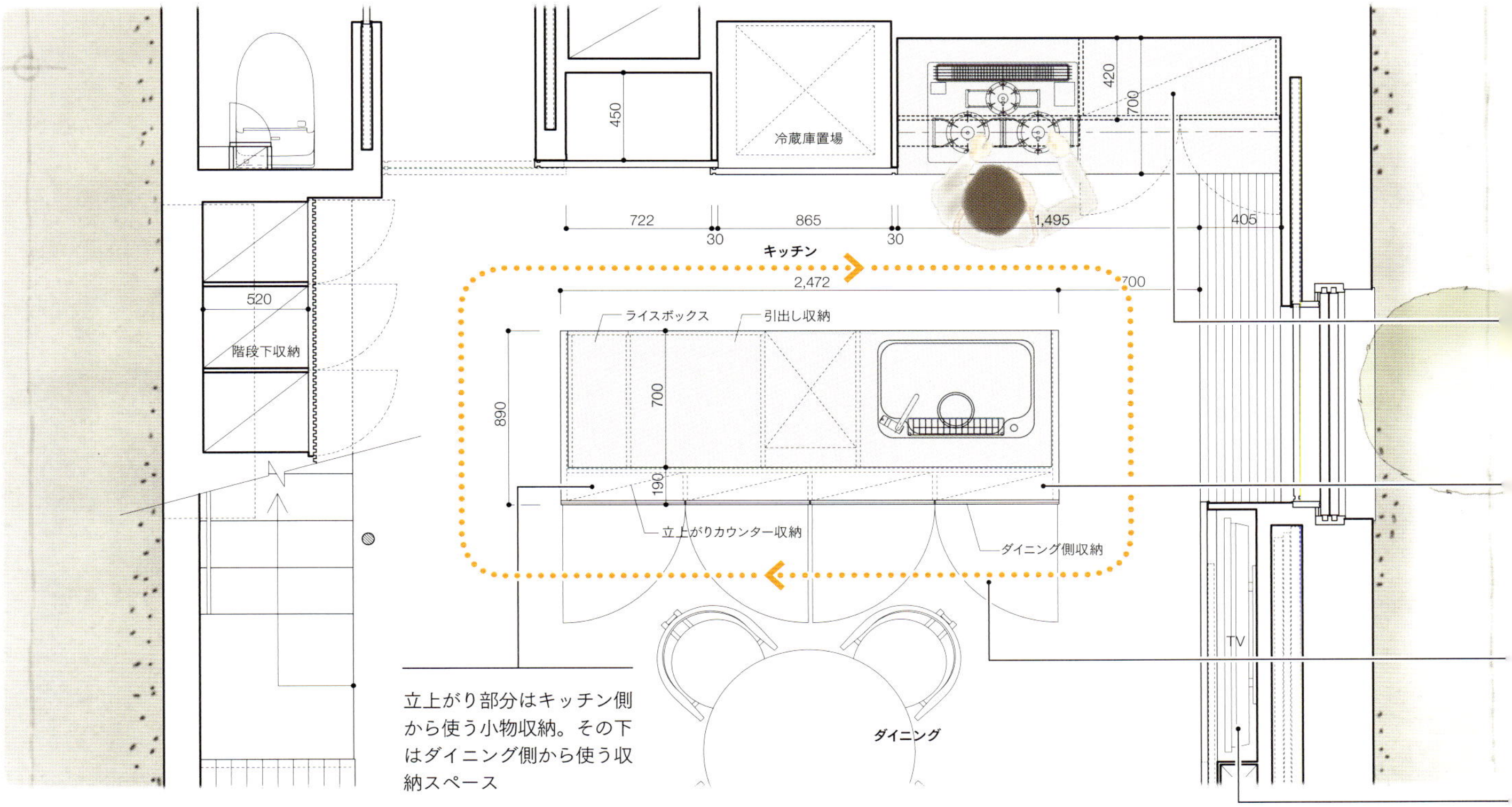

立上がり部分はキッチン側から使う小物収納。その下はダイニング側から使う収納スペース

LD側からの見た目を考え、冷蔵庫や調理家電は建具で隠せるようにした

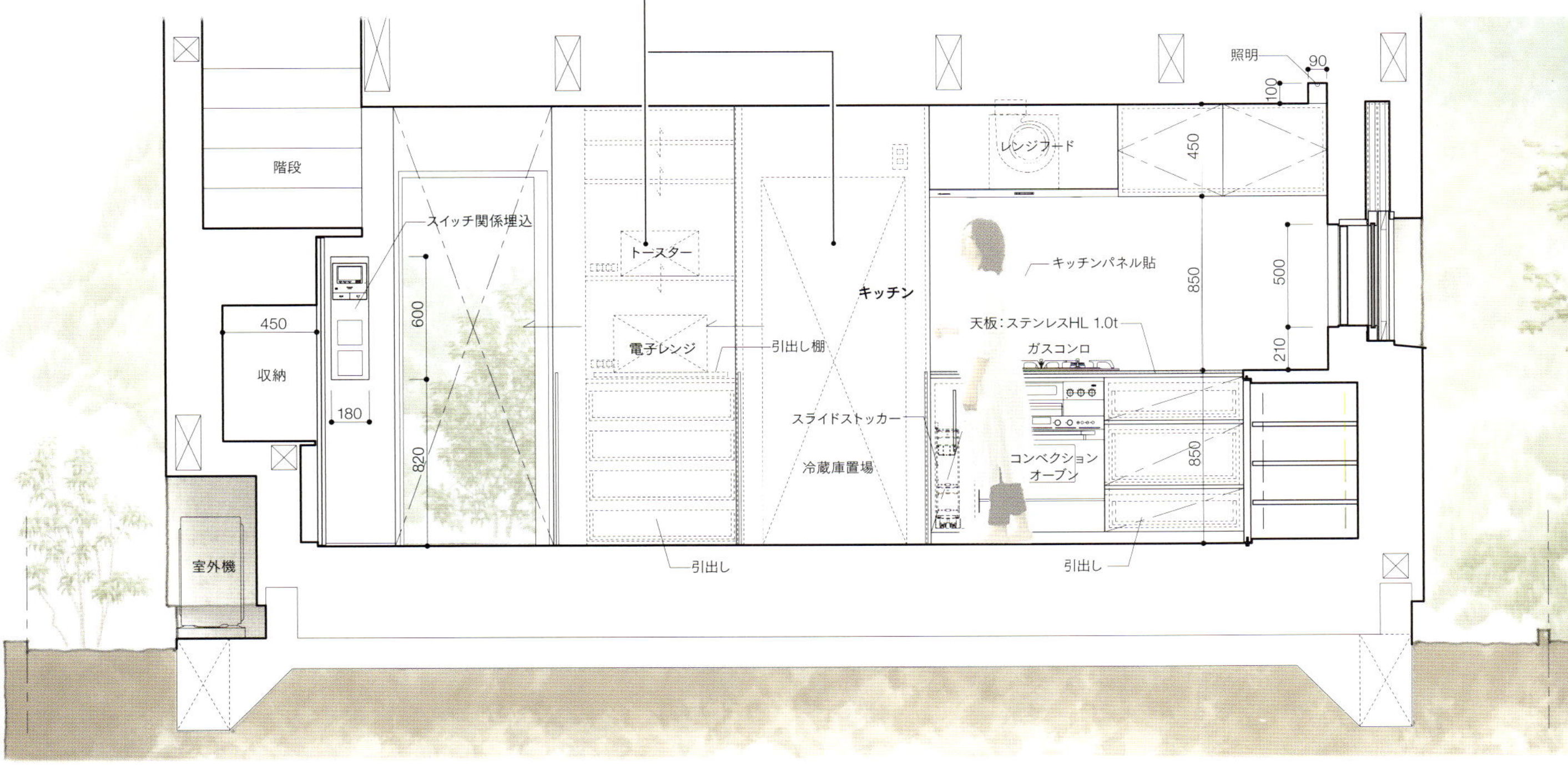

「つづら折りの家」10／34／94／133／146／156頁

洗濯動線の途中にある寝室。読書や書き物ができるカウンターやバルコニーのイスは家事の合間にほっとひと息つく場所でもある

動きやすい家は暮らしやすい

家の中でスムーズに移動・行動できることは、暮らしやすさに直結します。家事なども流れるようにこなせれば、ストレスが溜まらず効率もアップするものです。家づくりには、人が動く経路、いわゆる動線の検討が欠かせません。特に大きな家では、動線が自然と長くなるので注意が必要です。

この家では、主寝室のそばに浴室を設けています。周りには洗濯・脱衣室だけでなく、2つの物干し場とウォークインクロゼットを配置し、衣類の着脱や洗濯という一連の家事（洗う・干す・畳む・しまう）が無理なく自然に行えるようにしています。相互に行き来できるような回遊動線も有効です。

見晴らしのよいバルコニーは南向き。夏の強い日差しは洗濯物を傷めるので、干す場所や時間帯に注意が必要

くるくる回れて家事がはかどる

「Terrace & House」
2階寝室・水廻り平面詳細図
［S＝1：60］

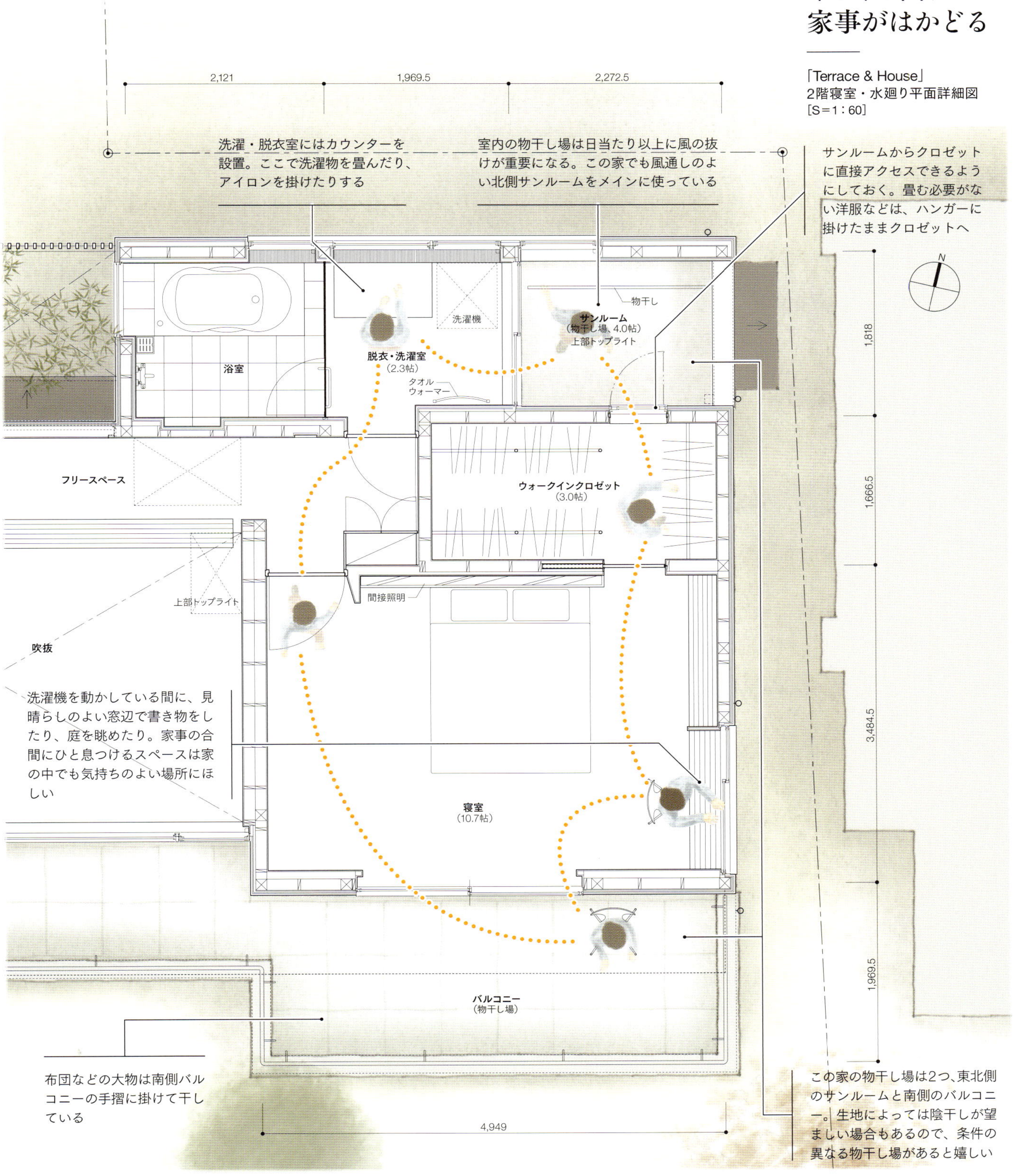

洗濯・脱衣室にはカウンターを設置。ここで洗濯物を畳んだり、アイロンを掛けたりする

室内の物干し場は日当たり以上に風の抜けが重要になる。この家でも風通しのよい北側サンルームをメインに使っている

サンルームからクロゼットに直接アクセスできるようにしておく。畳む必要がない洋服などは、ハンガーに掛けたままクロゼットへ

洗濯機を動かしている間に、見晴らしのよい窓辺で書き物をしたり、庭を眺めたり。家事の合間にひと息つけるスペースは家の中でも気持ちのよい場所にほしい

布団などの大物は南側バルコニーの手摺に掛けて干している

この家の物干し場は2つ、東北側のサンルームと南側のバルコニー。生地によっては陰干しが望ましい場合もあるので、条件の異なる物干し場があると嬉しい

人目を気にせずのびのびバスルーム

バスタイムは1日の疲れを癒やし、朝の目覚めを促してくれる貴重な時間。お湯につかりながら外気や光を感じたり、月見を楽しんだりできれば最高です。一方、家の中でも浴室は最もプライバシーが求められる場所。窓をつくるときには細心の注意が必要です。

住宅地に建つ「元浅草の家」では、敷地北側にある道路に面して大きな窓のある浴室をつくりました。向かいの窓はすべてこちらを向いています。そこで、手前にバルコニーをつくり床から天井まで有孔ブロックを積み上げることにしました。外からの視線を遮るバルコニーは、湯上りに涼む場所としても最適です。

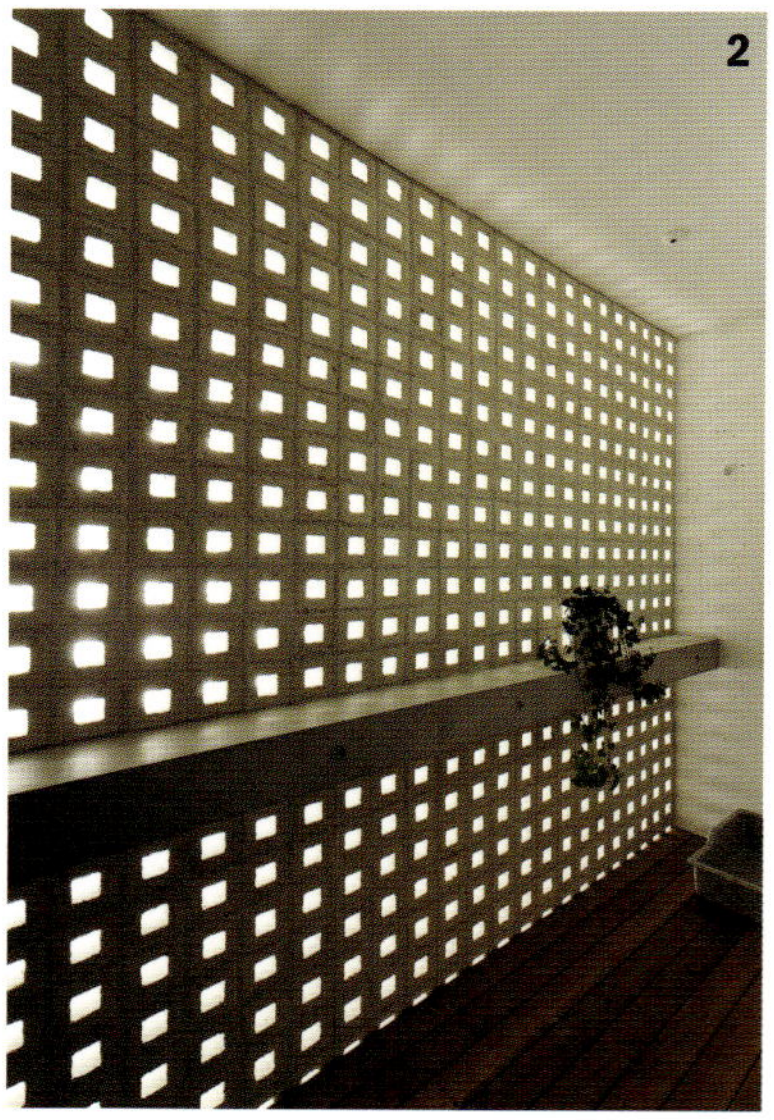

1 浴室前に積み上げた有孔ブロックはファサードのアクセントにもなっている。梁やスラブにもスライスしたブロックを貼って、ブロックを積んだ面全体が縦につながるよう見せている
2 バルコニーから有孔ブロックの壁を見る。バルコニーにはデッキを敷き、半屋外的な使い方ができるようにしている

有孔ブロックで光と風を通し、視線を遮る

「元浅草の家」
断面詳細図（部分）［S＝1：30］

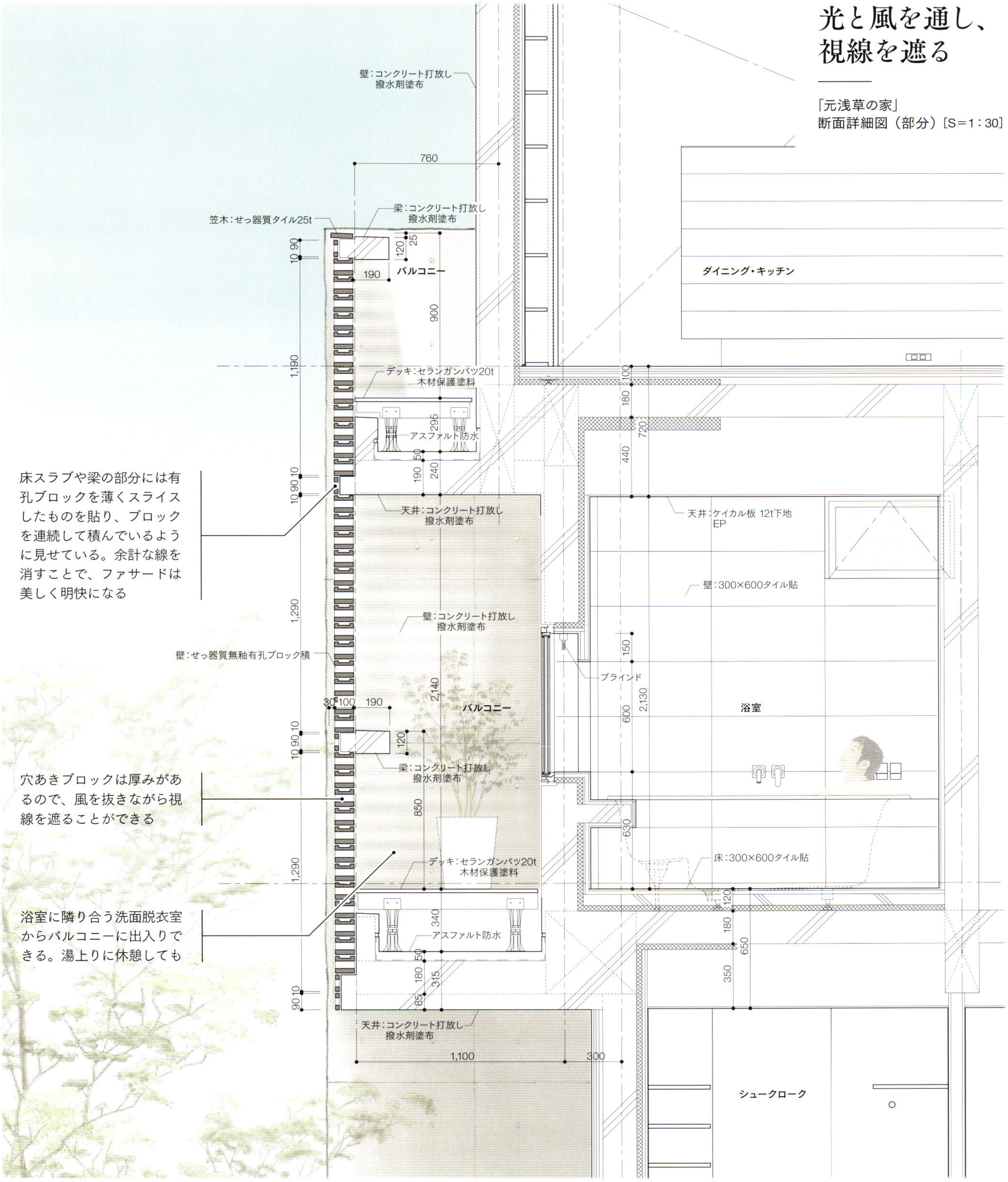

床スラブや梁の部分には有孔ブロックを薄くスライスしたものを貼り、ブロックを連続して積んでいるように見せている。余計な線を消すことで、ファサードは美しく明快になる

穴あきブロックは厚みがあるので、風を抜きながら視線を遮ることができる

浴室に隣り合う洗面脱衣室からバルコニーに出入りできる。湯上りに休憩しても

「元浅草の家」66／134／148／154／160頁

気分は離れの露天風呂

中庭のある家、いわゆるコートハウスは庭を中心に各部屋を配置します。お気に入りのスペースにいながら、庭越しに自分の家を眺めるのはとても楽しいものです。

「経堂の家」には、中庭テラスの緑を見ながら湯につかれる浴室があります。その先にのぞくのは多目的ルームとしてつくった和室。庭に面した障子を開け放てば、季節の飾りでしつらえた畳の間が庭の奥に連なる「風景」に変わります。風情のある旅館に来た気分も味わえるような浴室です。

1 入浴しながら、中庭とその先の和室を風景として楽しむ。バスルームの壁はモザイク大理石とマットなグレーのタイルの組み合わせ

2 和室から中庭越しに浴室を見る。全体がモダンな和の雰囲気で統一されている

長めのよいバスルーム

「経堂の家」
上：1階平面図［S＝1：150］
下：断面詳細図（部分）
［S＝1：60］

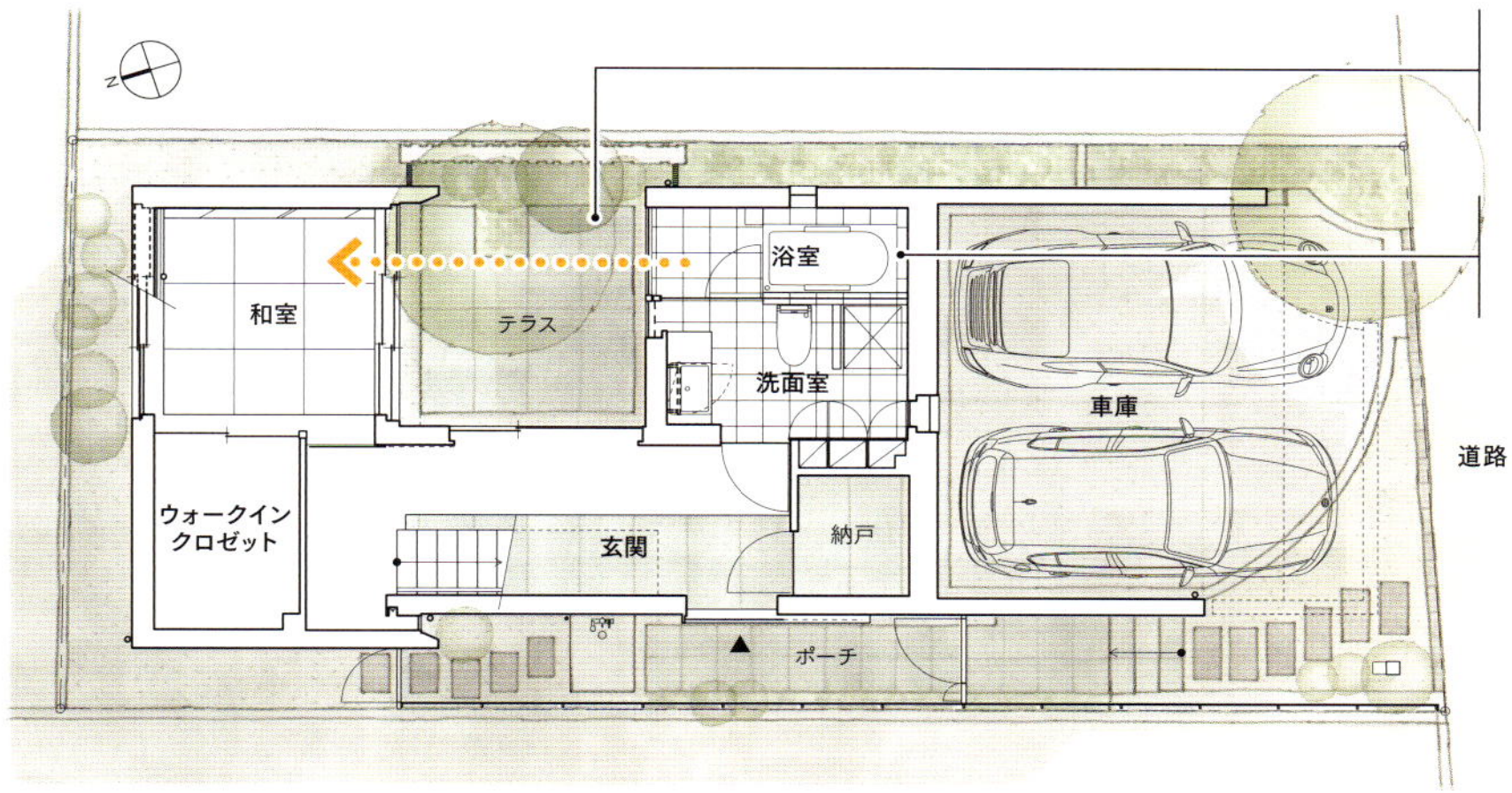

間口が狭く奥行きのある敷地を生かして、中庭を設けている

幅が狭く、横長の浴室。視線が抜けるので、圧迫感がない

浴室の窓にはブラインドを付けておくのを忘れずに

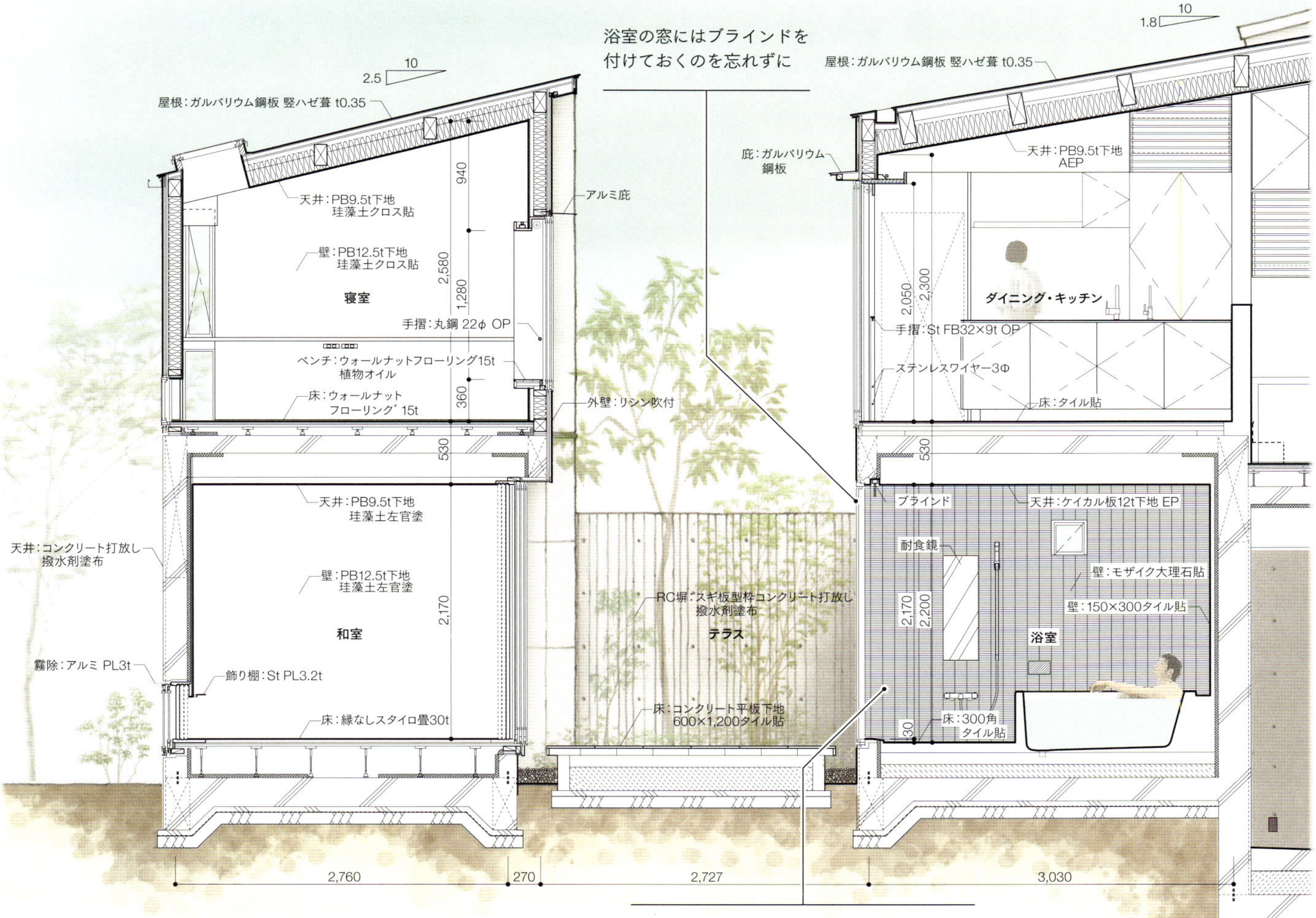

密集した住宅地にあっても、隣家からの視線が気にならないのがコートハウス。浴室は中庭に面して大きな窓を開けている

中2階の浴室は視線に注意

スキップフロアの家は内部の床段差を生かした間取りにしますが、その際、外部とのレベル差に注意が必要です。

「東村山の家」では、中2階に配した浴室がちょうど隣家の目に入る高さになりました。窓は譲れませんので、目の前に黒竹を植え、さらに足元を浮かした背の高い板塀を目隠しにしています。

中2階に設けた浴室には緑を楽しむ地窓と換気用の小窓がある

地窓の前には緑と目隠し塀を

「東村山の家」
上：中2階浴室廻り平面図［S＝1：80］
下：浴室断面図［S＝1：50］

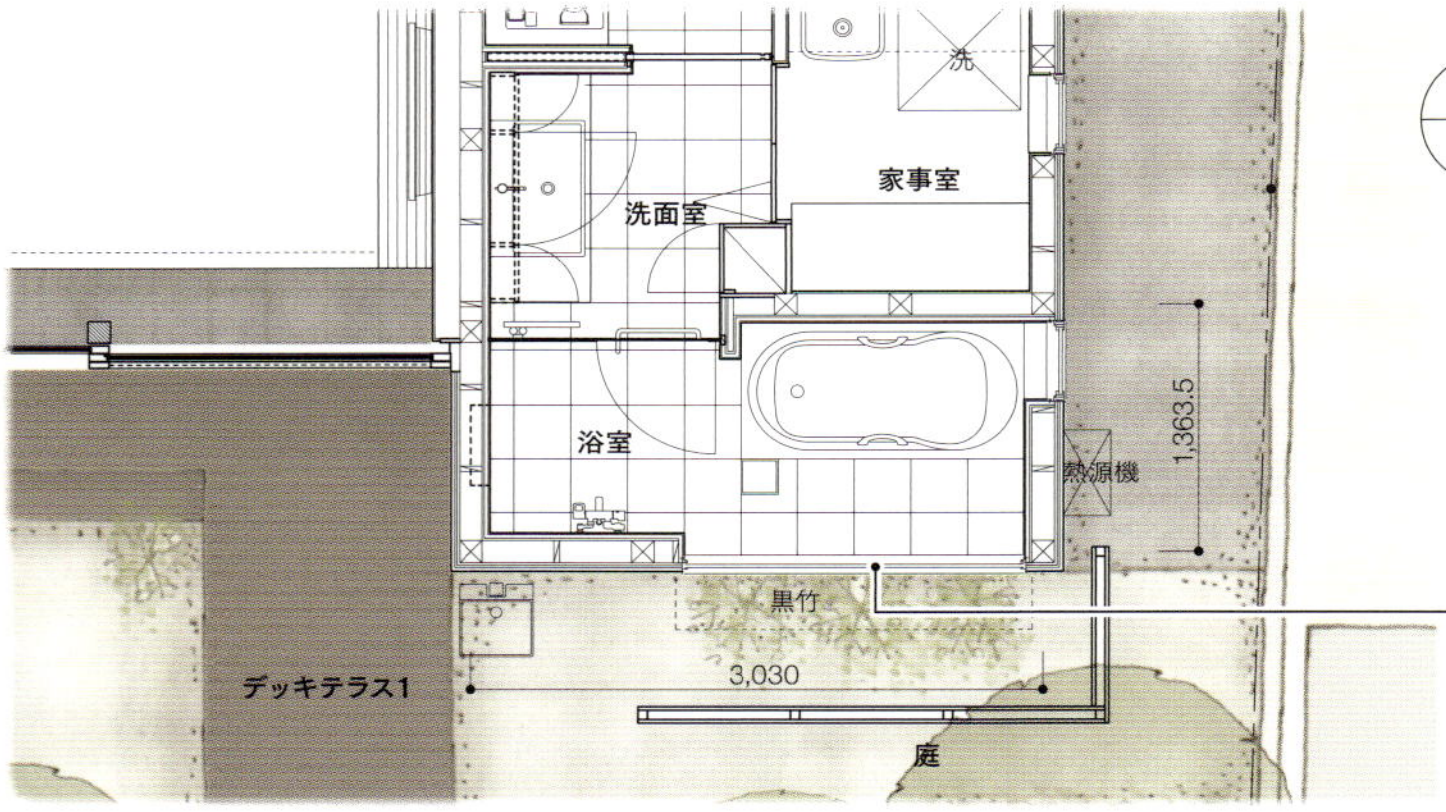

横長のバスルームに設けた幅広の地窓

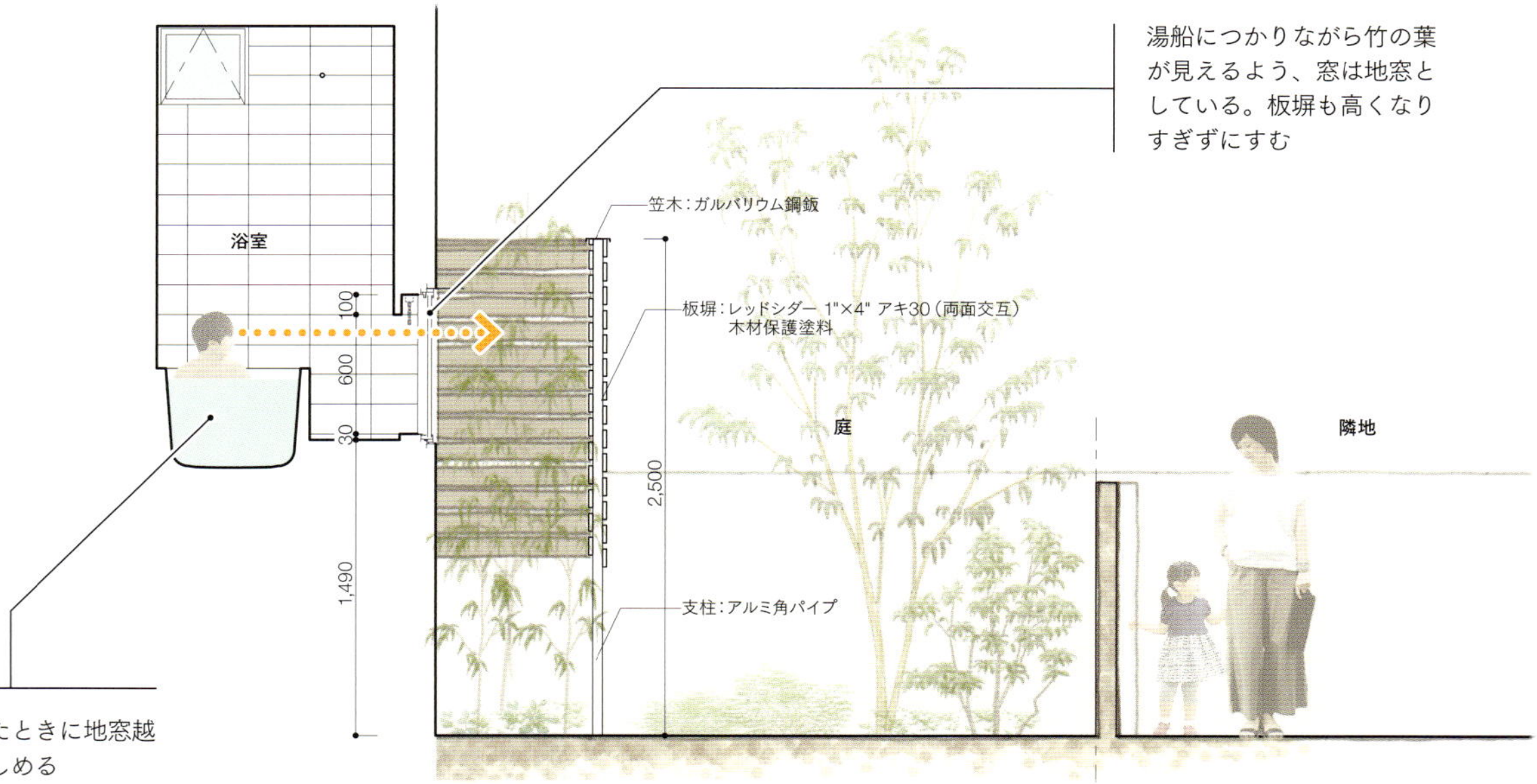

湯船につかりながら竹の葉が見えるよう、窓は地窓としている。板塀も高くなりすぎずにすむ

湯につかったときに地窓越しの緑が楽しめる

「東村山の家」104頁

洗面室にも心地よさを

毎日使う洗面室や脱衣室もやはり大切な「居場所」といえます。プライバシーに配慮しつつも、採光や換気ができる窓をつくりましょう。視線が抜け、緑や空が見えるサニタリーもよいものです。もちろん寒さ対策も忘れずに。タオルウォーマー型の暖房機なら、室内を温めるだけでなく、ふわふわした温かいタオルが心までほぐしてくれます。

　せっかくつくった気持ちのよい空間も、タオルや洗剤・石鹸といったこまごましたモノで溢れていては台なし。ストック用の収納は不可欠ですが、スペースが足りないようであれば、洗面所前の廊下にも収納をつくるという方法もあります。

洗面室から浴室を見る。床や壁を同じタイルで仕上げているので、ひとつながりの空間のような広がりが感じられる。ハイサイドの窓が通り沿いのケヤキ並木の緑をうまく切り取る

ケヤキ並木を望む2階の水廻り

「宇都宮の家」
2階水廻り平面詳細図
[S＝1：50]

洗面脱衣室の窓は、洗面台の鏡の上部に設けている。鏡裏は収納スペースとして使用

道路に面した浴室の窓からはケヤキ並木が望める。窓はプライバシーに配慮し壁上部に設ける

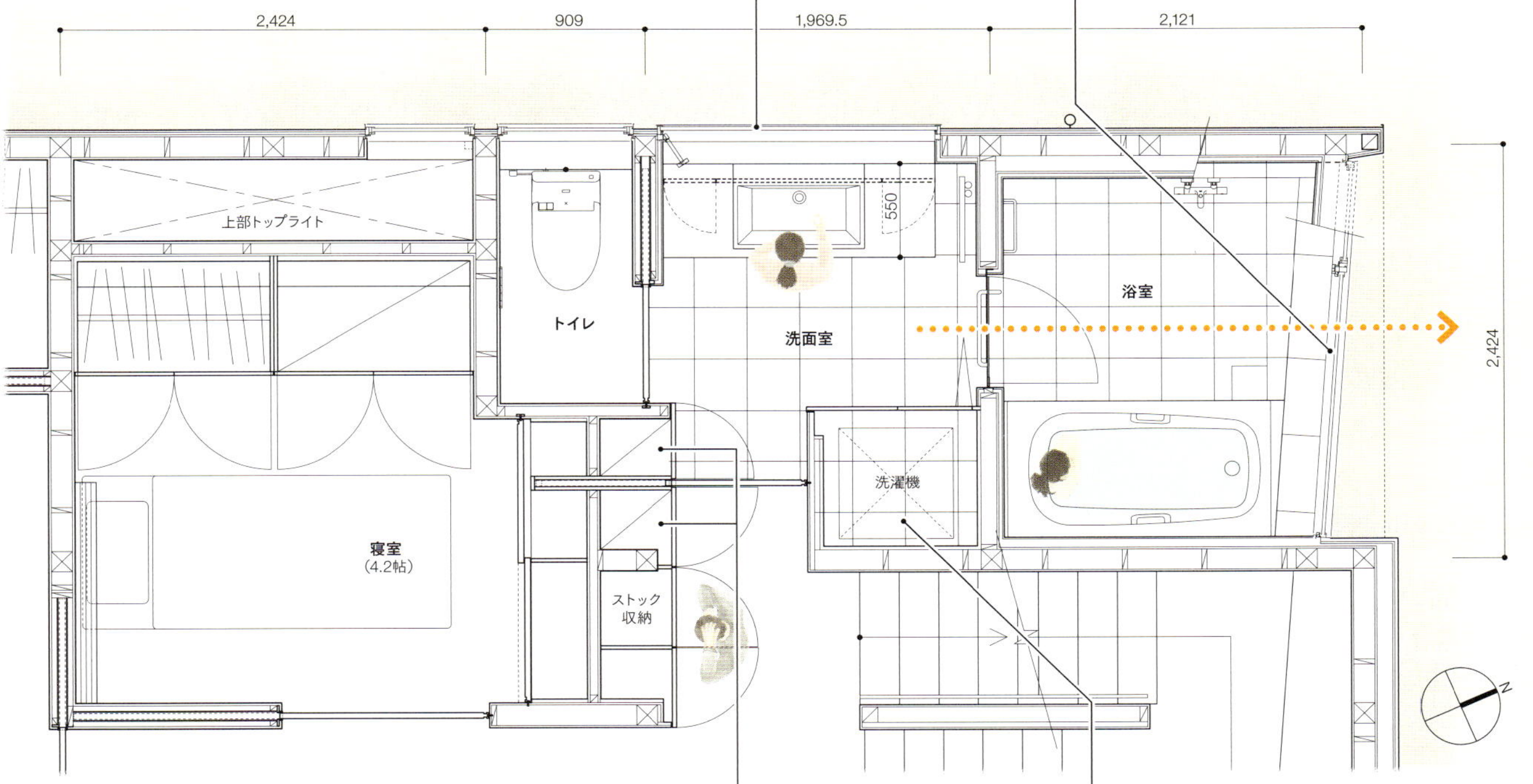

洗剤やタオル、下着などの替えを収納するスペース。廊下も利用して収納量を確保

洗濯機廻りは乱雑になりがちなので、建具で隠せるようにしている

「宇都宮の家」8／32／44／78／117／140／144／152頁

サブの洗面コーナーが家族を救う

家族が3〜4人でも朝の出勤・登校前の時間帯は、意外と洗面所が渋滞します。住宅に洗面所が1カ所しかないのは一般的ですが、もう1つあればぐっと便利になります。

「北千束の家」では、1階に浴室と洗面脱衣室がありますが、2階の寝室と子供室の前にも洗面できる場所を設けることにしました。トイレを出たところの手洗いスペースに少し大きな洗面ボウルを設置、顔も洗えるようにしたのです。小さな変更なので、プランに影響が及ぶこともありません。

2階の階段ホールに設けた洗面コーナー。右手にトイレが続く

セミオープンの洗面コーナー

「北千束の家」
洗面コーナー展開図［S＝1：30］

メインの洗面室は浴室のある1階に。家族4人の寝室がある2階にはサブの洗面コーナーを設けた

小さなスペースはスクリーンで仕切る程度にする。目障りにならず、使用中の閉塞感もない

セミオープンな場所にモノが溢れるのはNG。こまごまとしたものをしまえる収納を用意しておく

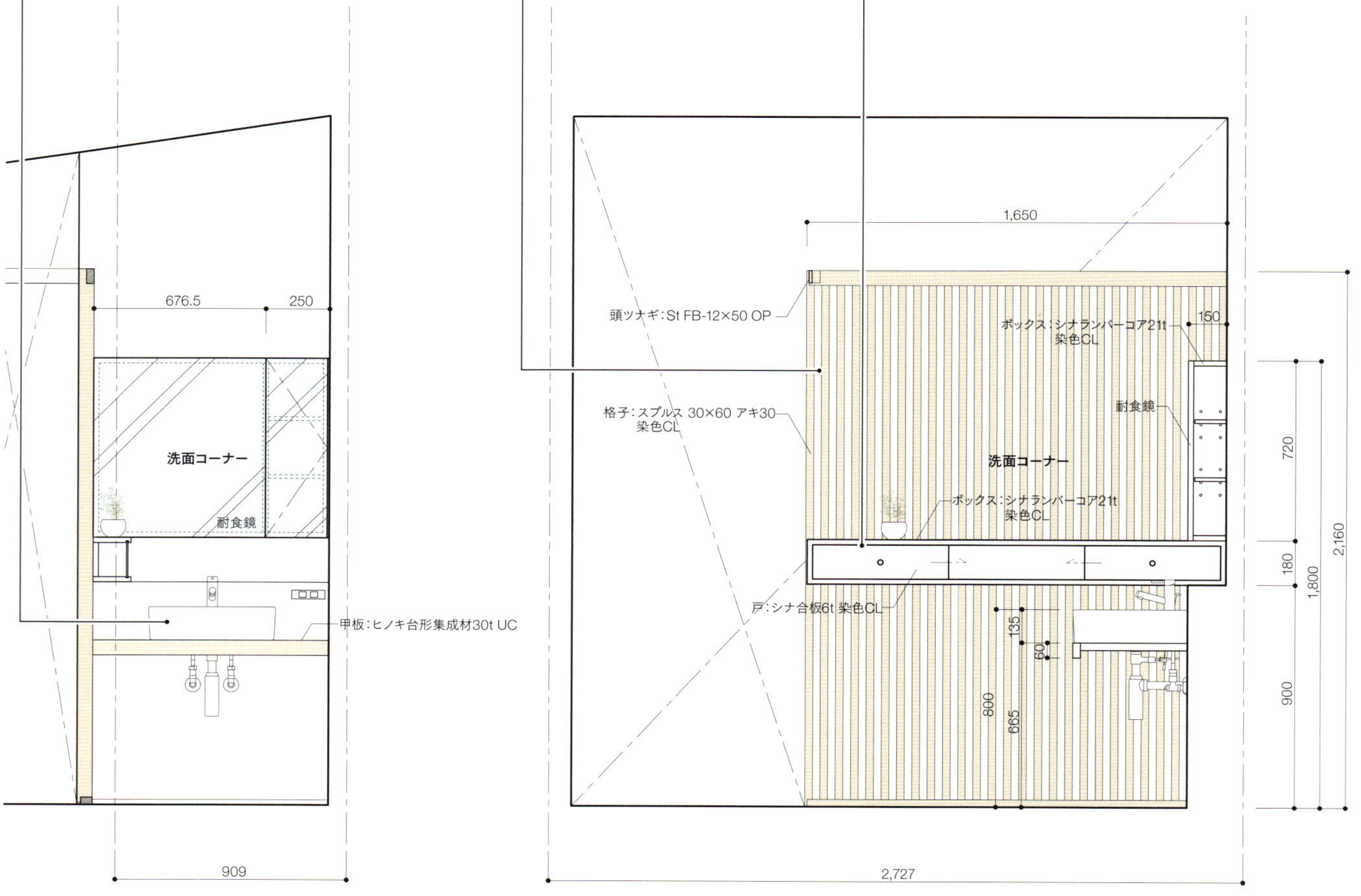

トイレ空間を上質な雰囲気に

トイレを乱雑に見せる原因の1つがトイレットペーパーや掃除道具。替えのペーパーなどを出しっぱなしにしないだけで、すっきりきちんと感が出るものです。

「宇都宮の家」のトイレでは、飾り棚の一部にトイレットペーパーのストック収納を造り付けました。また、トイレ背面の壁をふかして掃除用具をしまえるように。収納を収納と見せないようにつくると、上質な雰囲気に仕上がります。

L形の飾り棚とストック収納の組み合わせ。床の間の違い棚のようなデザインにして、上質感をプラスする

さりげなく トイレ収納

「宇都宮の家」
左：1階トイレ廻り平面図［S＝1：40］
右：トイレ展開図［S＝1：40］

壁の裏側に掃除用具を置くスペースがある

飾り棚をL形にしておけば、トイレに座ったとき、小物がちょうど正面にくる

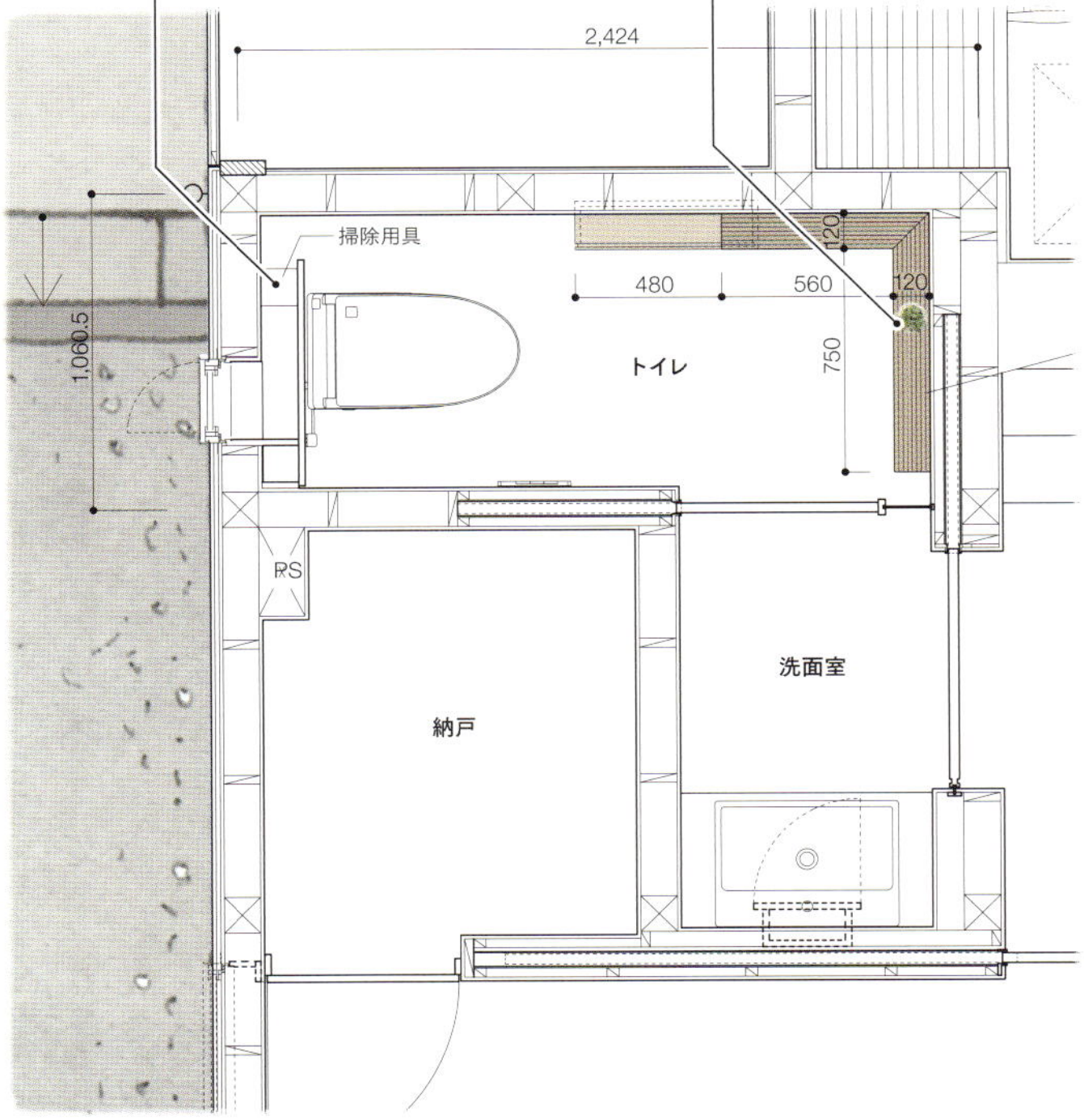

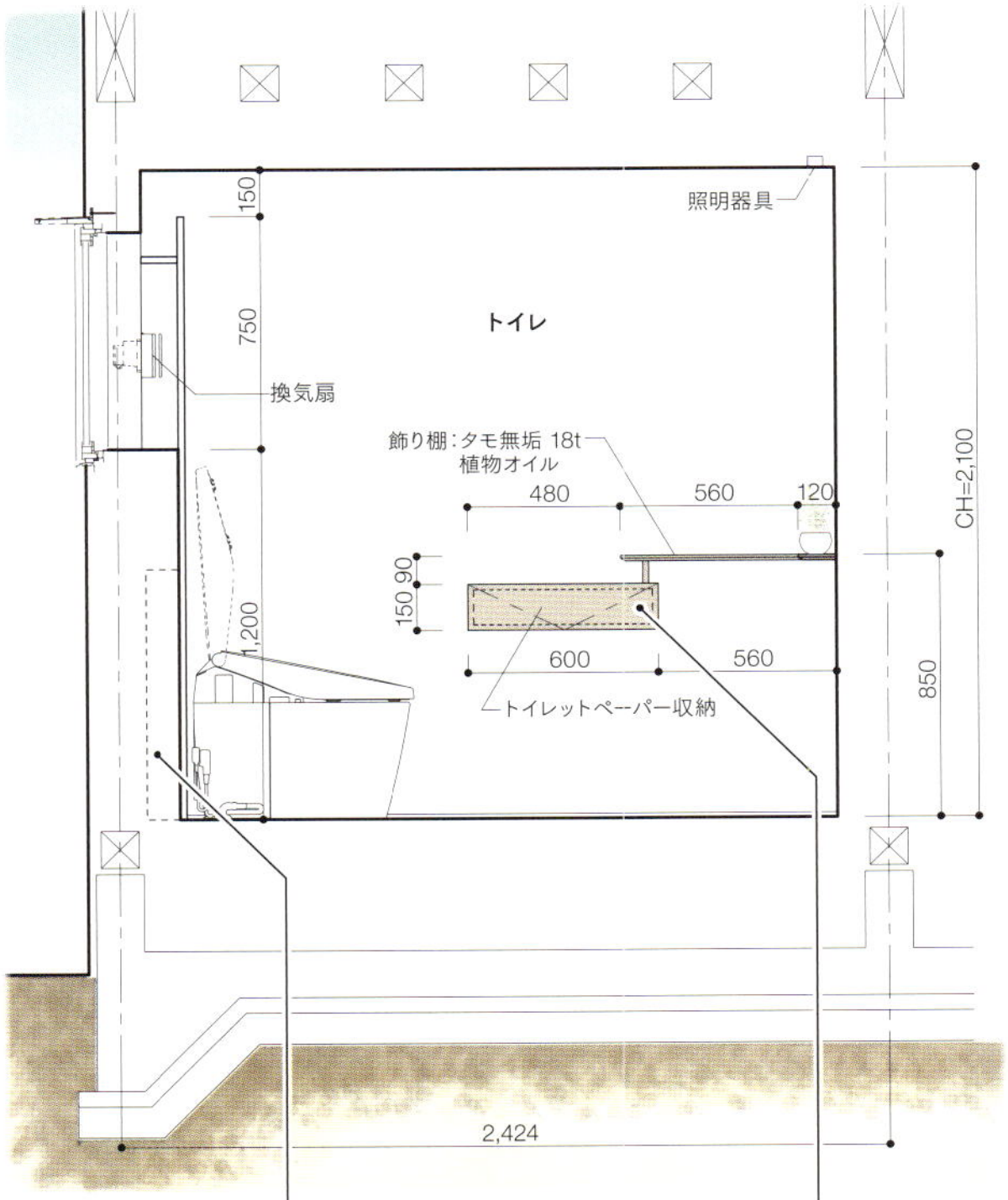

トイレブラシなどは水気を含むので収納場所に扉は不要

ペーパーを見せないよう、収納には扉を付けておく

「宇都宮の家」8／32／44／78／115／140／144／152頁

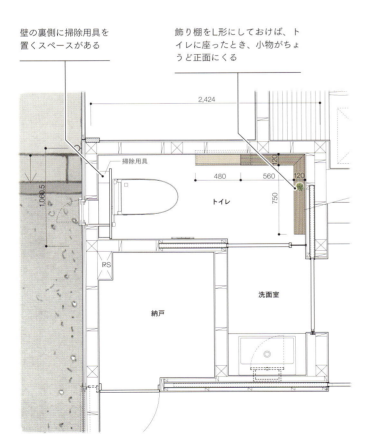

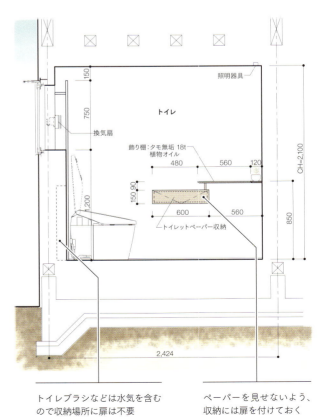

chapter 4

光

陰影をコントロールする

谷崎潤一郎は著書『陰翳礼讃』の中で、「……どうも近頃のわれ〳〵は電燈に麻痺して、照明の過剰から起る不便と云うことに対しては案外無感覚になっているらしい」と書いています。また「……今日の室内の照明は、書を読むとか、字を書くとか、針を運ぶとか云うことは最早問題でなく、専ら四隅の蔭を消すことに費されるようになったが、その考は少くとも日本家屋の美の観念とは両立しない」とも。谷崎が明るすぎると嘆いた80年前の日本の家と比べると、現代の住まいはいったいどれだけ明るくなったのでしょうか。照度は光の量を、輝度は明るさの知覚を表します。高輝度のものを見るとそれに目が順応して「知覚する明るさ」が低下し、周りはかえって暗く感じるようになります。そう考えると、現代人は明るさの感覚が一層麻痺しているのかもしれません。

現代の住まいにおける明かりは、防犯や安全性、省エネ性などに配慮するは当然のこと。そのうえで、室内にどのような質の自然光を入れ、昼の明るさを確保すべきなのか、また、照明機器を使用する夜の灯りはどのようにすべきか、考える必要があります。

1ついえるのは、知覚する明るさを低下させる高輝度のものがあまり目に飛び込まないように、設計で配慮する必要があるということ。夜は照明の光源を、できるだけ視野に入れないほうが無難です。昼夜問わず「直接光」は空間を演出するときに鍵となる貴重な光ですが、基本となるのは障子越しの柔らかい光のような「間接光」。室内に光を拡散させることが大切です。また、暗い場所があるからこそ、そこに目が向き、明るい空間はより明るく感じるものです。陰影を楽しむためには、暗い場所が必要なのです。

写真：光辺の家

ほの暗いアプローチがちょうどいい

窓をたくさんつくって室内を明るくしたとしても、人はその明るさに慣れてしまうもの。これを順応といいます。ところが、逆に暗い部分を残しておくと、明るい部分がより明るく感じられるようになるのです。

アプローチは距離を取るだけでなく（34頁）、玄関も含め、光を絞っておくのがおすすめ。輝度の対比をつくることで、屋外からやって来る人にも室内を明るく感じさせることができます。陰影のある住まいの導入部は、奥行きや静寂も感じさせてくれます。

1 内露地と名付けたアプローチは足元のスリットから自然光を取り込む陰影のある空間。街に向かって広がる緑がより奥行きを感じさせている

2 内露地への入口を正面から見る。光が絞られたアプローチは人の心を落ち着かせ、玄関へと優しく導く

狭小地に奥行きを生む内露地

「内露地の家」上：玄関廻り平面詳細図［S=1：50］
下：内露地断面詳細図［S=1：30］

敷地面積17坪に建つ住まい。道路との離れがあまりないなか、アプローチに距離をつくり光と音を絞るため、屋根のある内露地を外壁に沿うようにして設けた

街の雑踏から離れ、淡い光に満たされた内露地がつくる静寂は心にまで届く

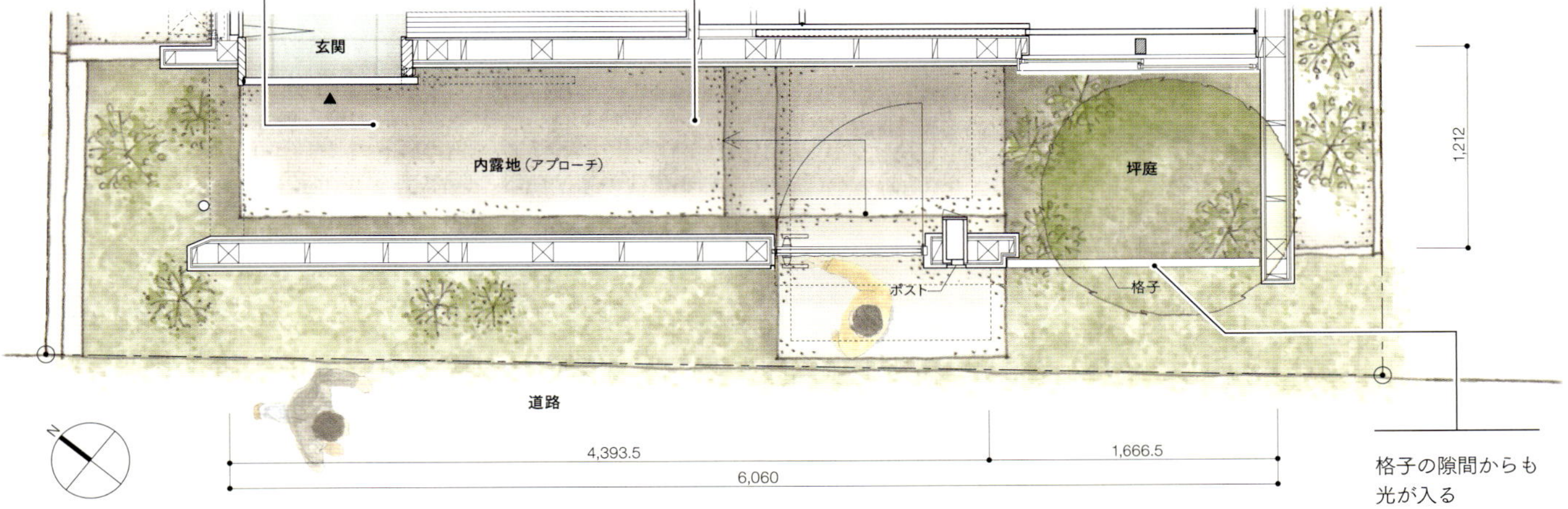

格子の隙間からも光が入る

道路側に張り出した2階外壁を1階足元近くまで伸ばして、通りからの視線と自然光を絞る

内露地の床は洗出し、壁・天井はリシン掻き落とし。素材感のある仕上げに足元から入った光が弱く拡散され、空間には静寂がもたらされる

内露地の床は基礎からの片持ち。緑を配した部分に影を落とし、「奥」を感じさせる

内露地からも見える足元の緑は、道行く人の目も楽しませる

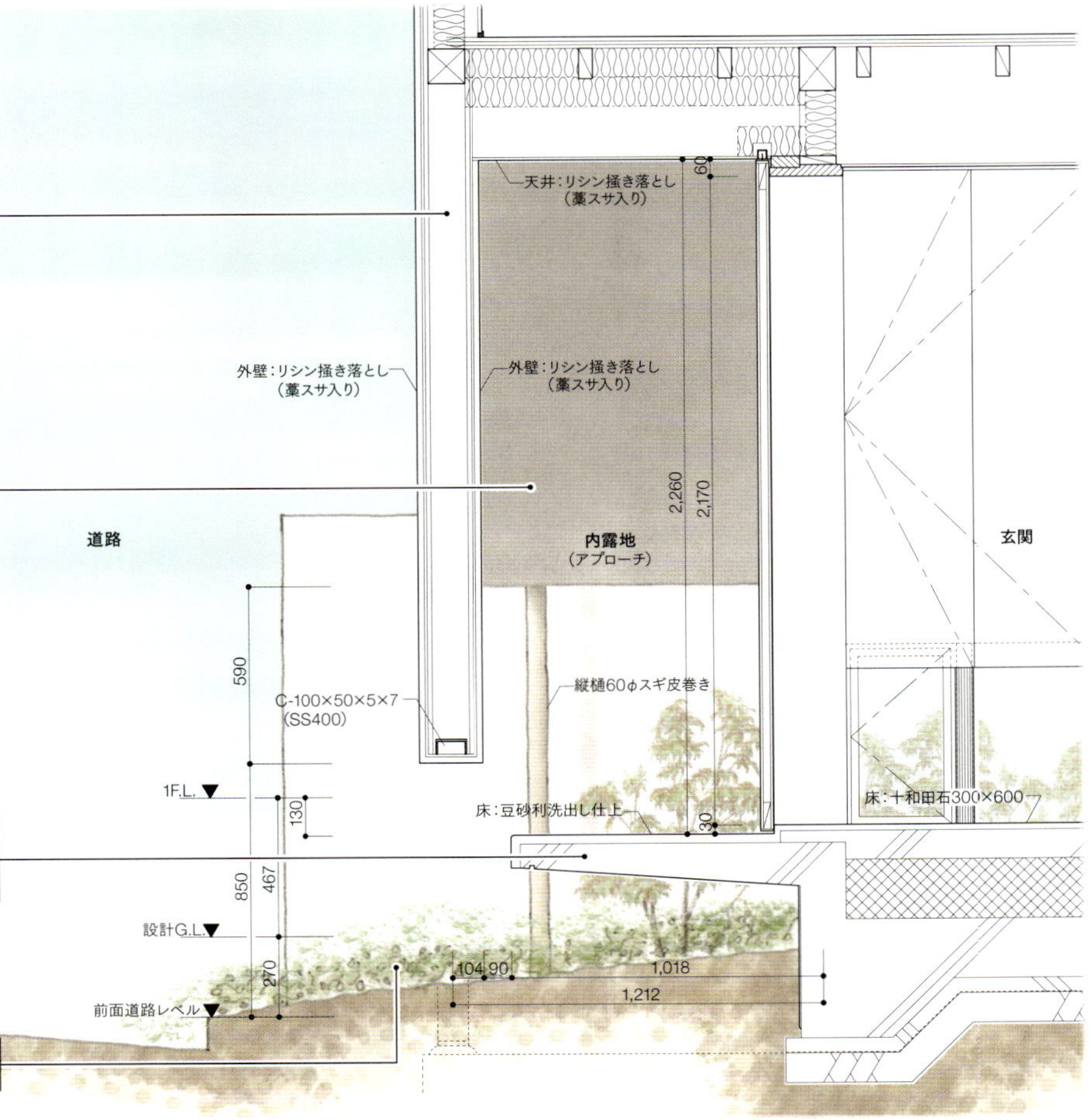

「内露地の家」16頁

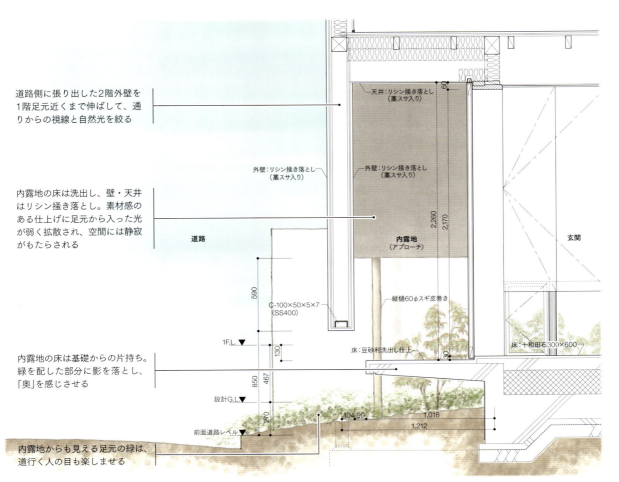

光をコントロールする

茶室――その非日常的な空間は、柱と障子で構成される開放的な数寄屋をあえて土壁で囲うことによって生まれたといえます。また、内庭や通り土間といった町家の構成に影響を与えたとも。いずれも、光（日差し）の量をコントロールすることで場所ごとに印象的な空間をつくり出しています。

「包み庭の家」は狭小地の住まい。小さな庭を板塀でゆるく囲うことで、街なかにありながら、静けさのある光・空間を実現しました。一方、この板塀はアプローチに影を落とし、明るさを抑えています（120頁）。さらに玄関でもぐっと光を絞っているので、外の光に慣れた目が室内の落ち着いた明かりにスムーズに順応します。

1 小さなトップライトと地窓のある玄関。ささやかな光がドイツ漆喰の壁、大谷石貼りの土間に落ちていく
2 小さな庭を囲う板塀はアプローチの階段の奥に見えている

光を通し 光を絞る

「包み庭の家」
上：立面図［S＝1：100］
下：外構図（部分）［S＝1：100］

板塀と建物は中庭を包むようにゆるく囲んでいるので、風や光もスムーズに抜けていく

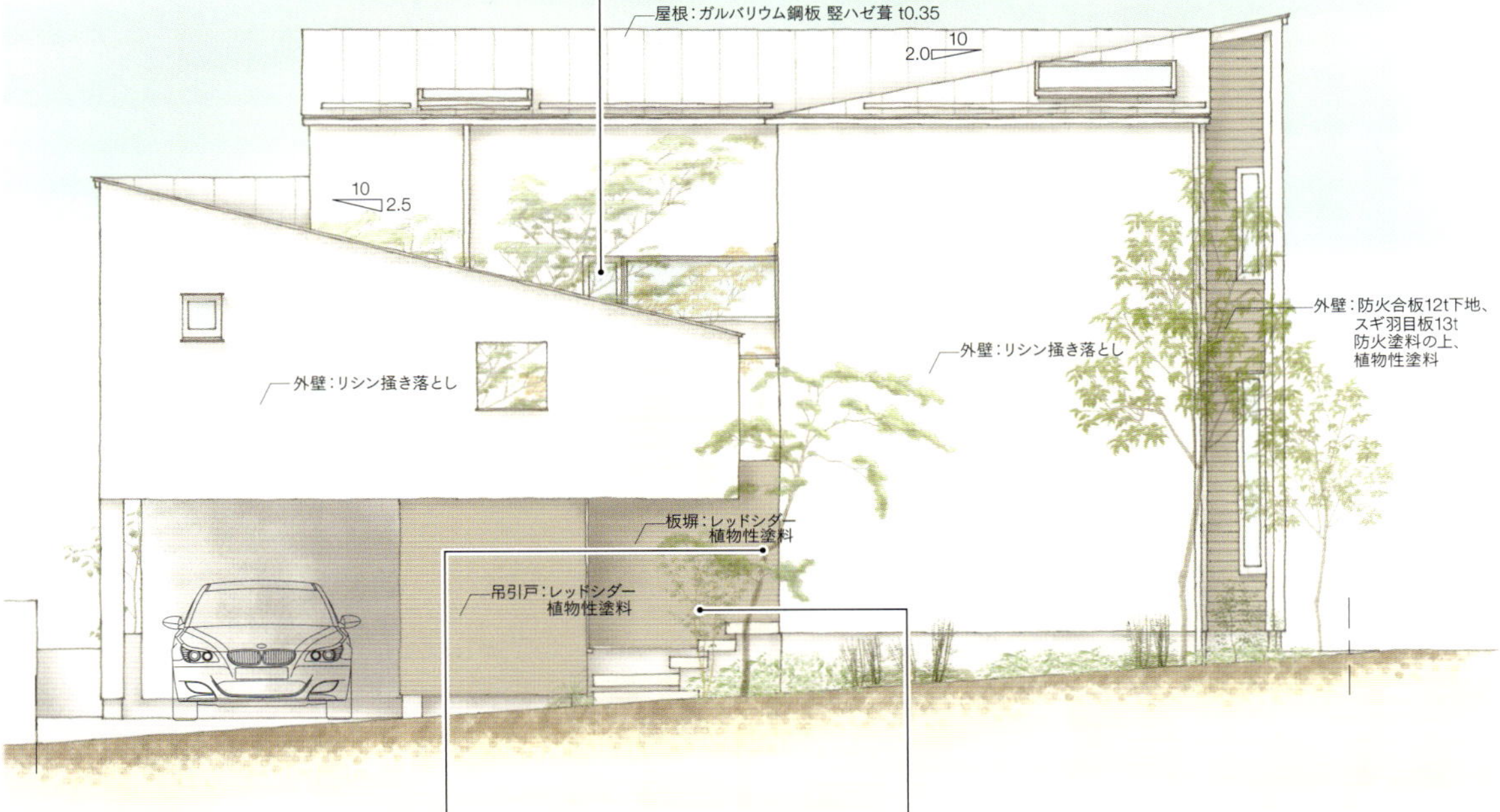

階段を上って壁の向こう、右手にポーチ・玄関と続く。建物に囲まれたポーチには静寂とほどよい薄暗さがある

わずかなアプローチでも緑陰や日影をつくって光を絞る

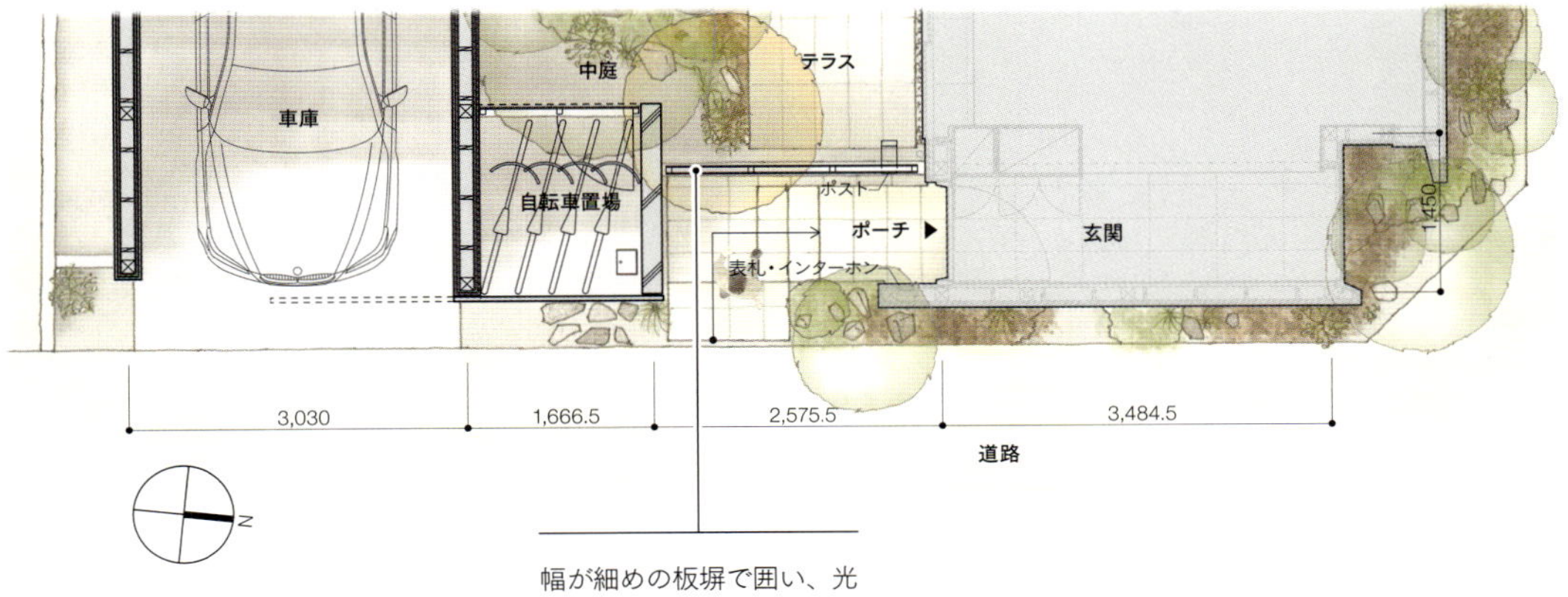

幅が細めの板塀で囲い、光や風を抜く

庭から室内を見る。夜になると一転、照明を灯した室内が浮かび上がり、中庭の緑はシルエットになる

暗がりにて輝く静かな光

静かで落ち着きのある光は、心を穏やかにするだけでなく、温かさや涼しさまで感じさせてくれます。このような「よい光」を室内に呼び込むには「よい闇」が必要です。闇があるからこそ静かな光も輝くのです。

明るさに慣れた現代の日本人にとって、室内に暗がりを残すことは抵抗があるかもしれません。そんなときは、小さな照明を分けて配し、部屋全体に必要な照度を確保しておくとよいでしょう。時間帯や気分に合わせて自分で灯りを調整してみると、常に最大の明るさにしておく必要のないことが自然と体感できるようになります。美しい住まいは光と闇のバランスがうまくとれているものです。

1 玄関からホールを見る。家族や客人を左手にあるダイニングへと導くように照明を配置し、足元を照らす

2 昼、玄関はやや薄暗い。ホールの先の明るい光が際立ち、玄関にいる人を奥へと引き付ける

光と闇のある玄関

「Terrace & House」
1階照明配置図（部分）［S＝1：75］

玄関の先には明るいダイニングが待つ。手前と奥で対比的な灯りのデザインとなっている

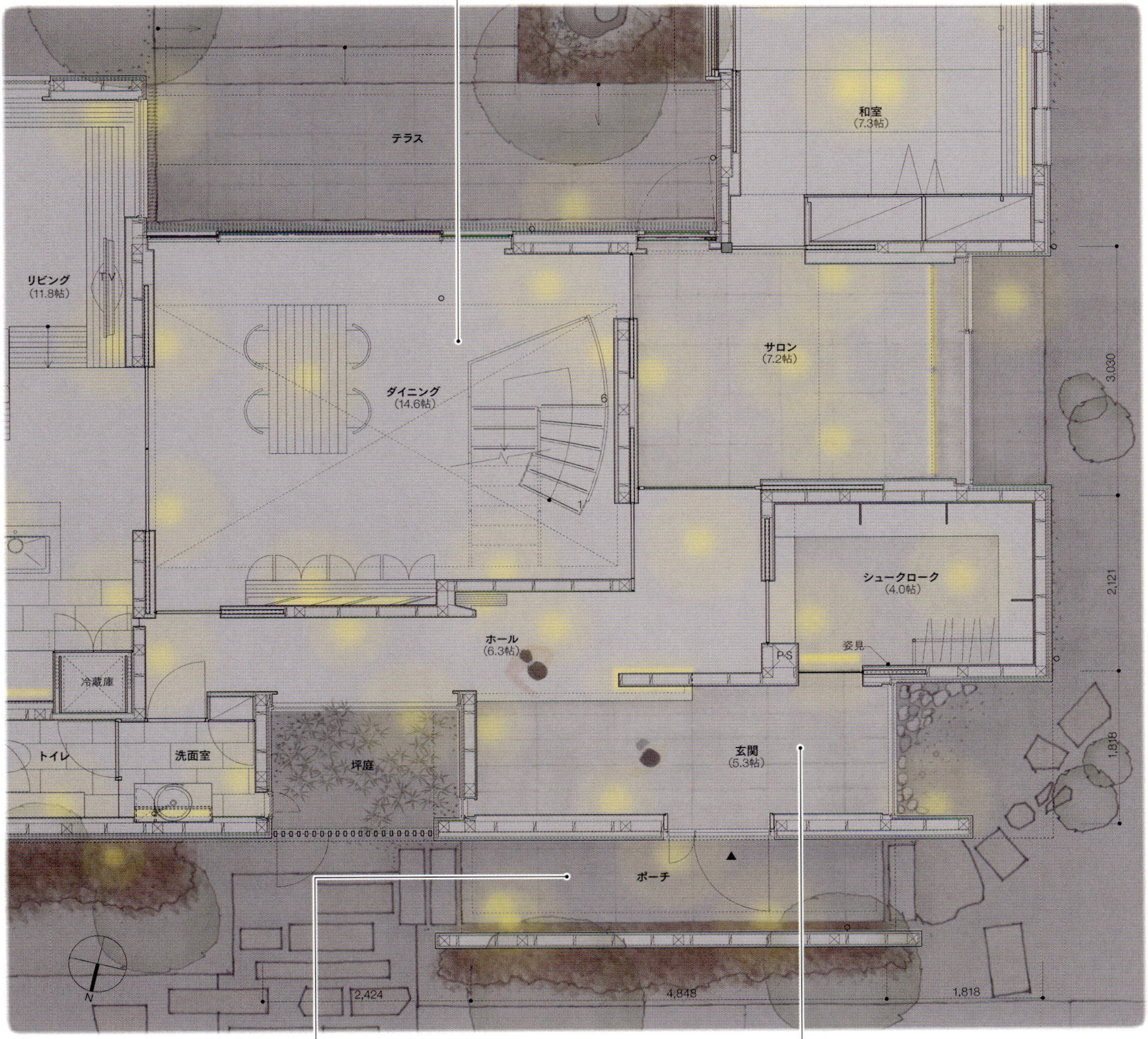

壁にはさまれたポーチは光を抑えた外部空間。ポーチの暗さに目が順応したところで、玄関ドアを開けることができる

玄関はポーチに準じて、照度を落としている。小さなスポット照明と袖壁の足元に配した建築化照明のみ

拡散させた光で落ち着く空間に

住まいの光は、太陽や照明器具など光源からダイレクトに届く直接光と、壁や床などからの反射による間接光で構成されています。部屋の明かりを考えるときは間接光が基本。光源そのものは直接目に入らないよう視野から外し、光を床や壁、天井などに反射・拡散させるようにします。

モノの輪郭を柔らかく、優しく見せるのが間接光の特徴。その間接光でつくり出す陰影のある空間がベースにあるからこそ、ふとしたときに窓から差し込む日差しや食卓を照らすペンダントライトなど、ドラマチックに生活を彩る直接光が効いてくるのです。

昼でも夜でもベースは間接光

「one-story house」
上：居間ー子供室展開図［S＝1：50］
下：間接照明詳細図［S＝1：10］

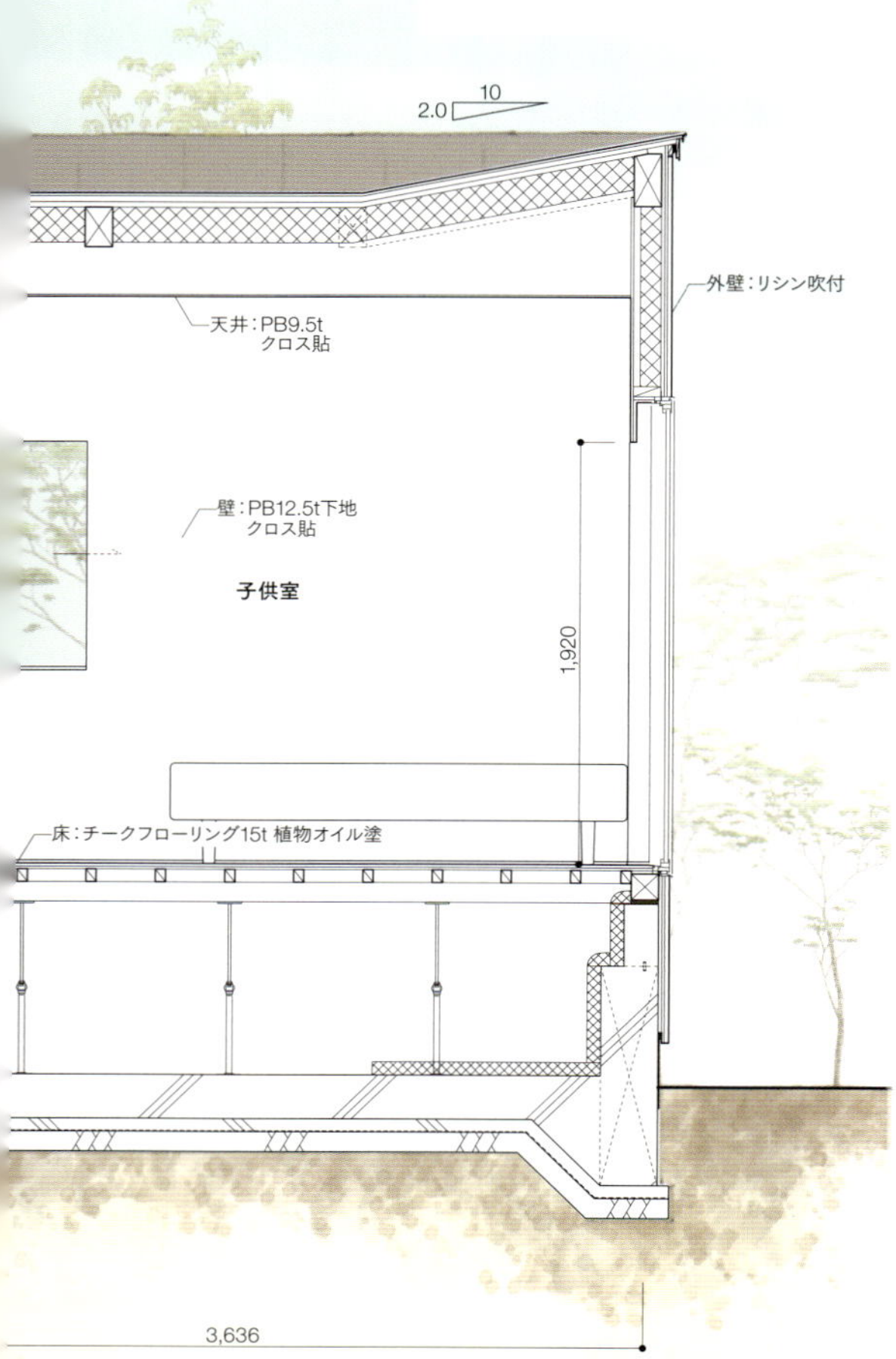

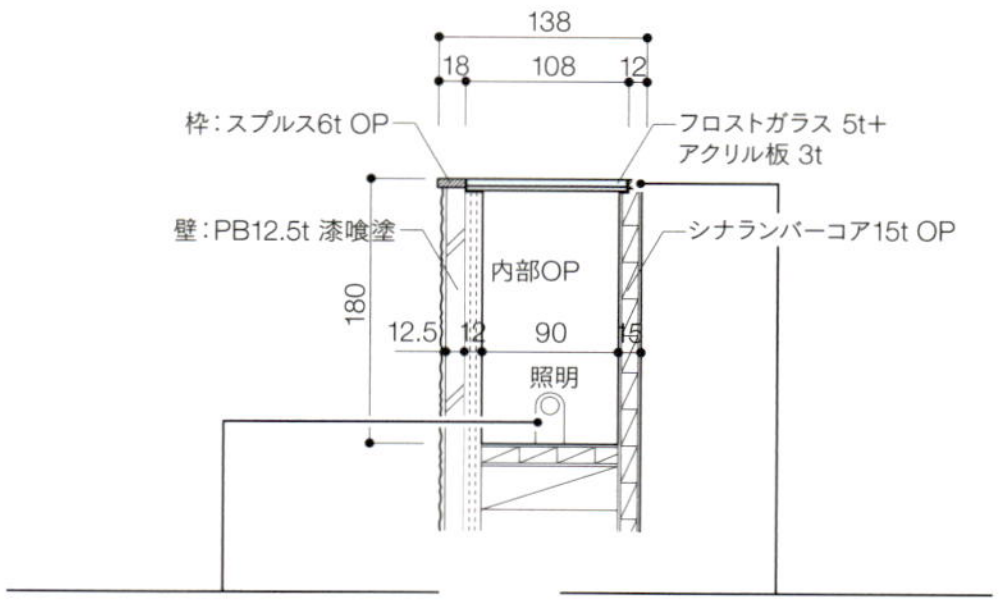

光を拡散させるためにも、ボックス内の照明とガラス蓋はある程度離している

ガラス蓋に乳白色のアクリル材を貼り付け、光の拡散状態を微調整する

フリースペース上部にあるトップライトの明かりは、拡散光となってリビングにまで広がる。適度な暗さが空間に静寂をもたらす

リビングとほかのスペースはライン状の照明を組み込んだ腰壁で仕切られている。夜になるとこの間接照明の柔らかい光で空間が包まれる

トップライトの光が漆喰壁に反射・拡散してフリースペースのカウンター廻りを照らし出す。拡散光は柔らかく、手元の影も気にならない

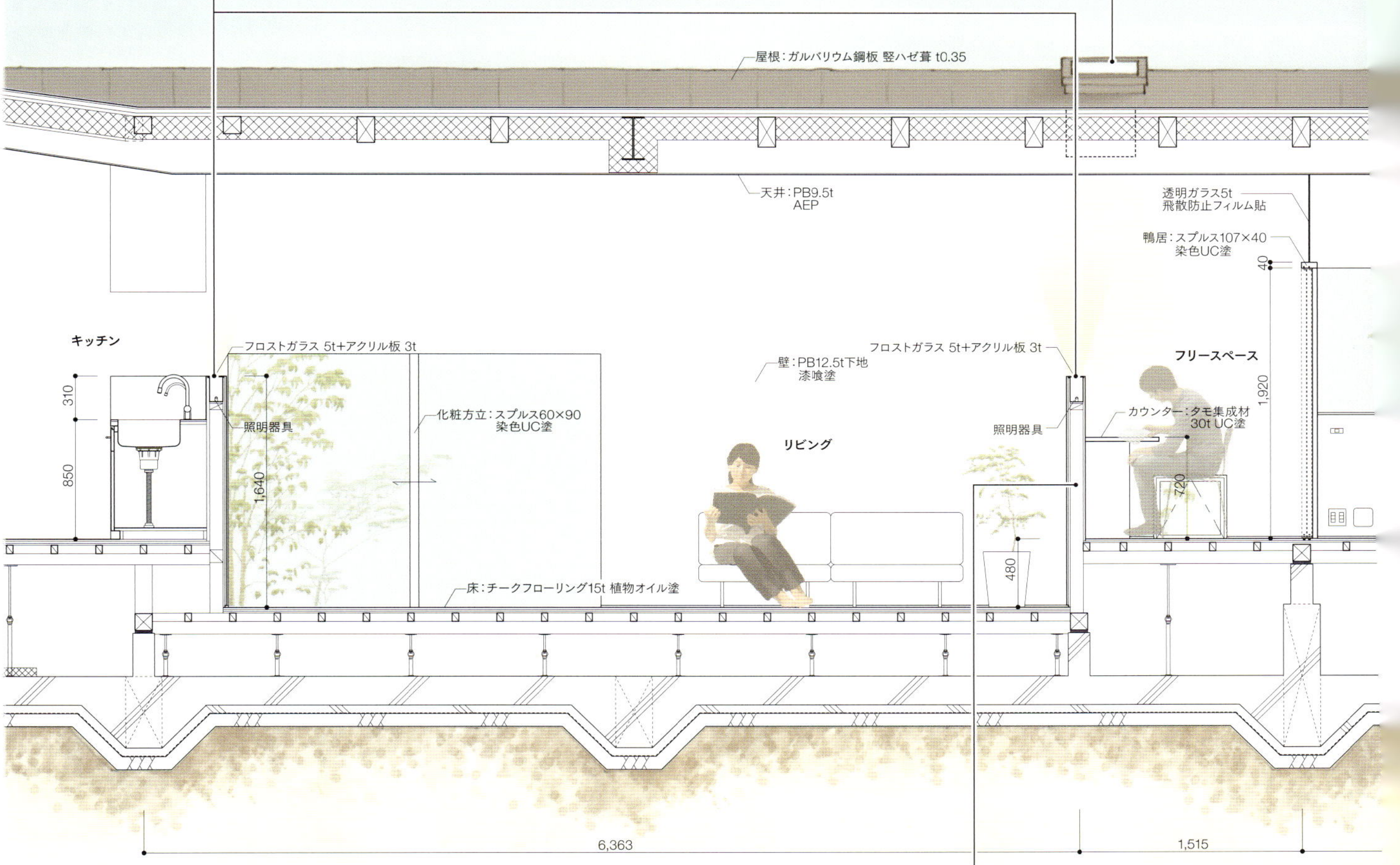

腰壁は、フリースペースで勉強しているときに、リビングにいる人が視界に入らない高さに設定している

フリースペースからリビングを見下ろす。シーリングライトはなく、カウンター前の腰壁に天井に向けた照明が仕込まれている。読書の際には手元にスタンドを置く

「one-story house」136頁

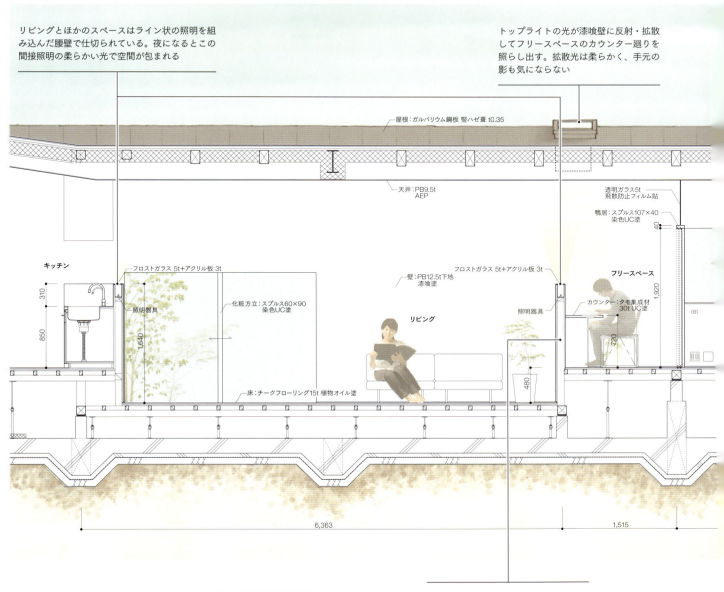

光のそばで暮らす

四季を感じられる住まいは気持ちのよいもの。窓先の風景やそこから入る光の変化が時の移ろいを教えてくれます。厳しい夏の日差しも庇や床・壁などに反射・拡散させて弱め、障子やカーテンなどですかしたものを室内に採り入れるとよいでしょう。「光辺の家」では、日射をコントロールできる窓辺をつくり、年中、穏やかな光のそばで佇めるようにしています。気持ちのよい窓辺はいつも家族が集まる、みんなのお気に入りの場所です。

光のそばで佇める場所をちりばめる

「光辺の家」
断面パース［S＝1：50］

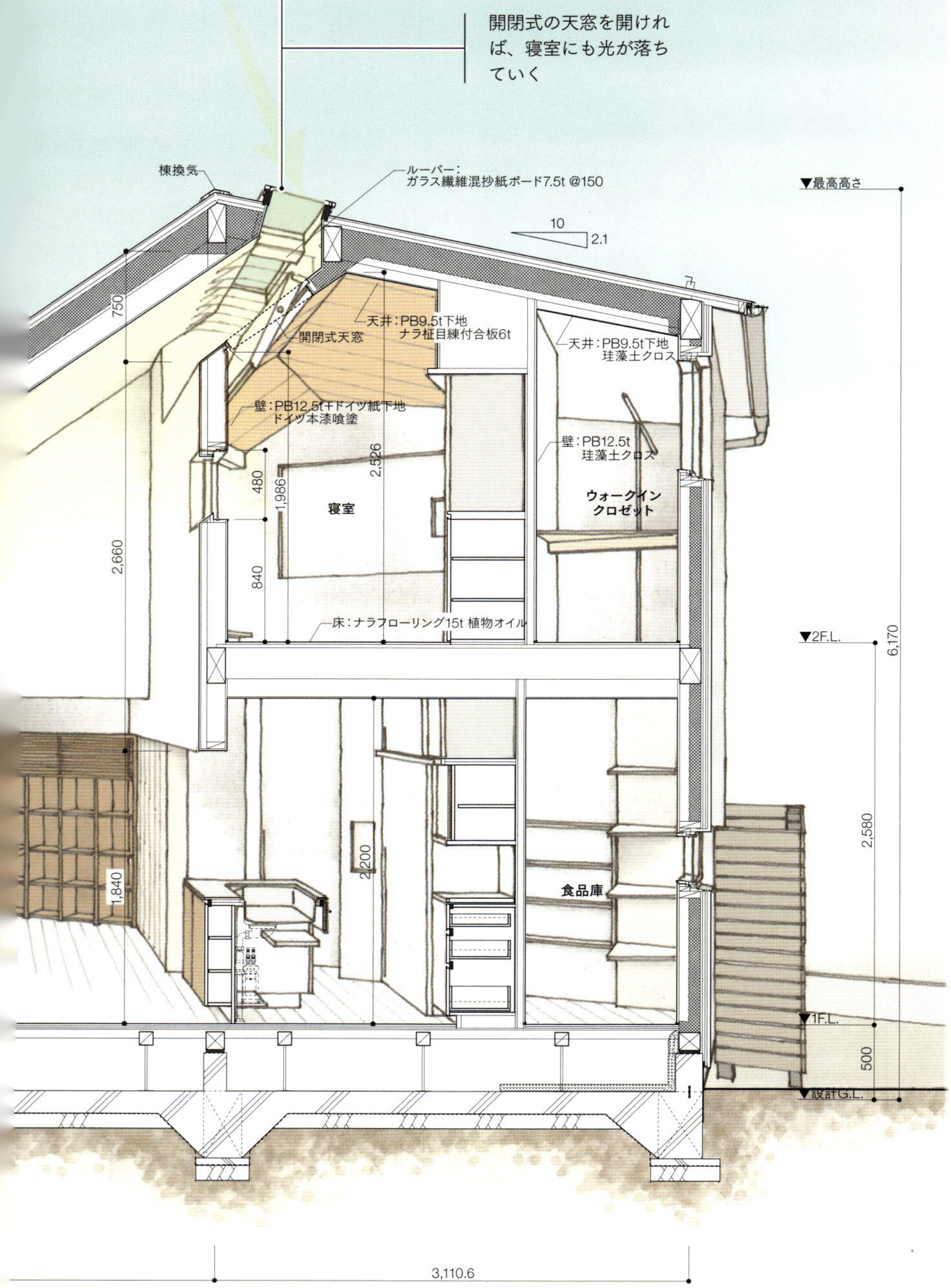

玄関の片隅に設けたトップライト。絞られた光が壁に落ちてくる

1 リビングのトップライト。ルーバーを組み込むことで光が乱反射し、拡散する
2 寝室の開閉式天窓を開けたところ。スリットから漏れた光は壁に沿って落ちていく

傾斜天井の一番高いところに横長のトップライトを設置。半透明のルーバーを通り抜けた透過光や、左官で仕上げた天井や壁に拡散した光が、リビングを柔らかく包む

ロールスクリーンを取り付け、室内に入れる光の量を調節できるようにしておく

障子紙にすかれ、薄まった光が畳の間をほんのり明るくする

中庭に面した窓は庇を付け、直射日光をカット。タイル張りの床に反射し、弱まった光だけが室内に届く

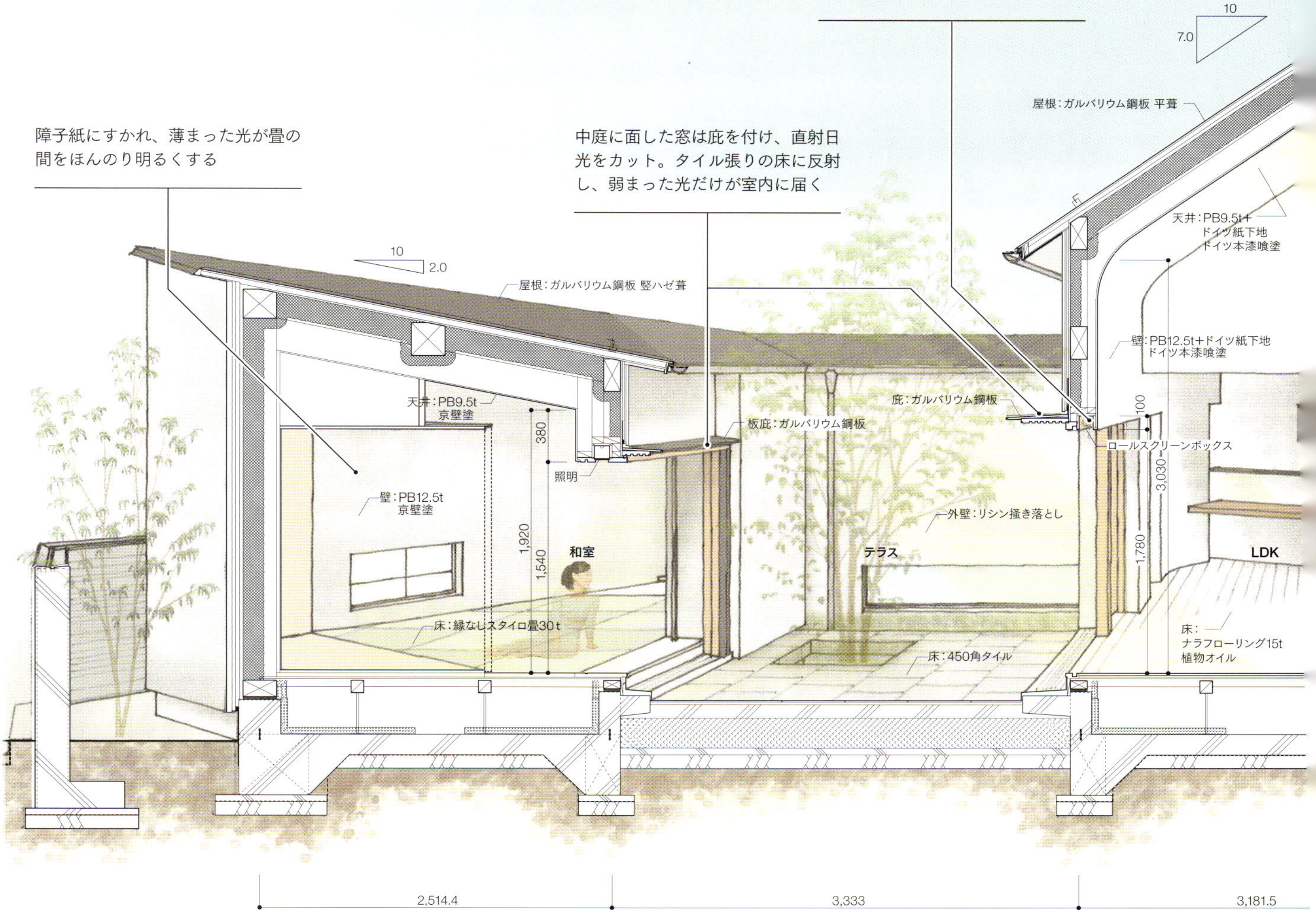

食卓に人を呼ぶ求心性のある光

人が集まる食事の場には求心性のある光が似合います。もちろん、料理を美しく照らし出せることも大事なポイントです。

「常盤の家」ではダイニングを北東側に配置し、食卓廻りに朝の爽やかな光が落ちるようにトップライトをつくりました。日中を通して壁や床にバウンドした拡散光がダイニングを包み込み、夜にはテーブル近く下げたペンダント照明が食卓を彩ります。ペンダントの傘は乳白ガラスなので、天井面にも淡い光が届きます。ここには部屋を一様に照らす天井からの照明はありません。光は建築の要であるのはもちろん、暮らしを彩るインテリアの最も大切な要素なのです。

壁際に設けたトップライト。光が壁に反射し、ダイニングを明るくする。北側の開口部から入る光は安定していて、一日中ほどよい明るさ

昼も夜も程よい明るさをつくる

「常盤の家」
断面詳細図（部分）
[S＝1：50]

ソファのブラケット照明は読書するときに灯す。暮らしのシーンを想像しながらスポット照明を配置する

落ち着いた明かりは心を穏やかにする。明るすぎる部屋は意外に多い。昼と夜の明るさのバランスを考え、照明計画を行いたい

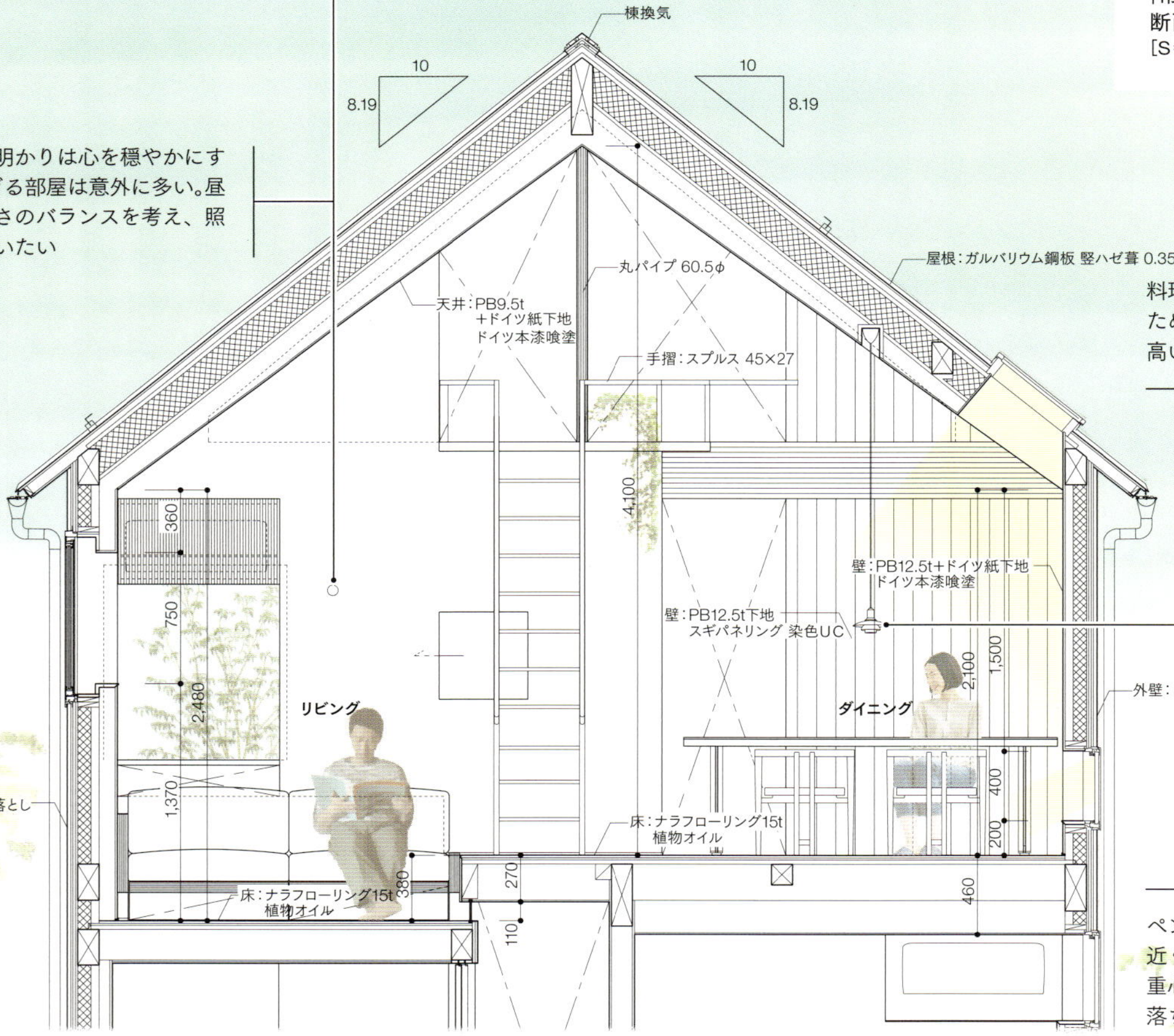

料理をよりおいしく見せるために、ランプは演色性の高いものを選ぶ

ペンダント照明はテーブル近くまで下げておく。光の重心を低くすると、空間に落ち着きが生まれる

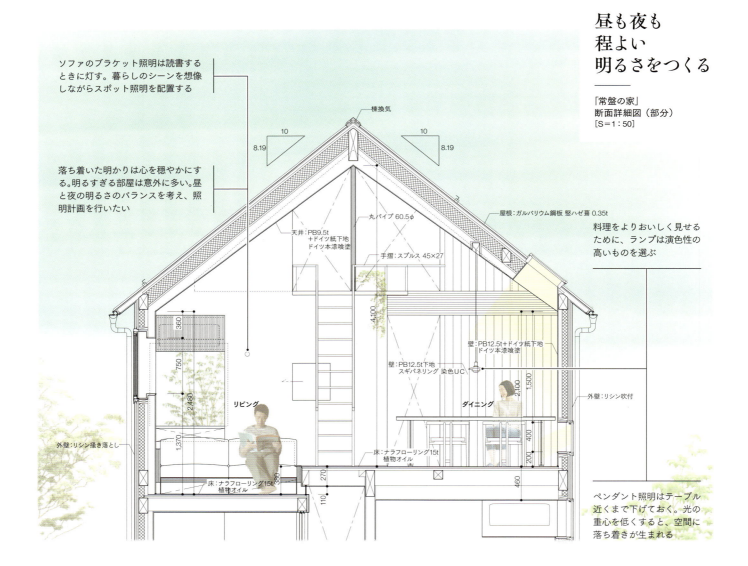

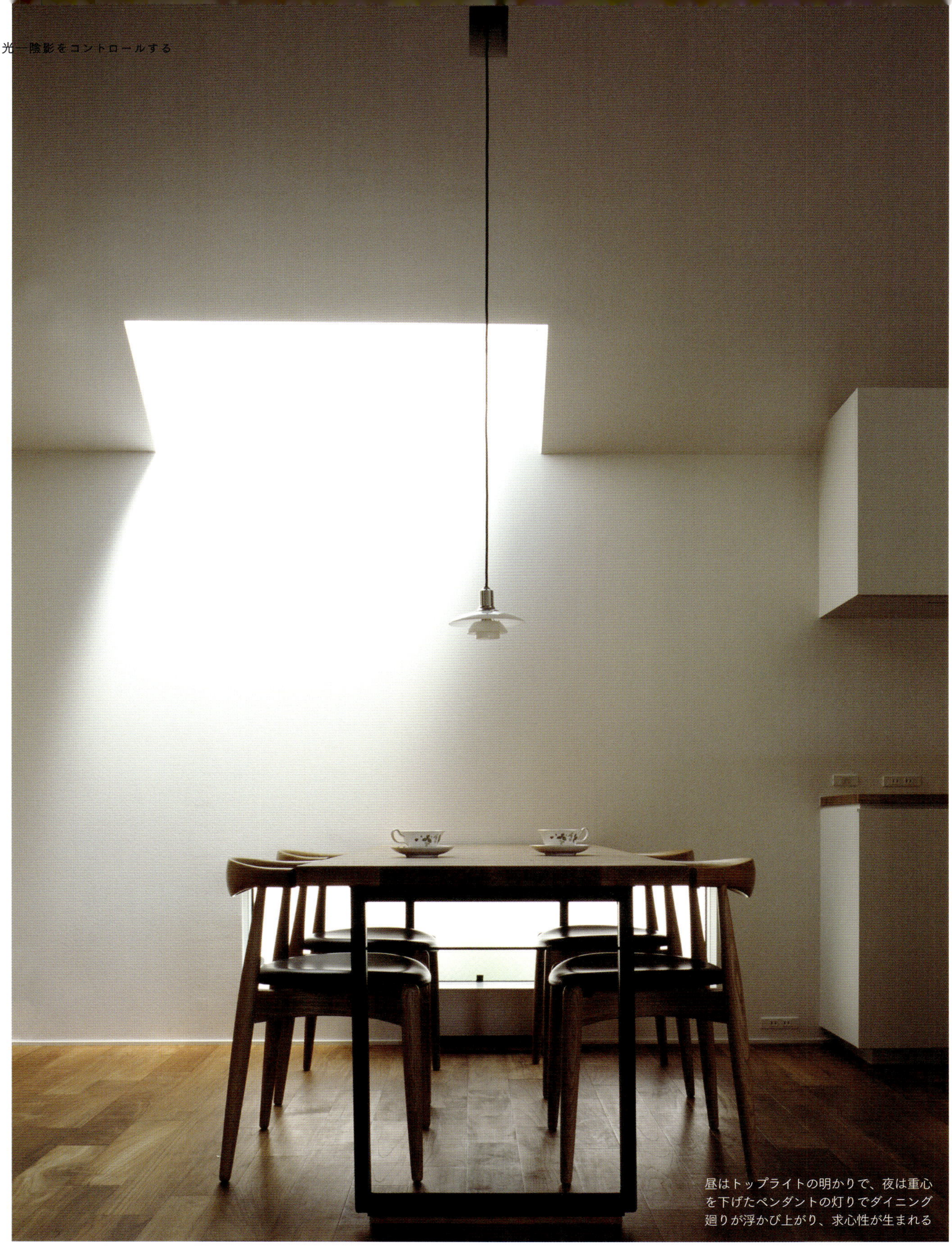

昼はトップライトの明かりで、夜は重心を下げたペンダントの灯りでダイニング廻りが浮かび上がり、求心性が生まれる

「常盤の家」20／86／102／158頁

暮らしを彩る光の設計

床に落ちる木漏れ日や坪庭の壁に映る緑陰は、時の移ろいのなかで刻々と表情を変えていきます。日常の暮らしにあって一瞬で消えるこのはかなさは愛しく、私たちの心を癒やし、生きる力を与えてくれます。

「縦露地の家」は狭小地に建つ小さな住まいですが、あちこちで柔らかな光や緑を感じることができます。豊かな暮らしをつくる「形が定まらないもの」を住まいとどう調和させるか、平面図や断面図では表現しにくい部分をどう形づくっていくかが、設計者の腕の見せどころです。

光と遊ぶ家

「縦露地の家」
1階平面図［S＝1：100］

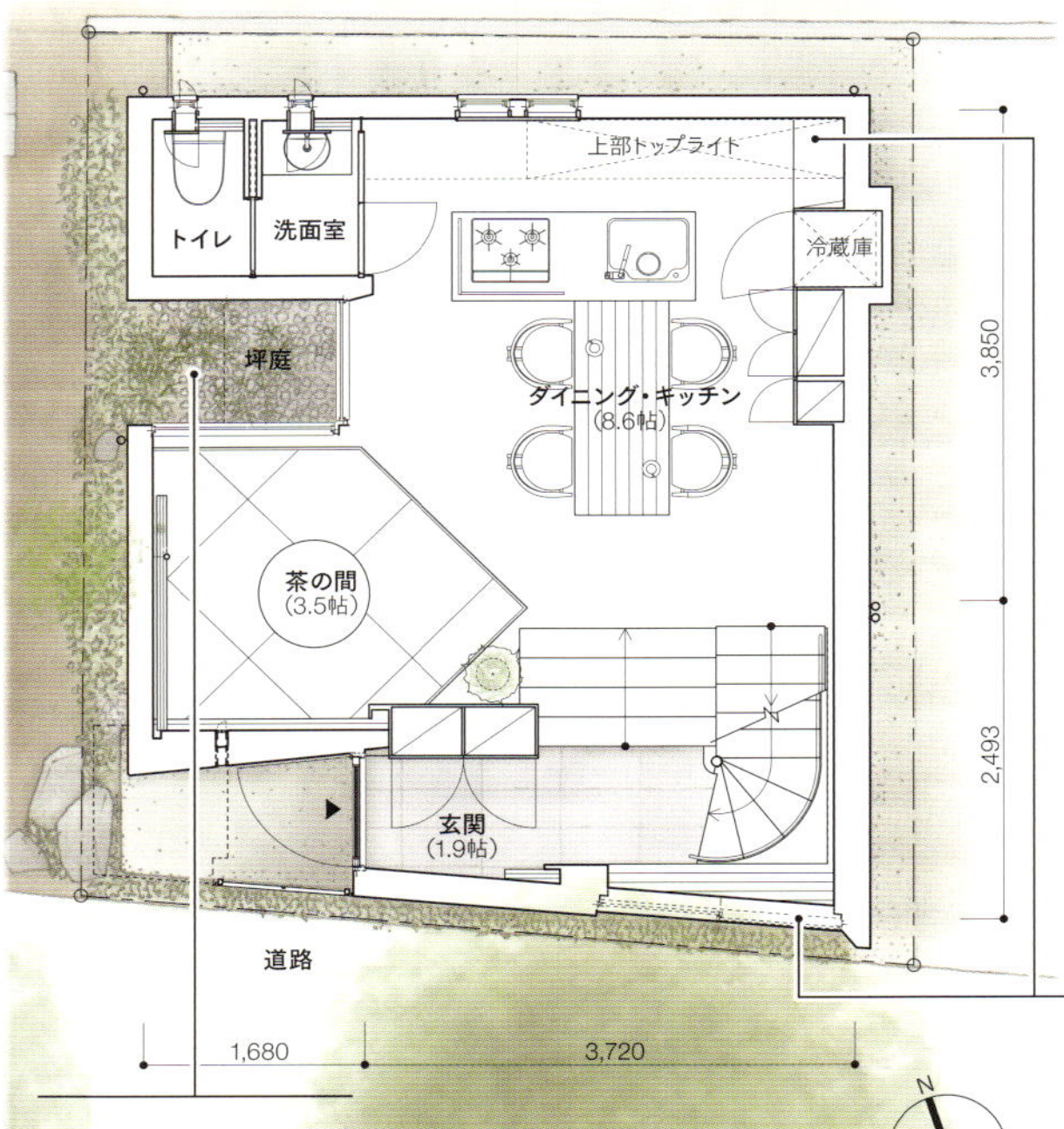

午後の光を受ける坪庭の黒竹

部屋の奥にはトップライト、手前には吹抜けに面した縦3層分の大きな窓がある

1 玄関からダイニング・キッチンを見たところ。ワンルーム化したフロア全体が穏やかな光で包まれている。床に落ちた木漏れ日は、道路に面した階段室の窓から。奥にあるキッチンもトップライトの光で明るく、圧迫感を感じさせない
2 トップライトから入る光は、漆喰の壁に当たって室内に拡散していく

「縦露地の家」52／70／149／150／162頁

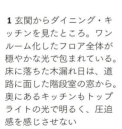

穏やかな光で奥を明るく

これから向かう先に光が差していると、なぜだかワクワクするものです。「つづら折りの家」は、暮らしの中心となるLDKに階段があります。この階段の上る先にトップライトを設け、自然光を落としました。深い屋根裏の中で乱反射した光は壁を伝って拡散し、足元までほんのり照らします。LDKまでこぼれてくる光と影は時と共に表情を変え、そこに集う家族の心まで豊かに彩ります。

光溜まりをつくる

「つづら折りの家」
1階平面図［S＝1：150］

階段や廊下の先に窓を配置して、LDKの奥に光の溜まりをつくる。視線の先を明るくすると奥行きが深まるだけでなく、期待感ももたせられる

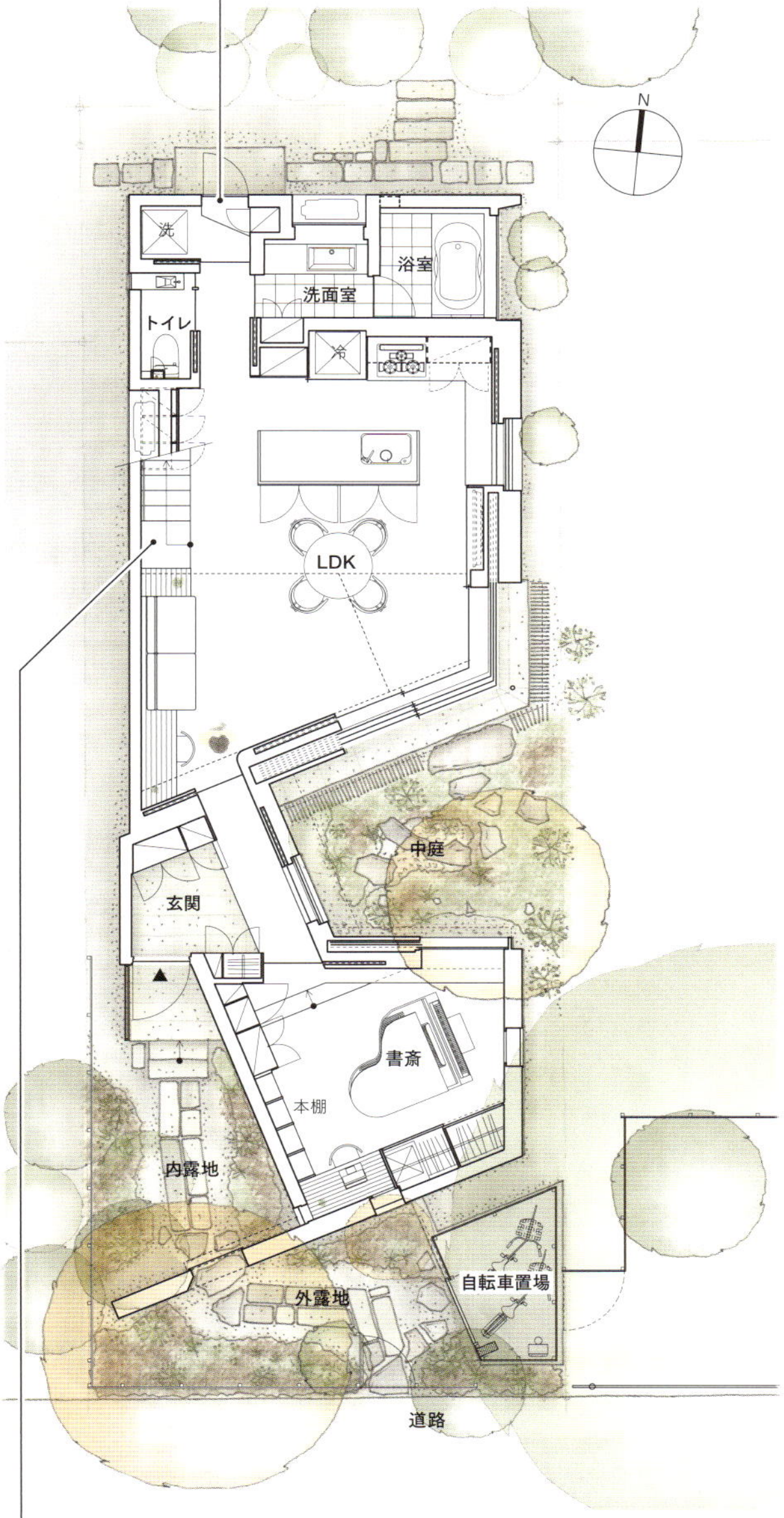

LDKの奥に穏やかな拡散光に包まれた階段がある

リビングからダイニング・キッチンと階段を見る。階段上からこぼれ落ちてくる光に思わず引き込まれる。手前から奥に向かってだんだんと明るくなる光は希望に満ち、高揚感がある

「つづら折りの家」10／34／94／106／146／156頁

明かりがもたらす快適な上り下り

階段を上り下りする際、足元やその先が明るいとありがたいものです。階段室全体をやたらと照らす必要はありません。それよりも、行く先の足元が自分の影で見づらくなることのないように、窓や照明器具の配置に気を配りましょう。

「元浅草の家」には、3方向を壁で囲まれた折返し階段があります。このような場合、閉塞感のある階段室になりがちですが、街なかという立地上、ただ窓を開ければよいというものでもありません。そこで、縦長のスリット窓を壁際に開け、透かし階段越しに光が上下に伝わるようにしました。照明は、踊り場の壁に取り付けた小さなブラケット照明と上り下り口の足元灯のみ。安心して上り下りするために必要十分な明かりです。

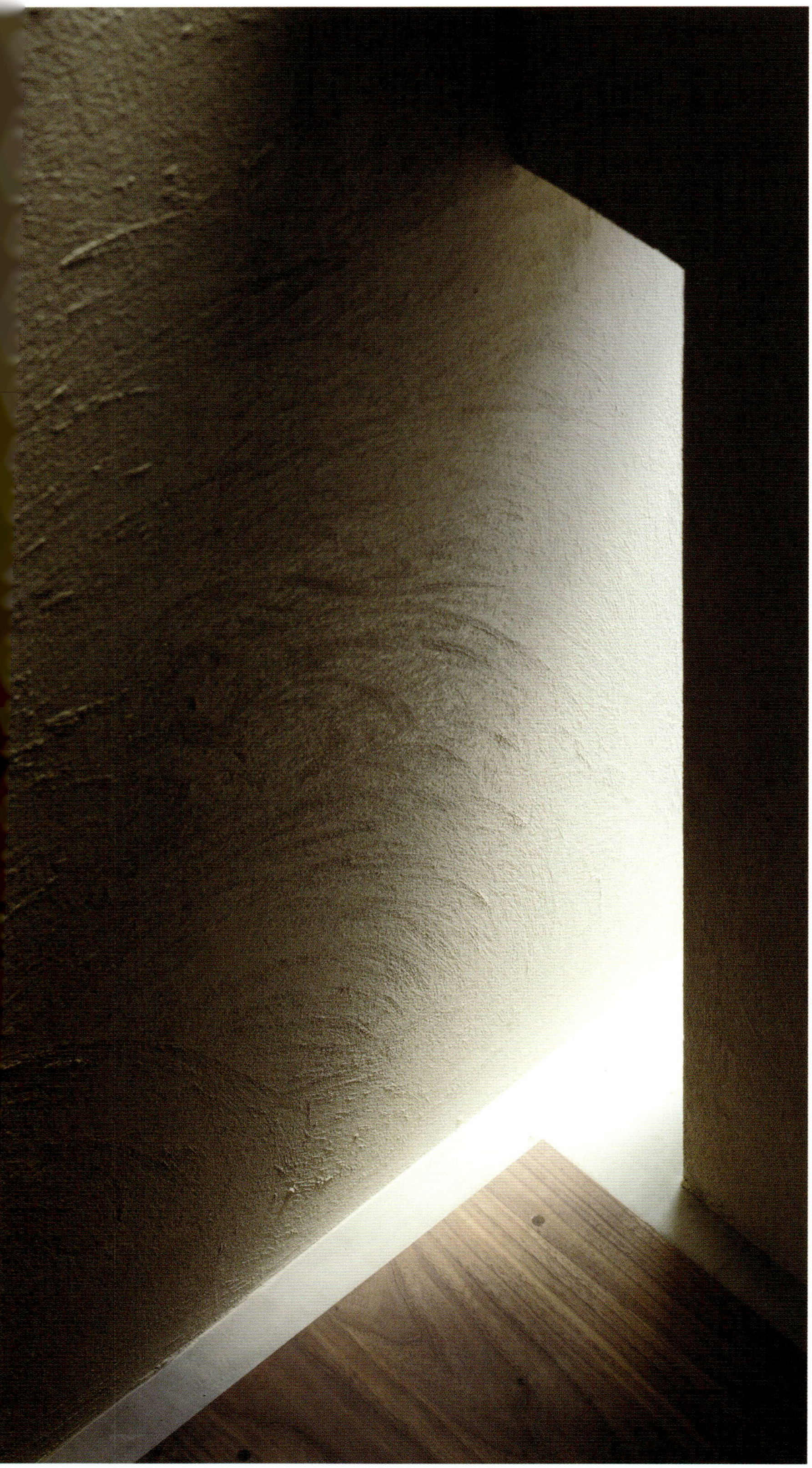

大きな窓でなくても、壁に囲まれた階段室の閉塞感を拭い去るのには十分。もちろん、蹴込み板のない透かし階段や上階から落ちてくる光もひと役買っている

心地よく、使いやすい階段づくり

「元浅草の家」左：スリット窓断面詳細図［S＝1：7］
右：同平面詳細図［S＝1：7］
下：階段廻り平面図［S＝1：60］

窓からの光や照明の灯りは左官壁や無垢の床板に反射・拡散して静けさと温かみを増す

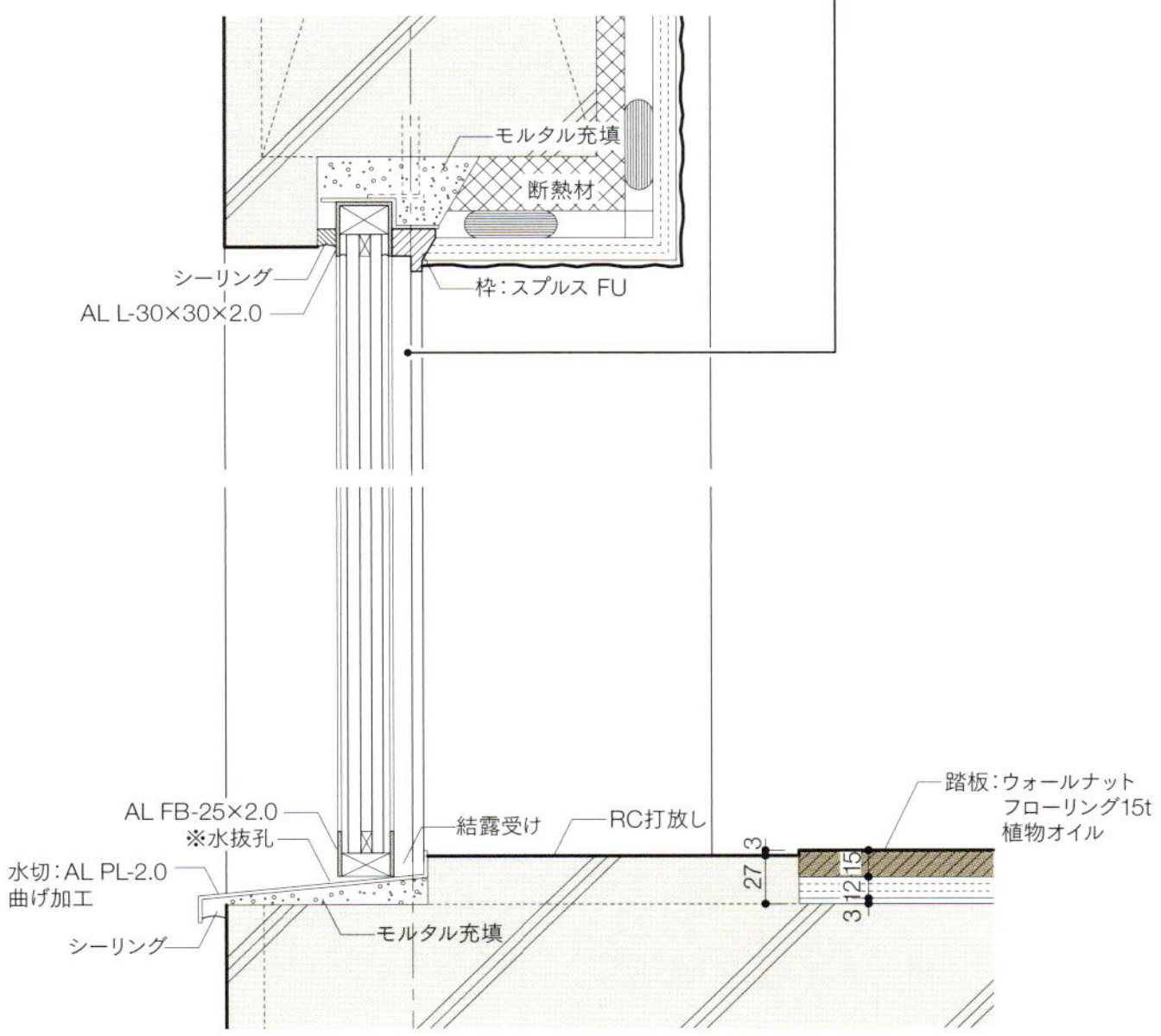

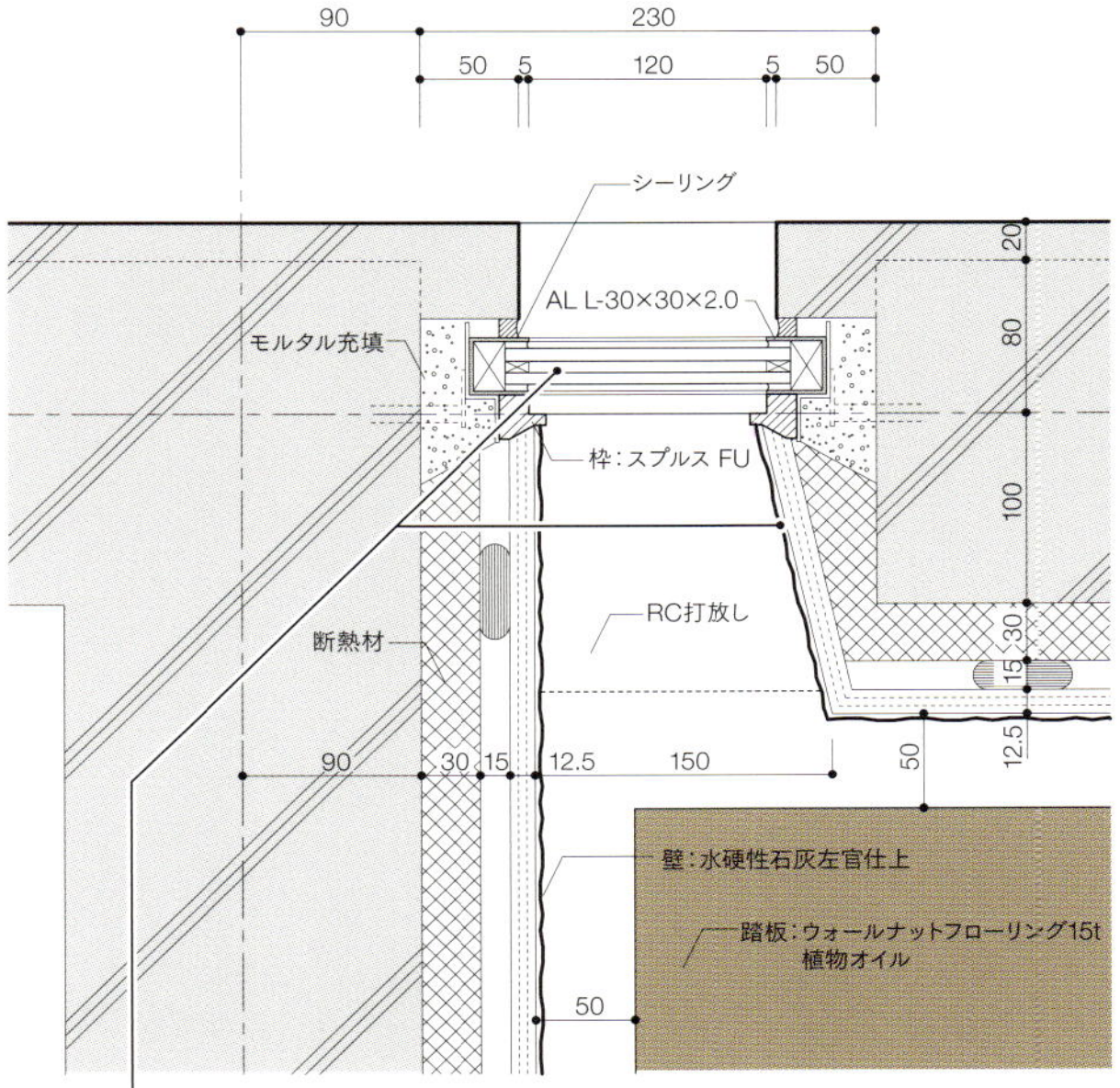

光を絞り拡散させるスリット窓。壁の入隅を光で抜くことで行き止まり感をなくし、角度をつけた壁がレフ板となって階段室に光を拡散させる

心地よく使える階段にするには、幅や蹴上げ・踏面が適切な寸法になっているのはもちろん、適切な光が重要

スリット窓から入った光は左官壁に反射し、柔らかな拡散光となって足元を照らす

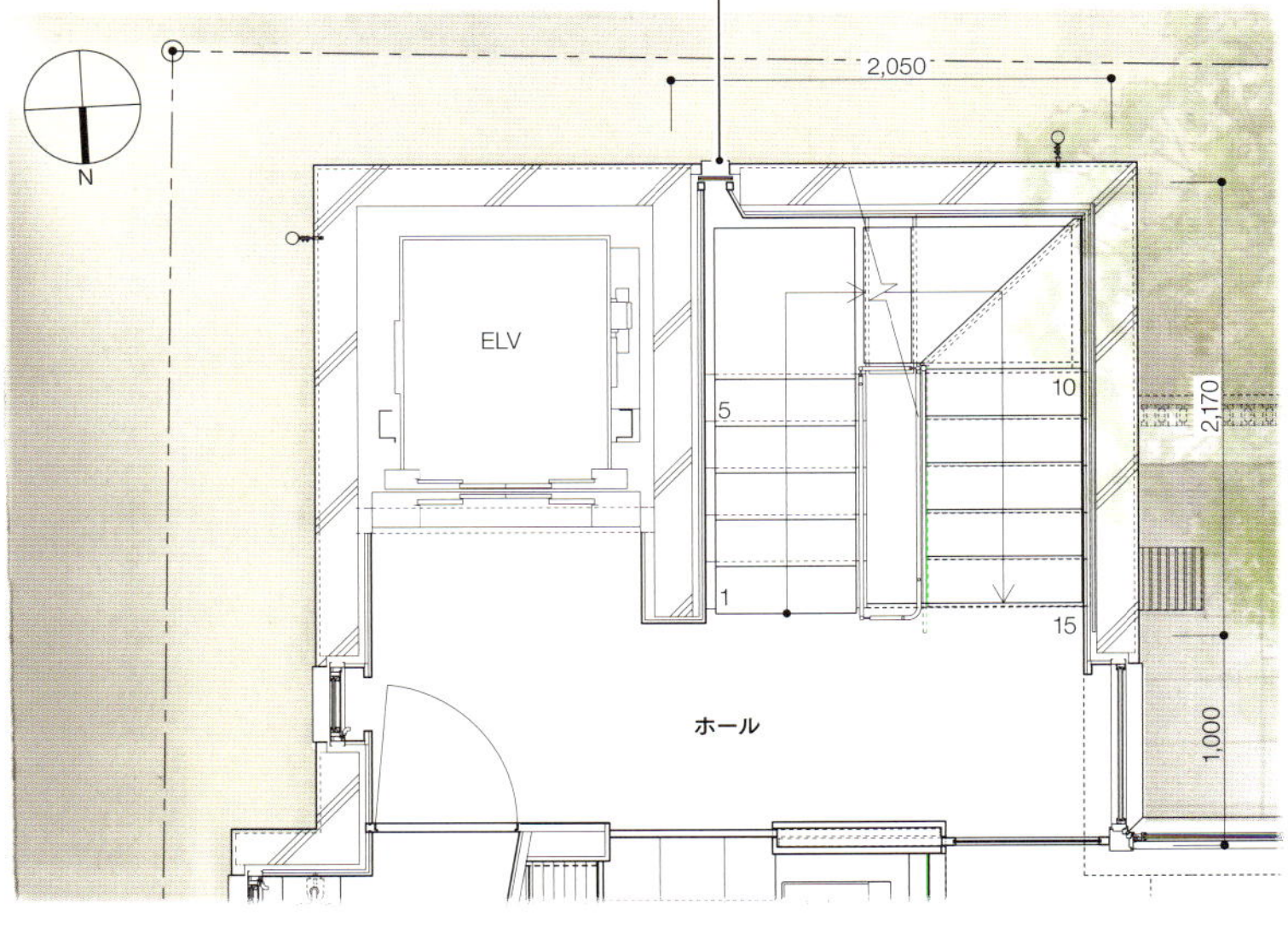

「元浅草の家」66／110／148／154／160頁

少し暗くして夜を楽しむ

庭をぼんやりと眺める時間は至福です。照明を仕込めば夜も楽しめ、日中、家にいない家族にも喜ばれます。庭全体を赤々と照らす必要はなく、ささやかな灯りで十分です。庭木に当てる光は、高い位置からのスポット照明が自然であり基本。とはいえ、この平屋の住まいの中庭は小さく、横長の低い窓越しに緑を眺めるものなので、上部からの照明は1つだけ。代わりに樹木の足元に最小限の照明を配し、壁に反射させた光で緑を浮かび上がらせることにしました。庭に暗がりを残すことで、奥行きも生まれるのです。

　室内の照明は調光ができるようにしています。少し暗くするだけで、窓への映り込みが軽減され、夜の庭がぐっと引き立ちます。

茶の間越しに中庭を見る。茶の間の主な照明はペンダントのみ。左手のリビングも建築化照明をいつもより暗くし、中庭の緑を楽しむ

リビングから中庭を見る。夜も更けたころ室内を暗くすると、ライトアップされた中庭がひと味違って見える。壁に落ちた樹形の影にも癒やされる

庭のある生活を夜も楽しむ

「one-story house」
1階照明配置図［S＝1：100］

ポイントとなる庭木は、モミジとシャラ、ソヨゴの3本。ライトで浮かび上がる樹木は個性が際立って見える

室内の明かりは小さな照明をいくつも組み合わせて照度を確保している。そのため、自分が好きなように暗くしたり、明るくしたり調節しやすい

「one-story house」126頁

chapter 5

細部

暮らしやすさへのこだわり

モノをデザインし、図面化するうえで必ず決めなくてはいけないのが寸法です。しかし、テーブルや天井の高さ1つとっても「絶対的な寸法」というものはありません。このテーブルだと68cm、この家では71cm、こういう場面で使うから65cmというように、ユーザーの身体的・心的特性や動きだけでなく、そのモノの素材、その空間や家・敷地の大小、その場所の光などを考慮し、毎回、具体的な寸法を導き出します。つまり、その場所に最適な寸法を決めていくのが設計という作業でもあるのです。細部を決めていくときに、その部材の位置、寸法、仕組みを考えるのはもちろんですが、もっとも大切なのは相互の小さな差異に心を寄せることです。

松尾芭蕉は「よく見ればなずな花咲く垣根かな」と詠みました。誰もが分かる大きな変化ではない、注意深く目をこらさないと見逃してしまうような小さな変化や差異の中にも、美があります。心を尽くして生み出された細部には癒やされます。いろいろなものを細やかに表現してきた日本の感性には、十二単《じゅうにひとえ》のような袖が幾重にも重なった部分にも美を見るという独特の力がありました。しかし、近代という時代は効率や合理性、経済性などを優先し、そこからこぼれ落ちた断片や部分を切り捨ててきたようにも見えます。部分は部品的な要素と見なされてきましたが、最近になって全体と部分の関係は単純な主従関係でなかったことが、いろいろな分野で分かってきたところです。

美は見る側にある主観的なものともいわれます。四季折々の自然から、身の回りの小さな変化に喜びを見いだして暮らす。そこには必ず目や体に触れる部分があり、その細部を使い心地よくすっきりと納めることが「詳細設計」の大切なポイントなのです。

写真：縦露地の家

窓を立体的に組み合わせる

開口部の役割は採光、通風、眺望などさまざま。屋内外を問わず、適所に設けます。

「宇都宮の家」の主寝室には隣家に接する南側と、バルコニーに続く東側に窓があります。南側につくったのは換気用の小さな横滑り出し窓。開放角度も小さく型板ガラスを入れているので、外部からの視線も気になりません。東側のバルコニーに出入りする掃き出し窓は、庭の風景も楽しめます。バルコニーの屋根にはトップライトを設け、深い庇がつくる影で寝室が暗くなりすぎないようにしています。

主寝室から屋根のかかったバルコニーを見る。室内には大きな掃き出し窓や小窓が、半屋外空間であるバルコニーには壁や屋根に開口がある。立体的に開口部を設けることで、室内は一日中さまざまな光を採り入れることができる

快適な寝室をつくる内外の窓

「宇都宮の家」
主寝室展開図［S＝1：50］

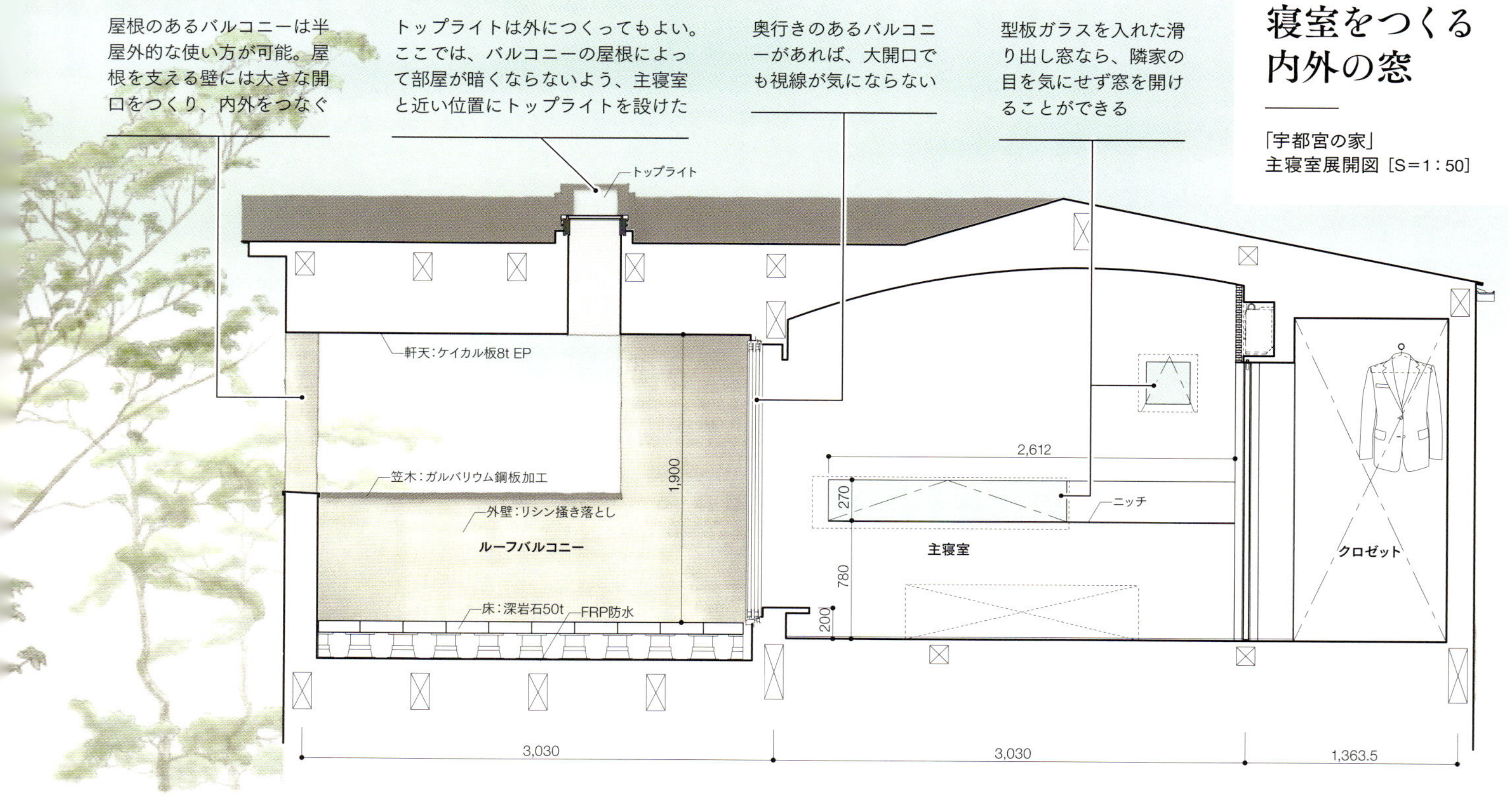

屋根のあるバルコニーは半屋外的な使い方が可能。屋根を支える壁には大きな開口をつくり、内外をつなぐ
トップライトは外につくってもよい。ここでは、バルコニーの屋根によって部屋が暗くならないよう、主寝室と近い位置にトップライトを設けた
奥行きのあるバルコニーがあれば、大開口でも視線が気にならない
型板ガラスを入れた滑り出し窓なら、隣家の目を気にせず窓を開けることができる
トップライト
軒天：ケイカル板8t EP
笠木：ガルバリウム鋼板加工
外壁：リシン掻き落とし
ルーフバルコニー
床：深岩石50t
FRP防水
1,900
2,612
270
ニッチ
主寝室
780
200
クロゼット
3,030
3,030
1,363.5

「宇都宮の家」8／32／44／78／115／117／144／152頁

窓に見えない室内窓

窓とは外に面したものだけをいうのではありません。部屋どうしを仕切る壁に窓をつくってもいいのです。インテリアにどうなじませるかはディテール次第です。

ここで紹介するのは寝室の縦長の開き窓。バルコニーから入った光や風を隣り合うリビングまで届けます。木製の建具が入っていますが、リビング側からは細長いスリット(隙間)にしか見えせん。枠も框も見せぬ納まりにしているからです。開口部の片側の壁は角を取り曲面にしました。寝室から漏れた明かりはリビングの壁に光と影のグラデーションをつくり、優しい表情を与えてくれます。

通気窓がリビングのアクセント

「稲毛の家」
上：開口部平面詳細図［S=1：6］
下：同断面詳細図［S=1：6］

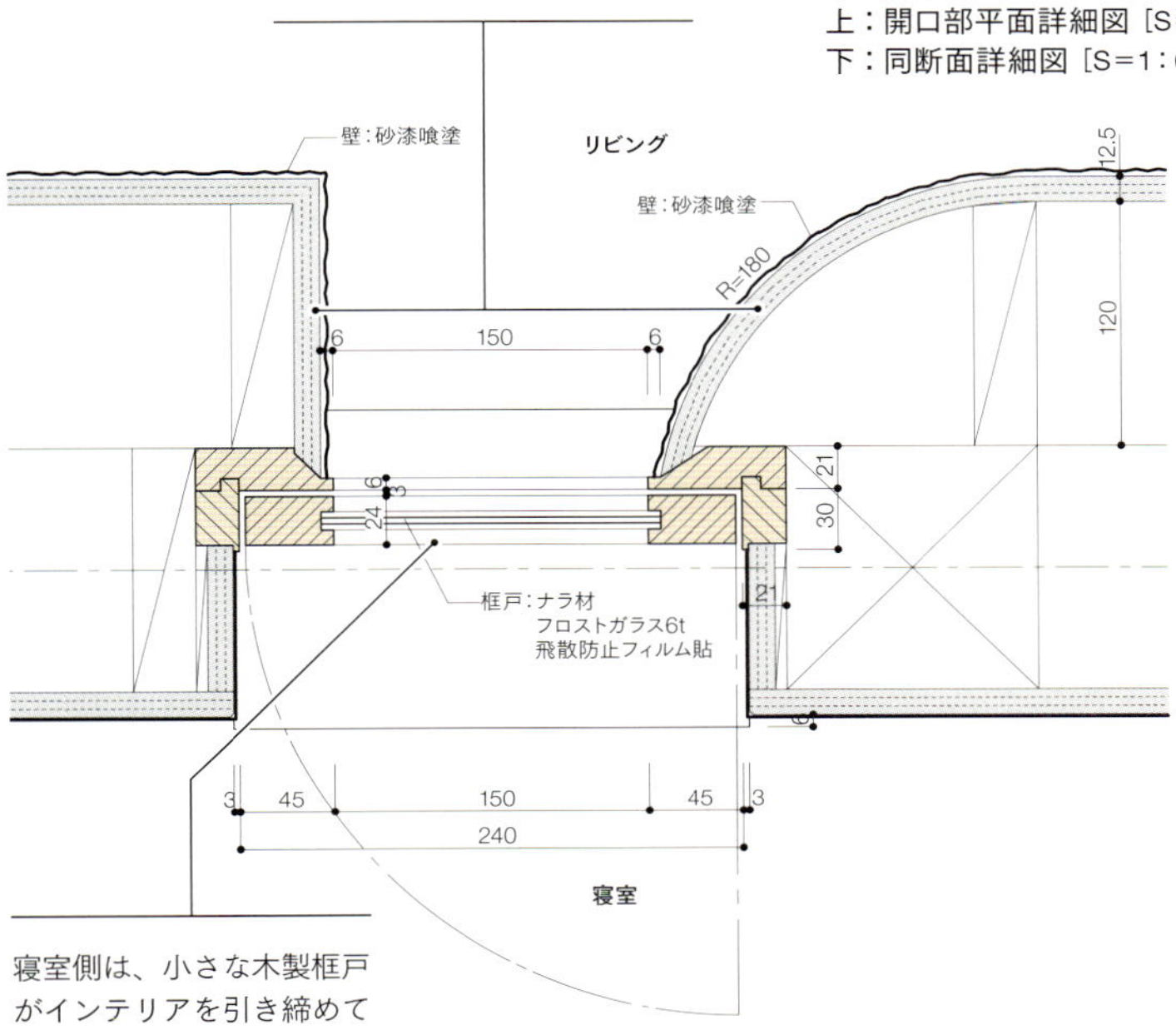
リビング側の開口部は、片方の壁だけ大きな面取りをしている。陰影をはっきり見せる壁面と光が回り込む壁面が左右ではっきり分かれる

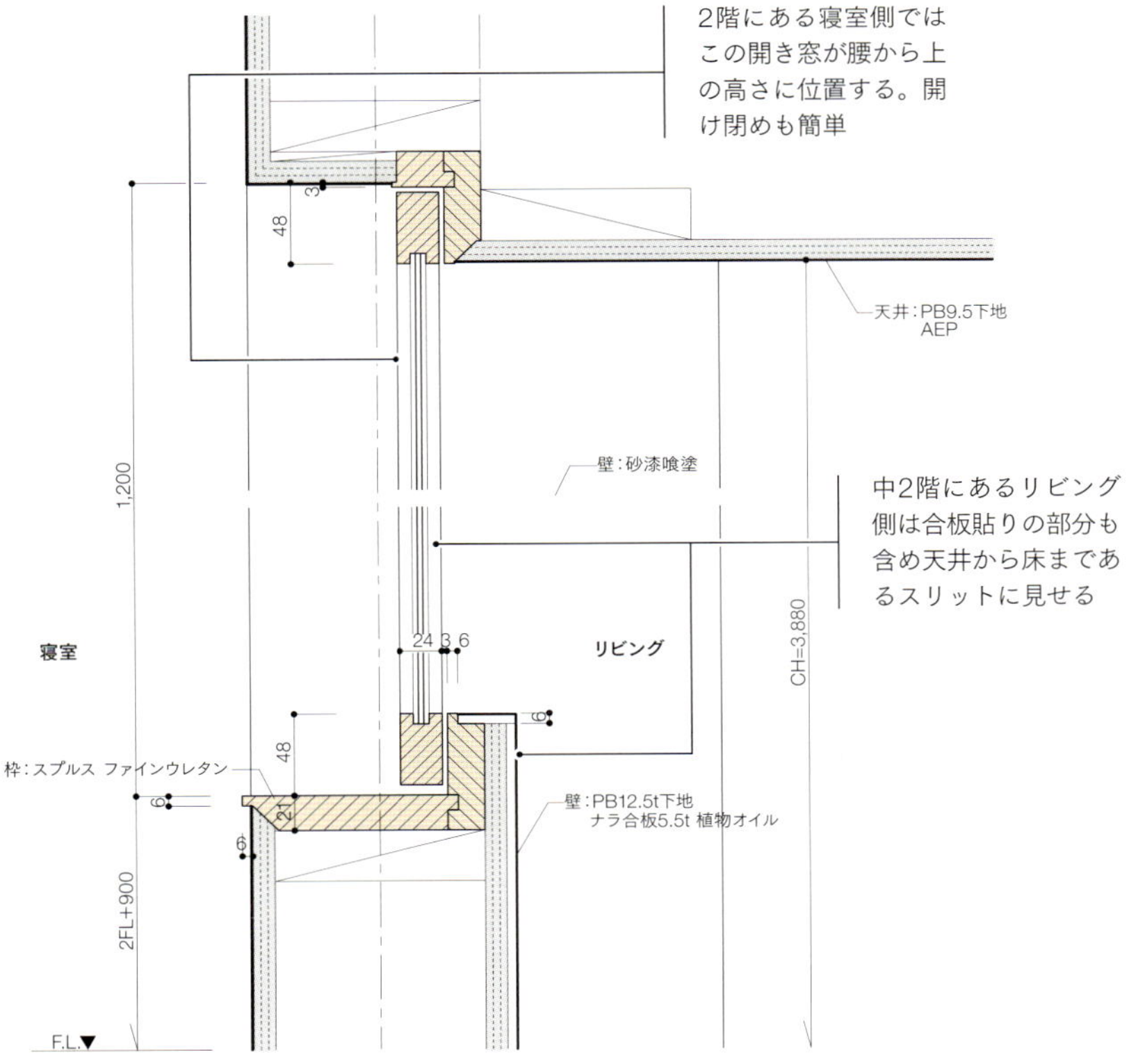

2階にある寝室側ではこの開き窓が腰から上の高さに位置する。開け閉めも簡単

天井：PB9.5下地

中2階にあるリビング側は合板貼りの部分も含め天井から床まであるスリットに見せる

壁：PB12.5t下地
ナラ合板5.5t 植物オイル

リビング側から室内窓を見る。枠だけでなく框も隠しているので、窓というよりはスリット。ナラ合板を貼った部分も合わせ、リビングの壁にアクセントをつけている

寝室側は、小さな木製框戸がインテリアを引き締めている

「稲毛の家」50頁

開く・閉じるのバランスが肝

狭小住宅の設計をする際は、「開きすぎる」ことのないよう気を付けなければなりません。ただただ必要と思われる場所に窓を開けていくと、壁に比して窓の量が多くなるなど、落ち着きのない空間になってしまいます。窓の役割や大きさ・開閉方法を吟味し、窓1つで廊下やほかの部屋まで照らすような工夫をして、開口部を整理することが大切です。外に開くところと壁にするところをバランスよくデザインしましょう。

にじり口のようなかわいい窓を設けたのは「包み庭の家」の和室。絞られた光が空間に静けさをもたらします。窓先は2坪弱のささやかな坪庭ですが、あえて小さな窓でトリミングすることで実際以上の広がりを感じさせています。

1 和室の小窓から見える坪庭はほんの少しだけ。壁で隠れた部分にも庭が広がっていると感じさせる

2 濡れ縁に出て坪庭を見る。奥行きはあるものの幅は狭い。畳の間から見ていたときとはひと味違った表情で、自然を感じる軒下空間になっている

常に大きな窓がベストではない

「包み庭の家」
断面詳細図（部分）［S＝1：50］

2階の浴室から坪庭の緑を楽しむ窓は、その先にある目隠し壁との関係からサイズを導き出す。窓が大きすぎるとプライバシーが保たれないし、壁を大きくしすぎると自然光が庭に届かなくなる

濡れ縁に反射した光が天井に届き、曲面に陰影のグラデーションをつくり出す。都内にいることを忘れるほどの静かな空間だ

坪庭と和室をつなぐのは90㎝角くらいの小さな窓。膝をつけば出入りも可能

軒下の小さな濡れ縁は自然を身近に楽しめる場所。ここで月見をするのも楽しい

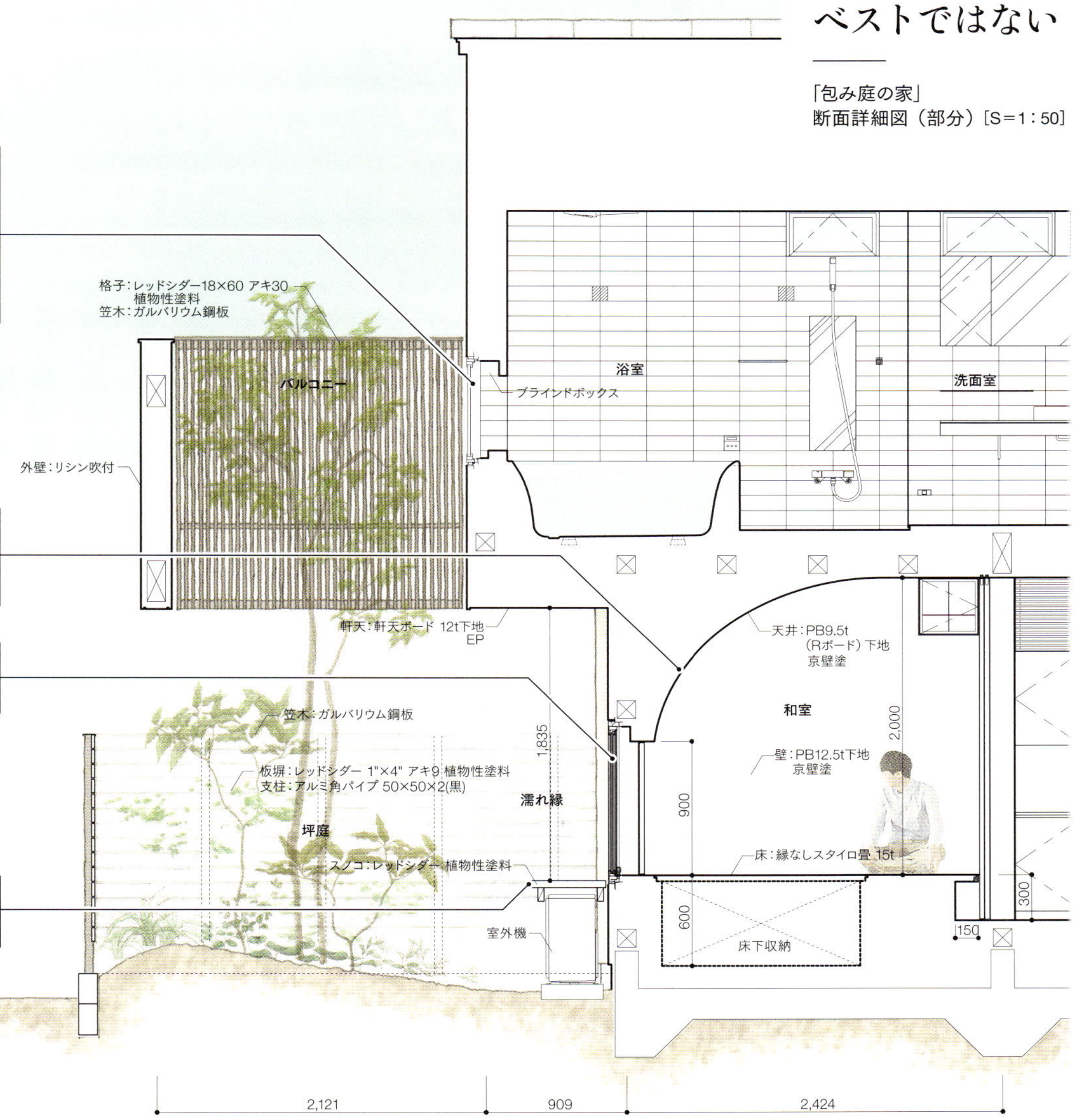

開口を絞る

「包み庭の家」
1階和室廻り平面図（部分）
［S＝1：75］

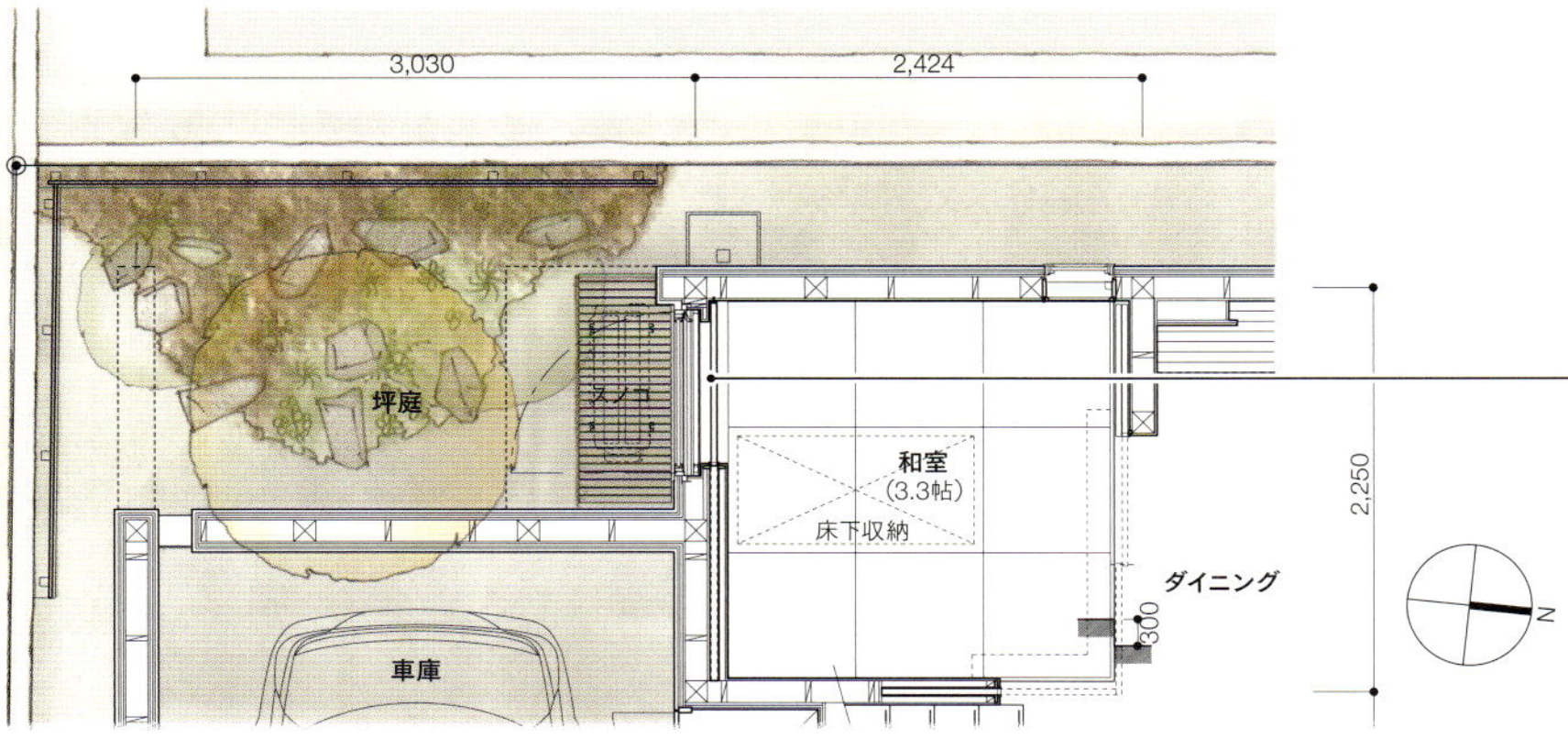

3帖大の和室に設けたメインの窓。90㎝角ほどの大きさで、坪庭の緑をうまく切り取っている

「包み庭の家」38／122頁

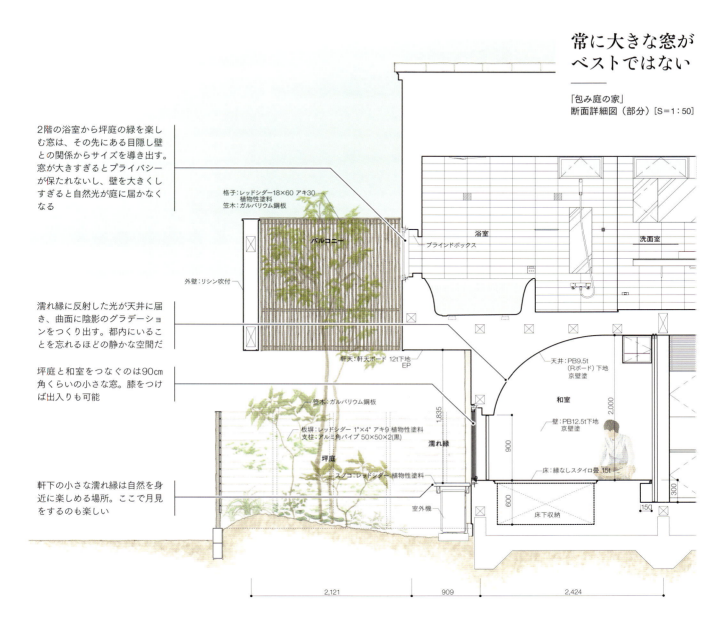

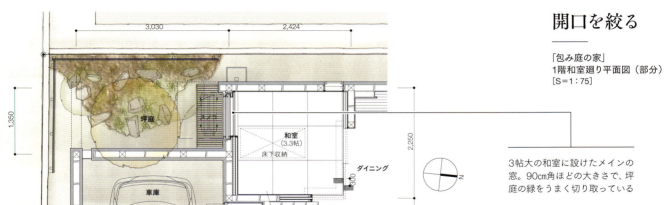

緑と光を呼ぶ ハイサイドライト

道路側に窓を設けたいが、外からの視線が気になる……。そんなときにはハイサイドライト（壁の高い位置に設ける窓）や地窓が有効です。

「宇都宮の家」では、茶の間の吹抜けにつくったハイサイドライトから、ケヤキ並木の緑が楽しめます。キャットウォークも設置したので、窓が高くて拭きにくいということもありません。夜には、キャットウォークに仕込んだライン照明の光が天井や左官の壁に拡散し、室内を優しく照らします。

茶の間の吹抜けに設けたハイサイドライト。キャットウォークは手摺の存在感をなくし、空間になじませている

遠景まで見通すハイサイドライト

「宇都宮の家」
断面図（一部）[S=1：100]

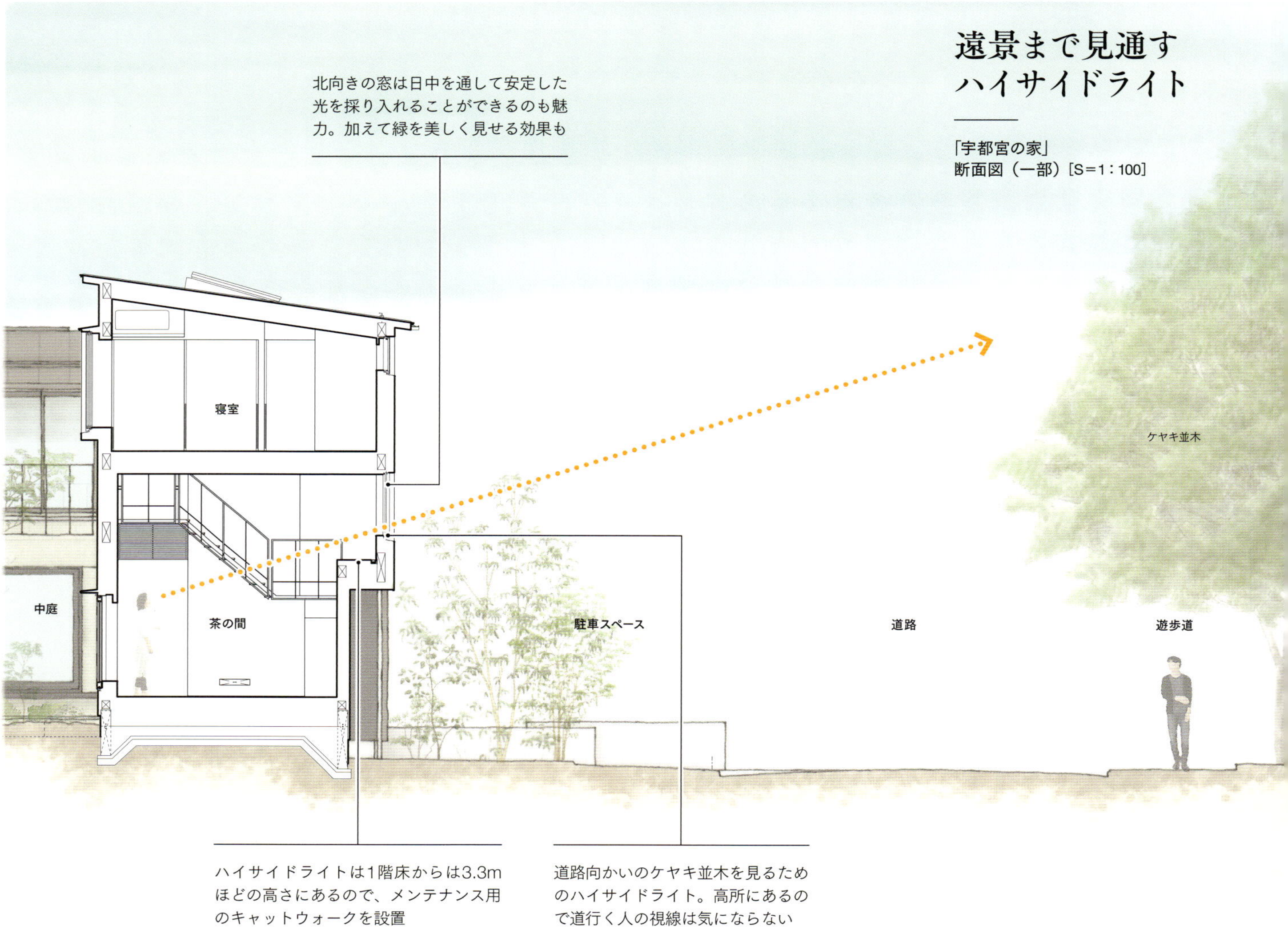
北向きの窓は日中を通して安定した光を採り入れることができるのも魅力。加えて緑を美しく見せる効果も
寝室
ケヤキ並木
中庭
茶の間
駐車スペース
道路
遊歩道
ハイサイドライトは1階床からは3.3mほどの高さにあるので、メンテナンス用のキャットウォークを設置
道路向かいのケヤキ並木を見るためのハイサイドライト。高所にあるので道行く人の視線は気にならない

敷地北側にある遊歩道のケヤキ並木を家の中に取り込むハイサイドライト。窓が額縁のように緑をトリミングする

キャットウォークも忘れずに

「宇都宮の家」
キャットウォーク断面詳細図
[S=1：6]

キャットウォークには目障りにならない程度のスチールの手摺を付け、落下防止柵にしている

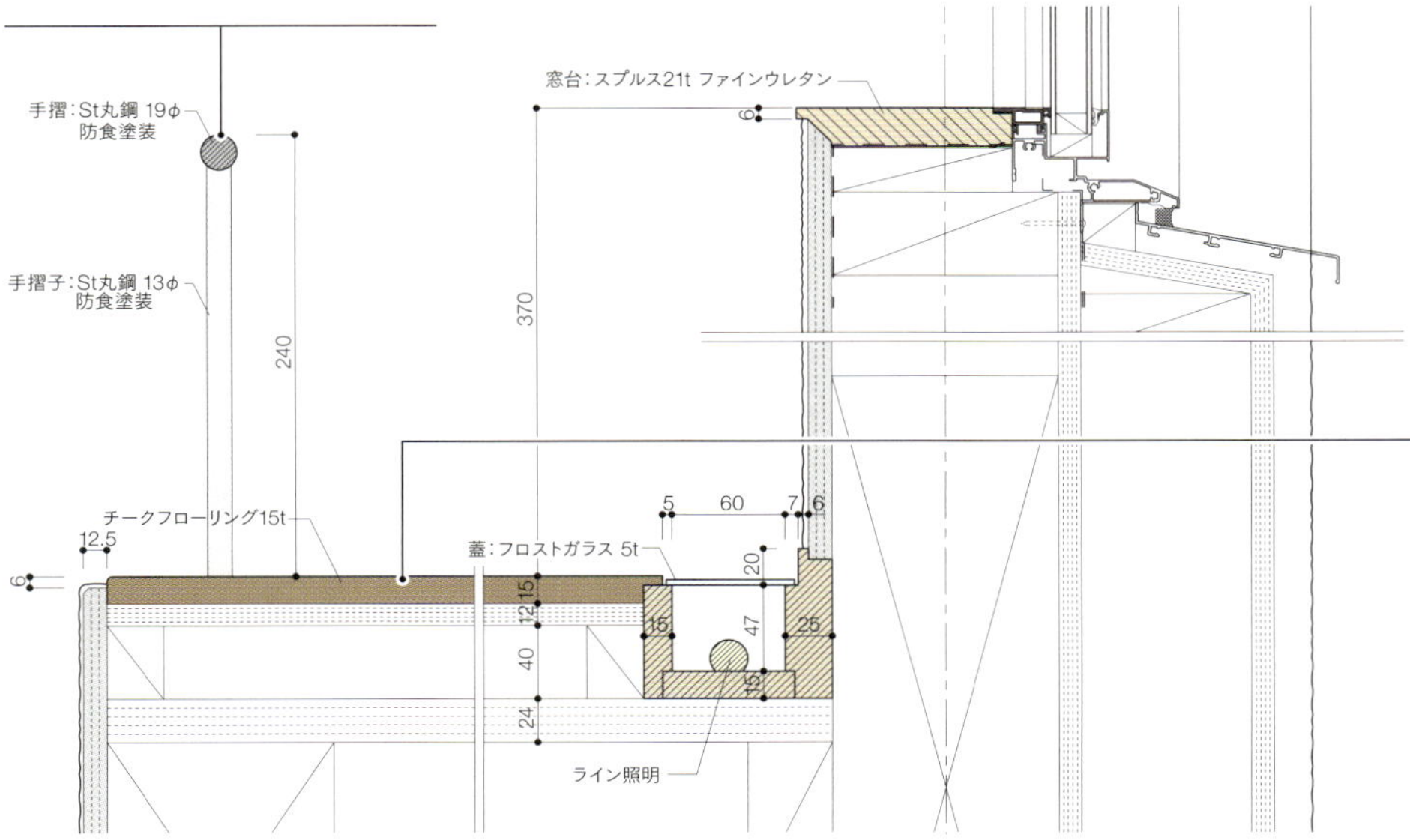

キャットウォークの幅は33〜75㎝。1階と2階のプランのずれがそのままキャットウォークの幅に表われている

「宇都宮の家」8／32／44／78／115／117／140／152頁

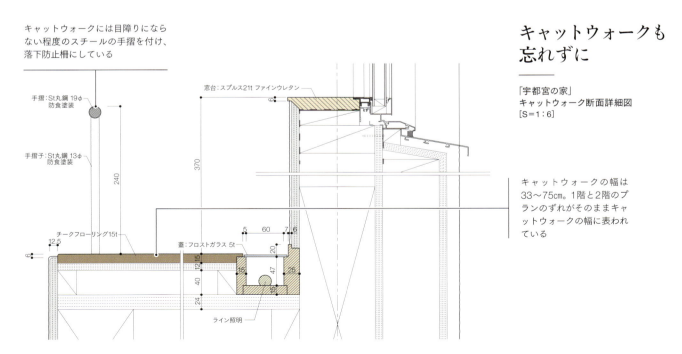

小窓こそ手を抜かず

真っ暗にしないとうまく眠れない――そんな人には寝室の遮光が重要になってきます。「つづら折りの家」の2階にある和室は、寝室として使う部屋。大きな掃き出し窓に設けた雨戸は、防犯対策というより遮光用です。昼間の日差しを和らげるために、障子も欠かせません。一方、東側にある小さな滑り出し窓には、遮光用に襖を入れることにしました。小窓のもつ軽やかさを損なわぬよう、襖と障子をつなげて1つの建具とし、1本引きの溝に建て込んでいます。光の操作も1枚の戸を開け閉めするだけ。静寂な和の空間にはさりげない仕掛けや動きが似合います。

1

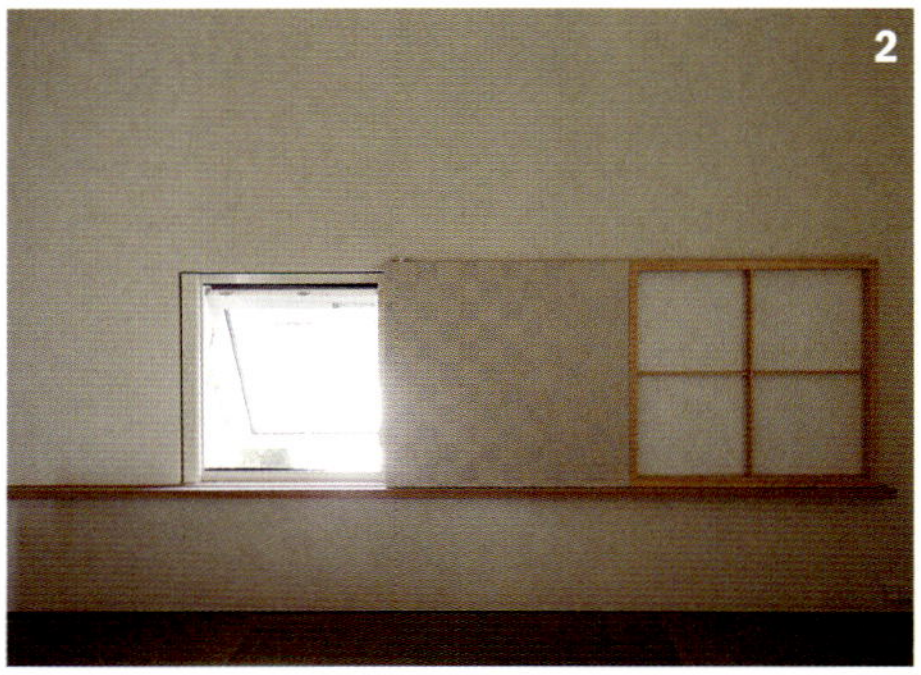
2

1 遮光したいときには、建具の襖部分を窓に合わせる
2 空気の入れ替えをするときには、建具を右に寄せておく

建具1枚で遮光も調光も

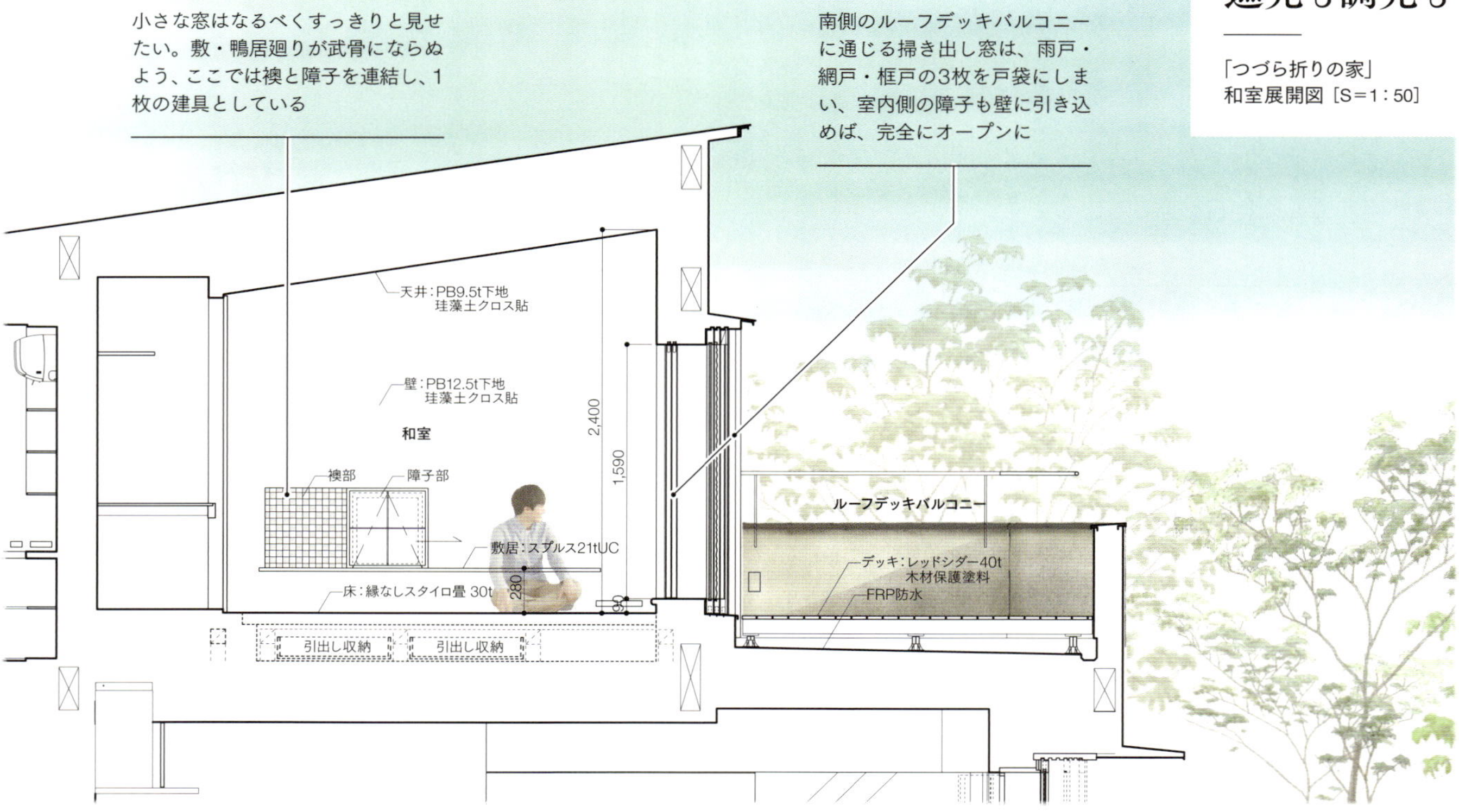
小さな窓はなるべくすっきりと見せたい。敷・鴨居廻りが武骨にならぬよう、ここでは襖と障子を連結し、1枚の建具としている
南側のルーフデッキバルコニーに通じる掃き出し窓は、雨戸・網戸・框戸の3枚を戸袋にしまい、室内側の障子も壁に引き込めば、完全にオープンに
天井：PB9.5t下地
珪藻土クロス貼
壁：PB12.5t下地
珪藻土クロス貼
和室
2,400
1,590
襖部
障子部
敷居：スプルス21tUC
床：縁なしスタイロ畳 30t
280
引出し収納
引出し収納
ルーフデッキバルコニー
デッキ：レッドシダー40t
木材保護塗料
FRP防水

「つづら折りの家」
和室展開図［S＝1：50］

窓より長く延びた敷居はシンプルな小棚のよう。市松模様の襖と障子は連結されていて、写真は窓前に障子が来ている。強い日差しは畳にもよくないので、和室には障子が必須

1本引きの襖付き障子

「つづら折りの家」
滑り出し窓廻り詳細図
（左：断面、右：平面）［S＝1：20］

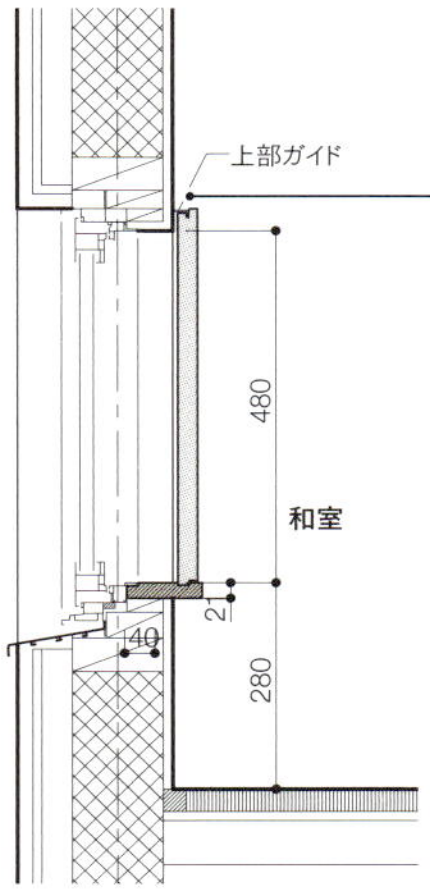

窓廻りをシンプルに納めるため、鴨居は省略、開口部上部にガイドのみ取り付けている

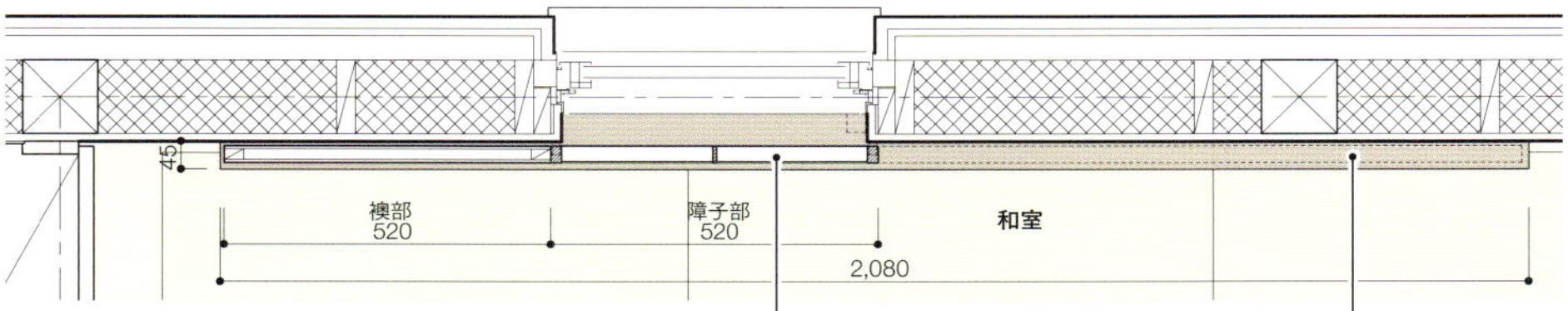

壁からの出をなるべく少なくするため、建具は1枚にしている

敷居は1本溝なので、出も45㎜と小さくすむ

「つづら折りの家」10／34／94／106／133／156頁

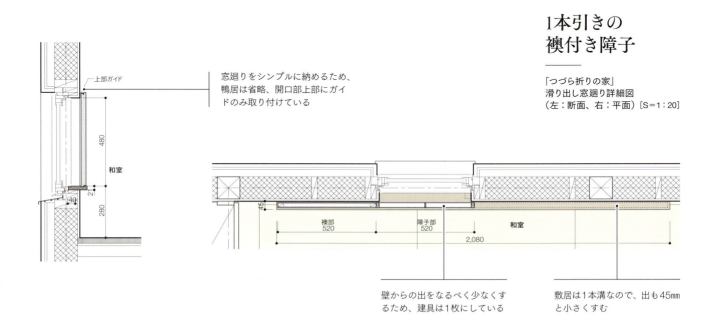

玄関ドアにもおもてなしの心を

家は多くの人の目に、それから心にも触れるものです。そのため素材を選ぶ場合は、機能性だけでなく質感も重要になります。もちろん手や足など体が直接触れる部分に使う素材は、触ったときに感じる軟らかさ・硬さや冷たさ・温かさも考慮します。

「元浅草の家」では、スチールの玄関ドアに風趣を添えるべく、錆《さび》塗装を施しました。洋服などに錆が付かぬよう、クリア塗装を重ねています。ドアハンドルはしっかりと握れるものでなくてはなりません。ここでは、人の手になじむ、楕円形断面のスチールパイプを長めのバーハンドルとして採用。開け閉めするときの握りがしっくりする角度を確かめたうえで、溶接しています。手が触れる部分には、細めの革ひもを巻いているので、冬場にスチールバーを握ってヒヤッとすることもありません。

奥まった玄関ポーチ部分。錆塗装したスチールドアは、レッドシダーの外壁と並んでも浮かない。ハンドル感のない、長さ2.19mのステンレスバーも貫禄がある

触り心地もいい玄関ドア

「元浅草の家」
玄関ドア部分平面詳細図
[S＝1：3]

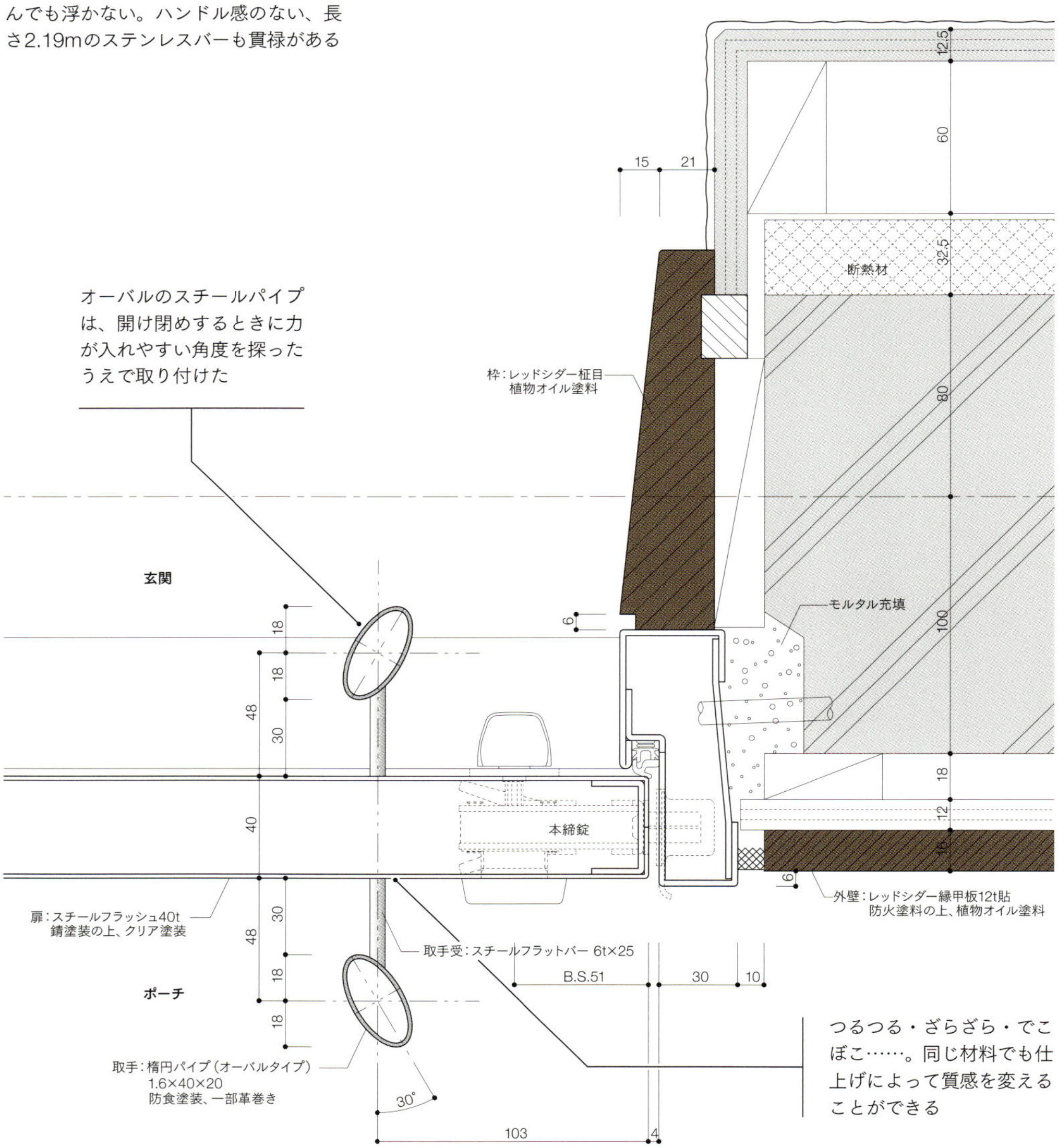

オーバルのスチールパイプは、開け閉めするときに力が入れやすい角度を探ったうえで取り付けた

つるつる・ざらざら・でこぼこ……。同じ材料でも仕上げによって質感を変えることができる

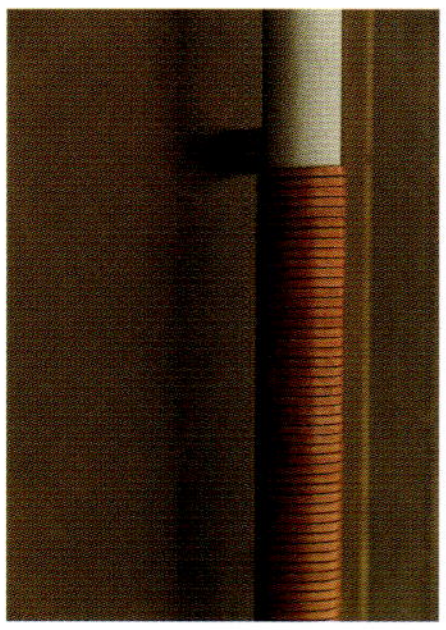

バーハンドルは握る部分だけに6㎜幅の革ひもを巻いている。硬く冷たいハンドルも触感がアップした

「元浅草の家」66／110／134／154／160頁

洗面所の扉は存在感を消して

ドアハンドルは意外に存在感があり、そこに扉があることを如実に語ります。「縦露地の家」では洗面室がダイニングキッチンと隣り合い、その扉はダイニングテーブルのすぐそば。そこでシンプルで目にうるさくないような取手を考えました。スチールの丸棒とフラットバーを組み合わせた取手は、フラッシュドアの面内に納まるよう掘り込んでいるので、建具全体がすっきりと見えます。

1 キッチン脇にある洗面室の扉。壁にはスリットをあけて、光の有無によって中に人がいるかどうかが分かる。壁の面材は、扉と同じ素材を使い、扉自身も存在感を抑えている
2 開き戸の取手を見込み48㎜と厚めの扉に埋め込んでいる

シンプルな掘込み取手

「縦露地の家」
取手詳細図［S＝1：2］

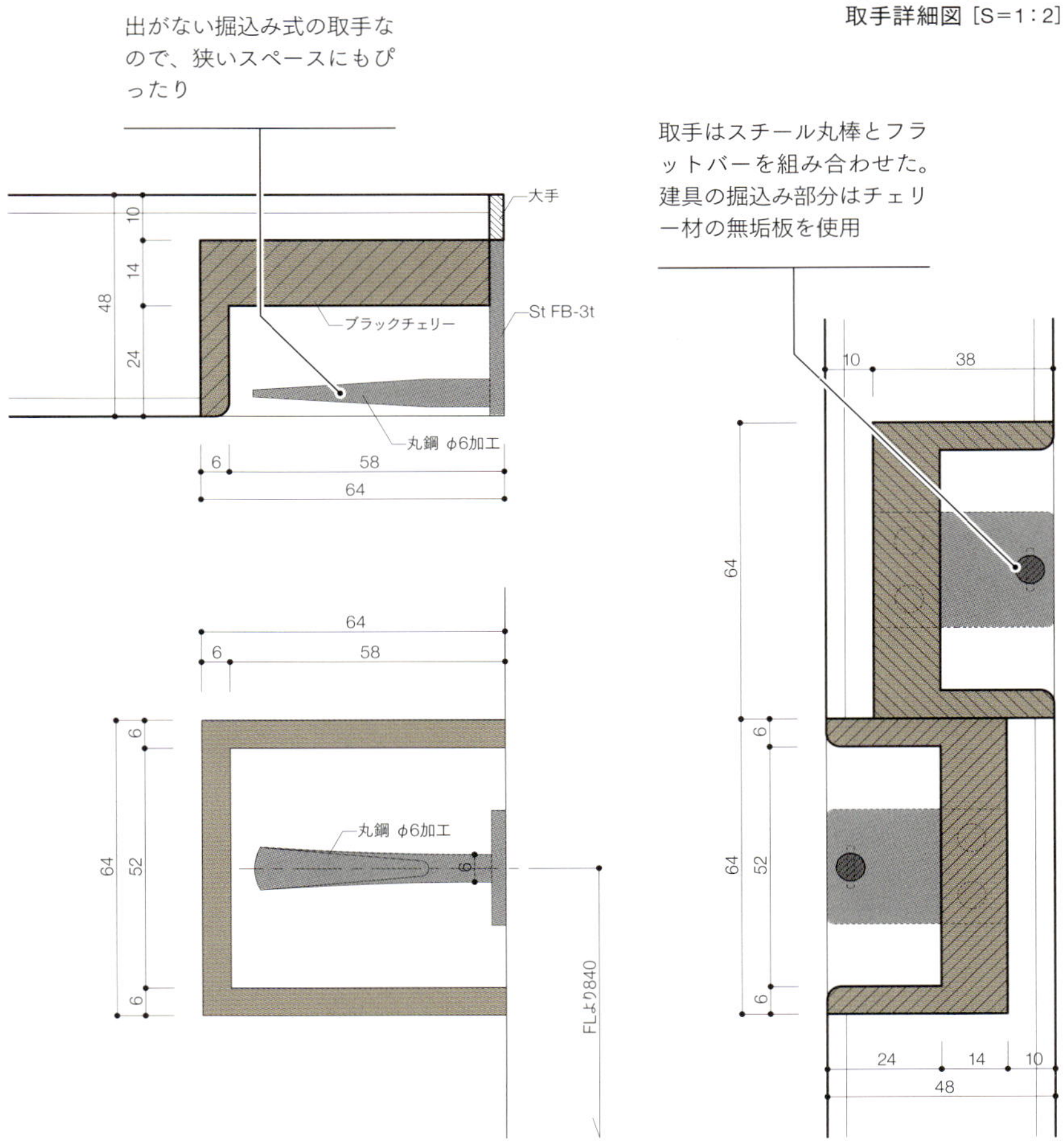

「縦露地の家」52／70／132／150／162頁

シンプル欄間で空間に一体感を

鴨居や窓・出入口の上部にある開口部を欄間といいます。格子や透かし彫りの板をはめ込み、装飾とする場合もありますが、採光にも通風にも役立つ優れもの。隣り合う空間をつなぎ室内に外の気配を伝える欄間は、現代の住まいにもフィットするはずです。

「縦露地の家」は建て坪わずか9坪、主寝室は5.4帖しかありません。そこで間仕切りを障子戸にし、上部に欄間を設けました。階段室の窓向こうまで視線が通るので、戸を閉めていても狭さは感じられません。欄間は何もはめ込まず、宙に浮かした細い鴨居とモダンな組子の障子を組み合わせたシンプルなデザイン。洋間ともよくなじみます。

欄間付きの障子戸からは、奥にある階段室、さらには窓越しの風景まで見通せる。狭小の空間に奥行きが生まれている

欄間で空間を連続させる

「縦露地の家」2階平面詳細図
[S=1：60]

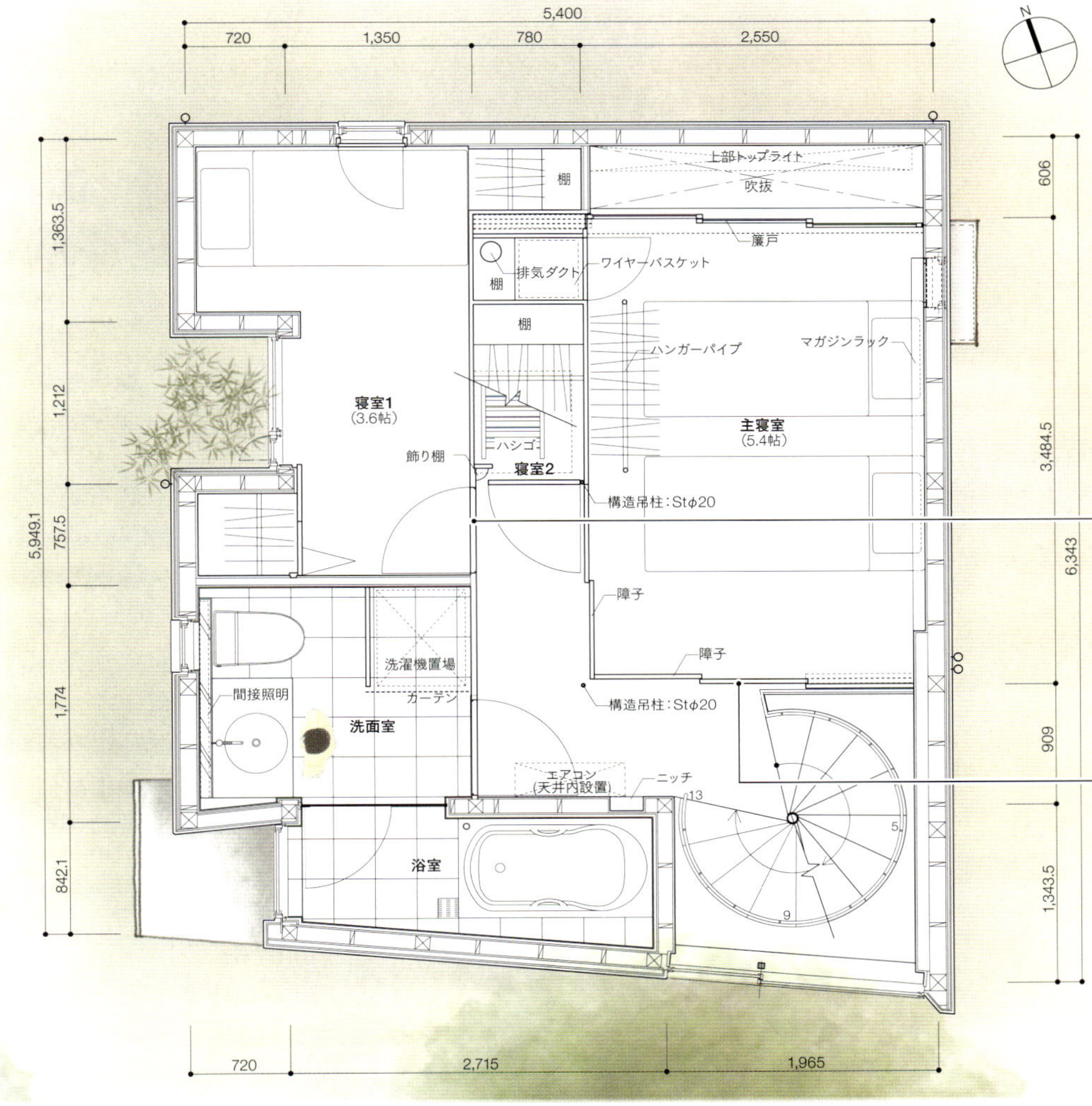

寝室1の出入口上部は、通風用に回転式の欄間を設置している

主寝室と廊下・階段室は、障子戸を閉めていても、上部の欄間でつながる。空間に連続性が生まれ、広がりが感じられる

古寺をヒントに

高山寺・石水院（京都）

京都・高山寺の石水院は鎌倉時代の作。オープンな欄間は蟇股(かえるまた)がアクセント

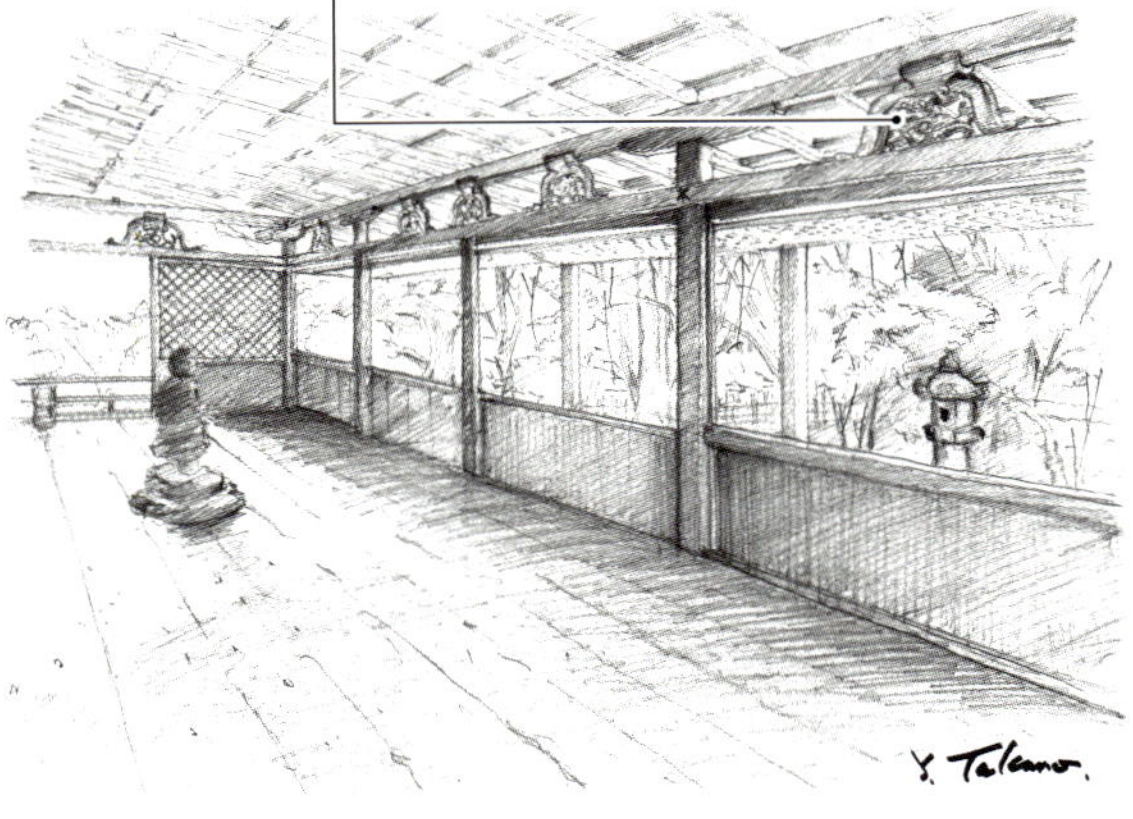

現代的な欄間をつくる

「縦露地の家」鴨居部分断面詳細図 [S=1：3]

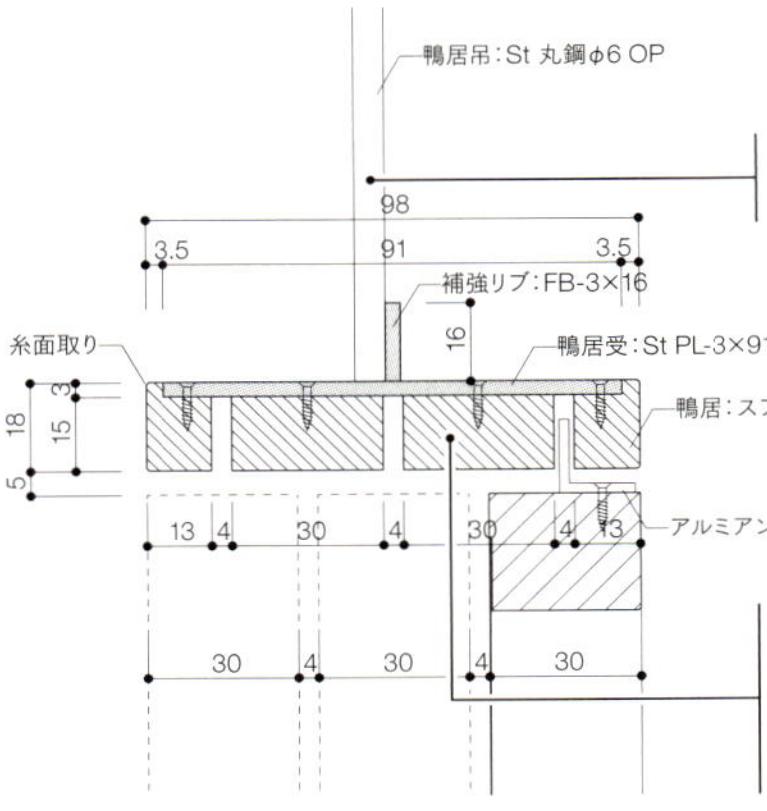

丸鋼の吊り束は約900㎜ピッチで入れている

鴨居はスプルスとスチールプレートで構成して、18㎜と細い見付けに

「縦露地の家」52／70／132／149／162頁

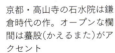

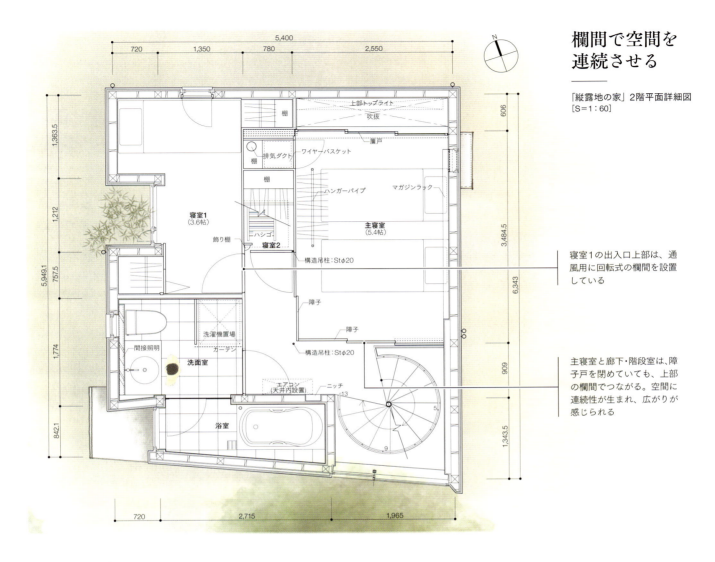

見てよし使ってよしの階段

「イスは人が座らない時間も長い。座りやすいイスにするのはもちろんだが、使わないときもインテリアの1つとして常に目に入ってくるものであり、見られるものとしてもデザインすること。仮にイスの機能がなくなっても、それでもそこに置いておきたくなるようなものをデザインすることである」

これは、僕の大学時代の恩師であり、造形作家である小野襄先生の教えです。これは、身の回りのモノすべてにいえることだと肝に銘じています。たとえば、リビングの一角にある階段。常に人の目に触れ、家族の心に何かしらの影響を与えています。上り下りしやすいのはもちろん、空間を美しく控えめに彩るものになっているのか、設計者は常に考えていなければなりません。

蹴込み板のない華奢なスチールの階段は、フラットバーや丸鋼などを組み合わせて強度を保つ

魅せる鉄骨階段

「宇都宮の家」
右：2階平面図（部分）[S＝1：80]
左：階段詳細図 [S＝1：20]

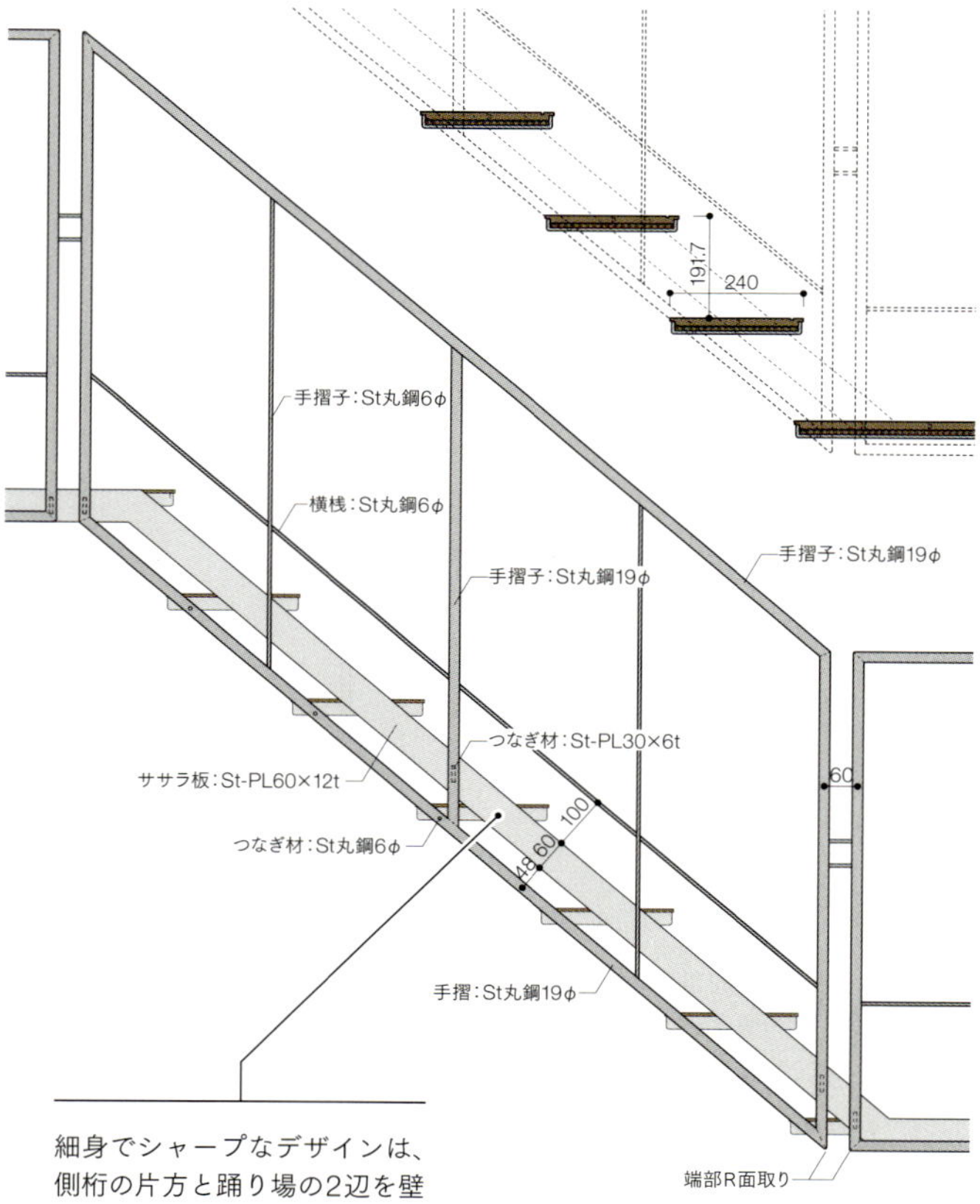

細身でシャープなデザインは、側桁の片方と踊り場の2辺を壁で受けるという条件があるからこそできる

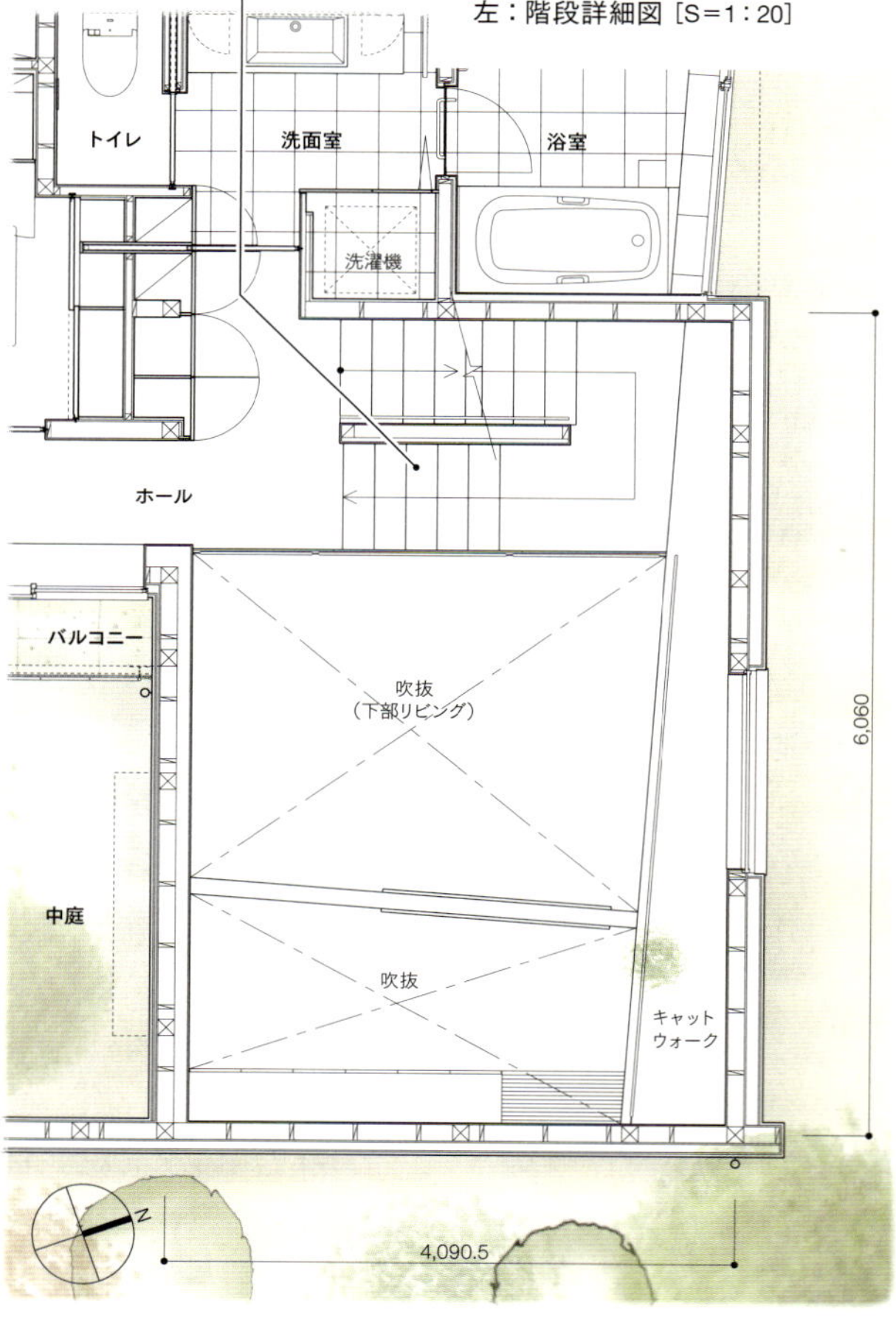

折返し階段の中心には壁を立て、片側部分だけをリビングから見せている

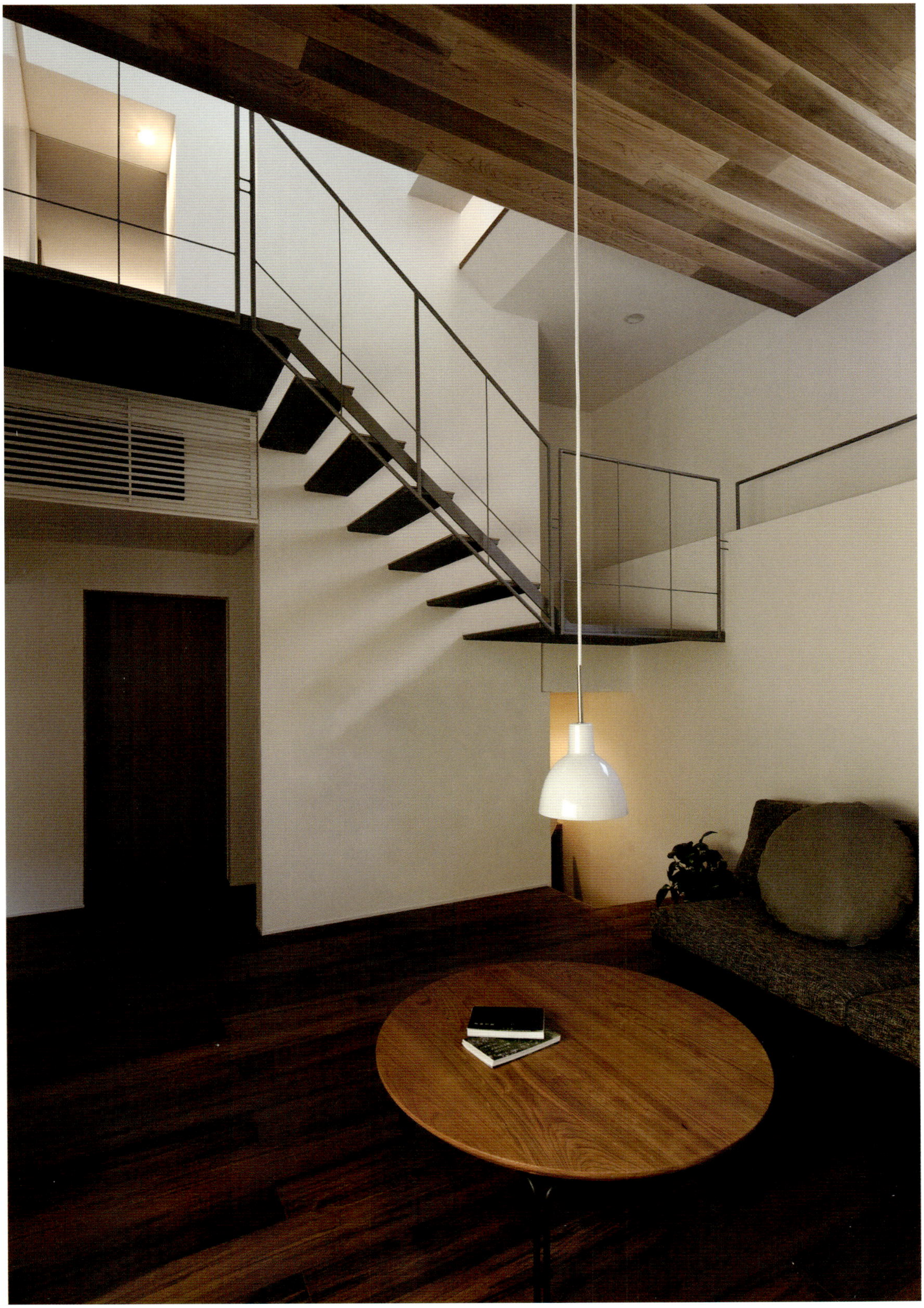

リビングから見える階段は、踊り場から上方、6段分だけで、空間にうまく溶け込んでいる。踊り場の下奥には小さな仕事場があり、灯りがリビングまで漏れている

「宇都宮の家」8／32／44／78／115／117／140／144頁

機能と意匠性満たすハイブリッド階段

階段の構造は建物本体のそれと必ずしも一致しません。機能性やデザイン性、経済性などを考慮し、個々の住宅に一番適した構造や素材で階段をつくります。もちろん異種構造を組み合わせることも可能です。

「元浅草の家」は鉄筋コンクリート（RC）造ですが、階段はRC造と鉄骨造のハイブリッド構造です。折返し階段のうち半分は床面の剛性を取るためにRC造に、残りは鉄骨造の透かし階段にして上下階に生活の気配や光を伝え合うようにしました。構造の違いが上り下りする際に気にならないよう、足や手が直接触れる踏板と手摺部分は共通の素材・形状でそろえています。

RC×S造の折返し階段

「元浅草の家」
上：階段廻り平面図［S=1：60］
下：階段部分断面詳細図［S=1：6］

折返し階段のうち半分（ELV側）はRC造にして床と壁をつなげ床面の剛性を確保。もう半分は鉄骨造にして華奢な部材を用い、蹴込み部分もなくしている

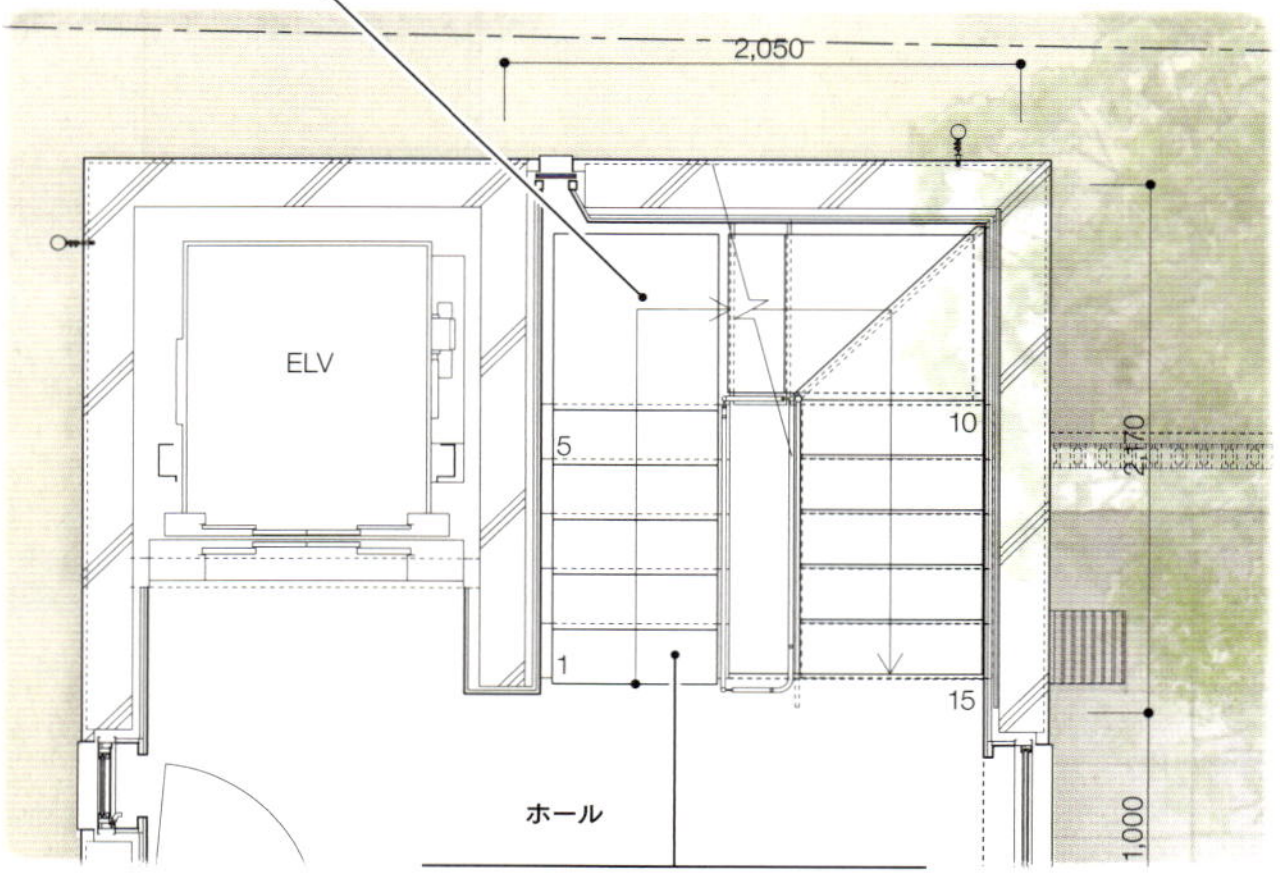

床のないホームエレベーターと隣り合うため、階段室で床の剛性を確保する必要があった

鉄骨造部分は、光や風、気配が抜けるようなデザイン

直接肌が触れる踏板の素材・形状は、全体で統一されている

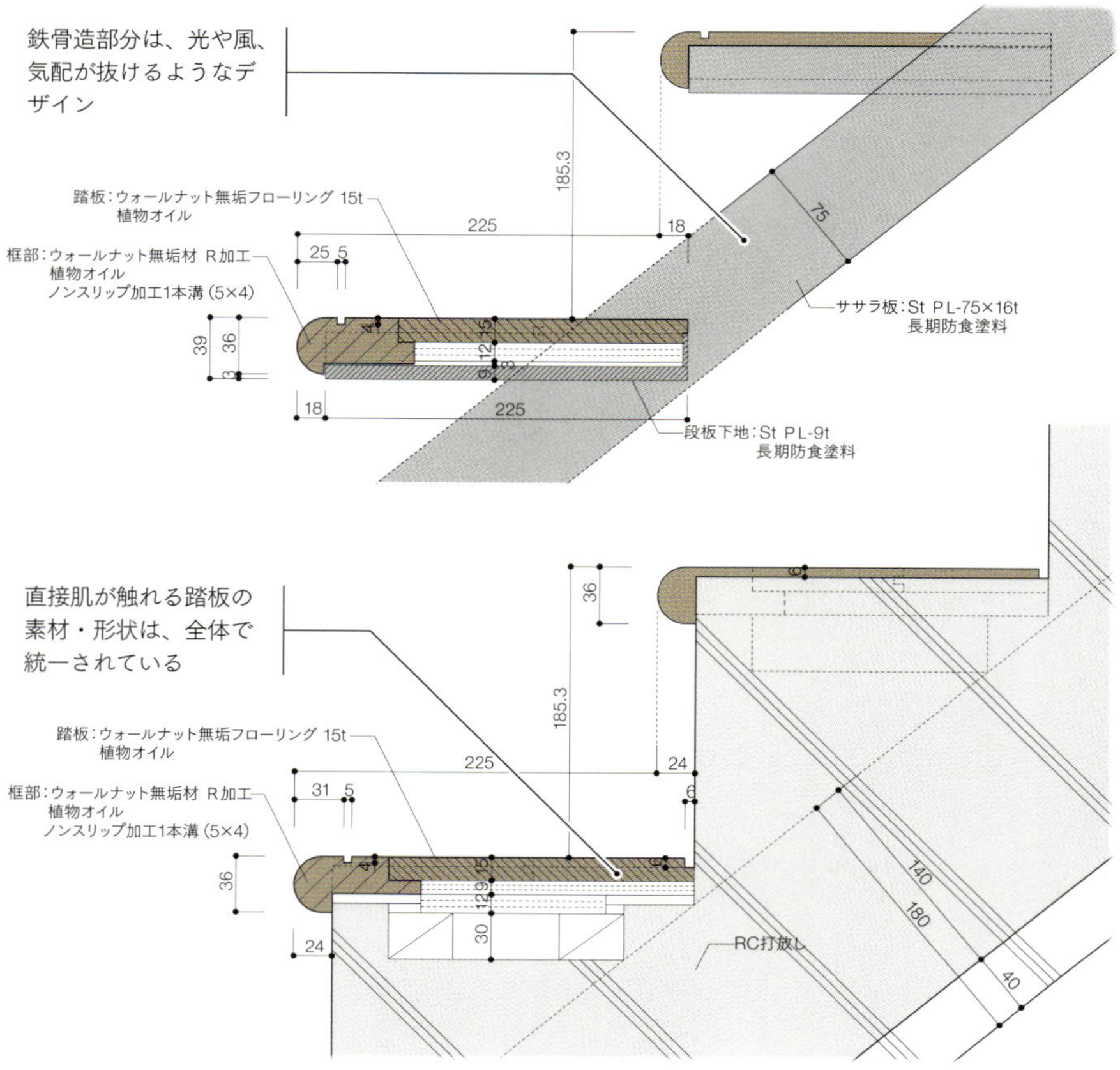

RC造と鉄骨造のハイブリッド階段。写真右手側が透かし階段になっている。手摺はすべてスチールでつくられている

「元浅草の家」66／110／134／148／160頁

シンプル・ベストなスチール階段

リビングやダイニングに設ける階段は、スムーズに上り下りできるだけでなく、その空間に違和感なくなじませることが必要です。「光辺の家」のリビング・ダイニングは14帖ほど、壁際につくったスチールの透かし階段が自然となじんでいます。華奢な印象ですが、部材には厚みをもたせ、要所に補強を施しているので、上り下りの際も安心です。

丸いダイニングテーブルの奥に見えるのは、2階へと続くシンプルなスチール階段。繊細な部材で構成した透かし階段は、上階からの光をLDKに落とす

空間になじむ透かし階段

「光辺の家」
階段部分詳細図［S＝1：6］

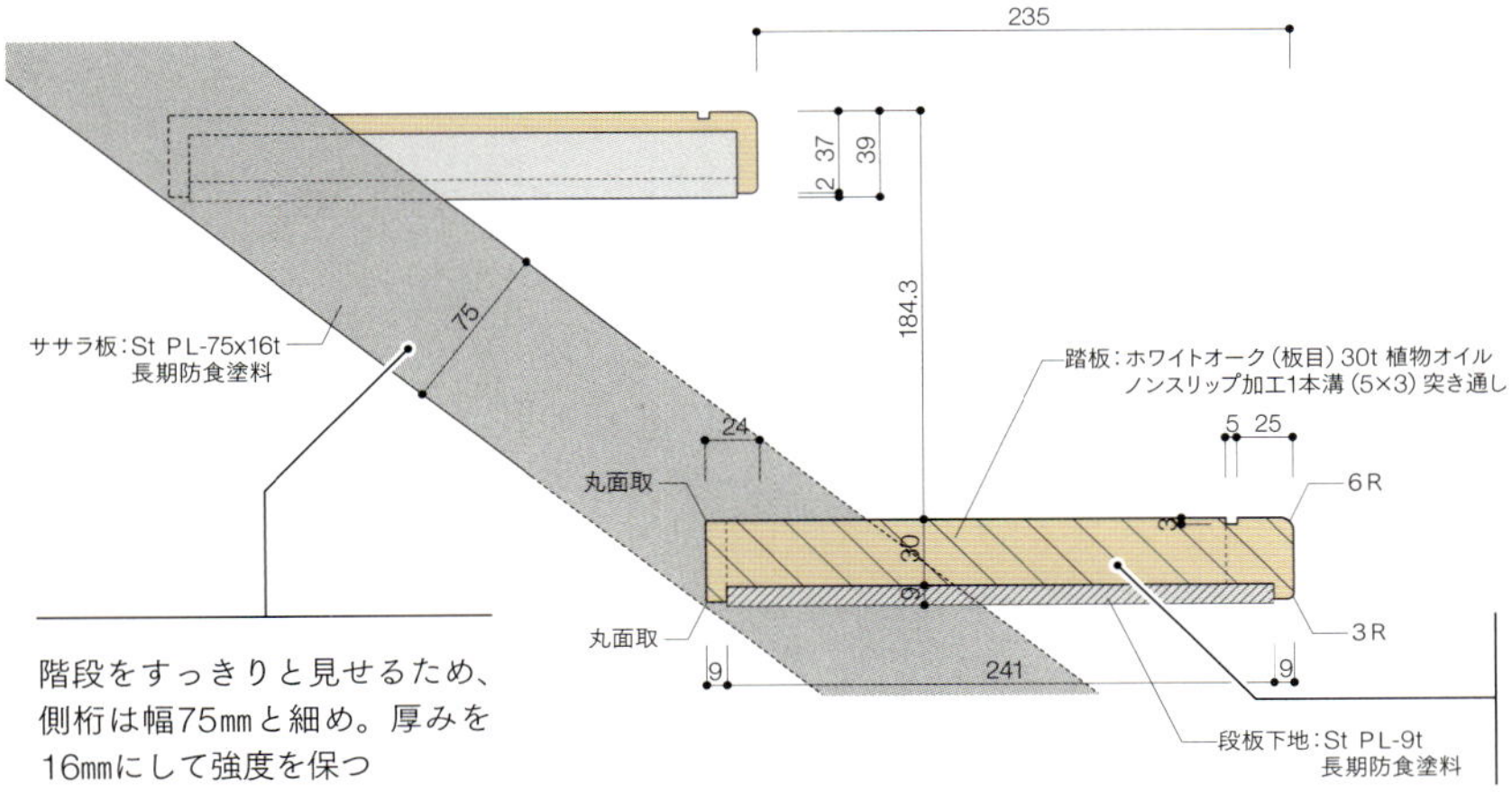

階段をすっきりと見せるため、側桁は幅75㎜と細め。厚みを16㎜にして強度を保つ

L形の折れ階段のうち、踊り場より上方、8段分のディテール。階高を抑えているので、計12段で上りきる

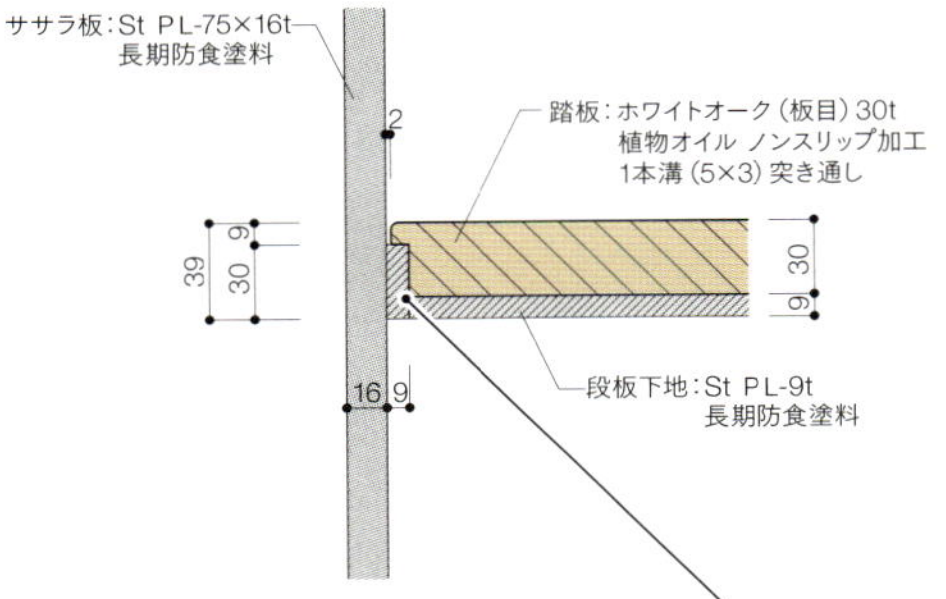

踏板は板目のオーク材。踏板の受けは小口をフラットバーで補強し、強度を増す

「光辺の家」12／24／46／92／128頁

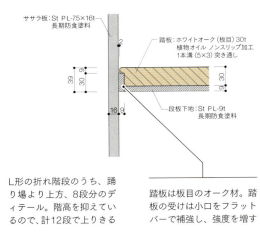

光を際立たせるシンプル家具

置き家具は思った以上に存在感があるものです。場合によっては、造付け家具にして建築になじませるほうがしっくりくる場合もあります。

「つづら折りの家」のリビングを演出するのは、トップライトから落ちてくる柔らかい光。この光を際立たせるには、静かで控えめなインテリアが必要です。そこで、建て主の希望であったソファや机、大小さまざまな収納は造付けにしてまとめ、壁と床に大きな余白をつくることにしました。壁に沿わせた階段は収納になっているだけでなく、一番下の段板が伸びたり折り曲がったりしてソファベンチや机を形づくっています。ここでは、家具そのものの機能をなるべく表に出さないデザインにすることが重要なテーマとなりました。

階段収納はそれと分からぬようなデザイン。収納扉の納まりや面材のチョイスにひと工夫が必要

階段上のトップライトから入る光が、リビングの白壁を明るく浮かび上がらせる。壁際の家具はすべて造付け。机やソファベンチ、収納などを階段と絡めて1つのものとしてデザインしている

階段から机まで1つに見せる

「つづら折りの家」
LDK展開図［S＝1：50］

家具はなるべくシンプルなデザインにして、存在感を出し過ぎない

階段下収納、カウンター収納、ソファベンチ、机はトータルでデザインする

大物の家具も造付けにすることで、空間にうまくなじんでくれる

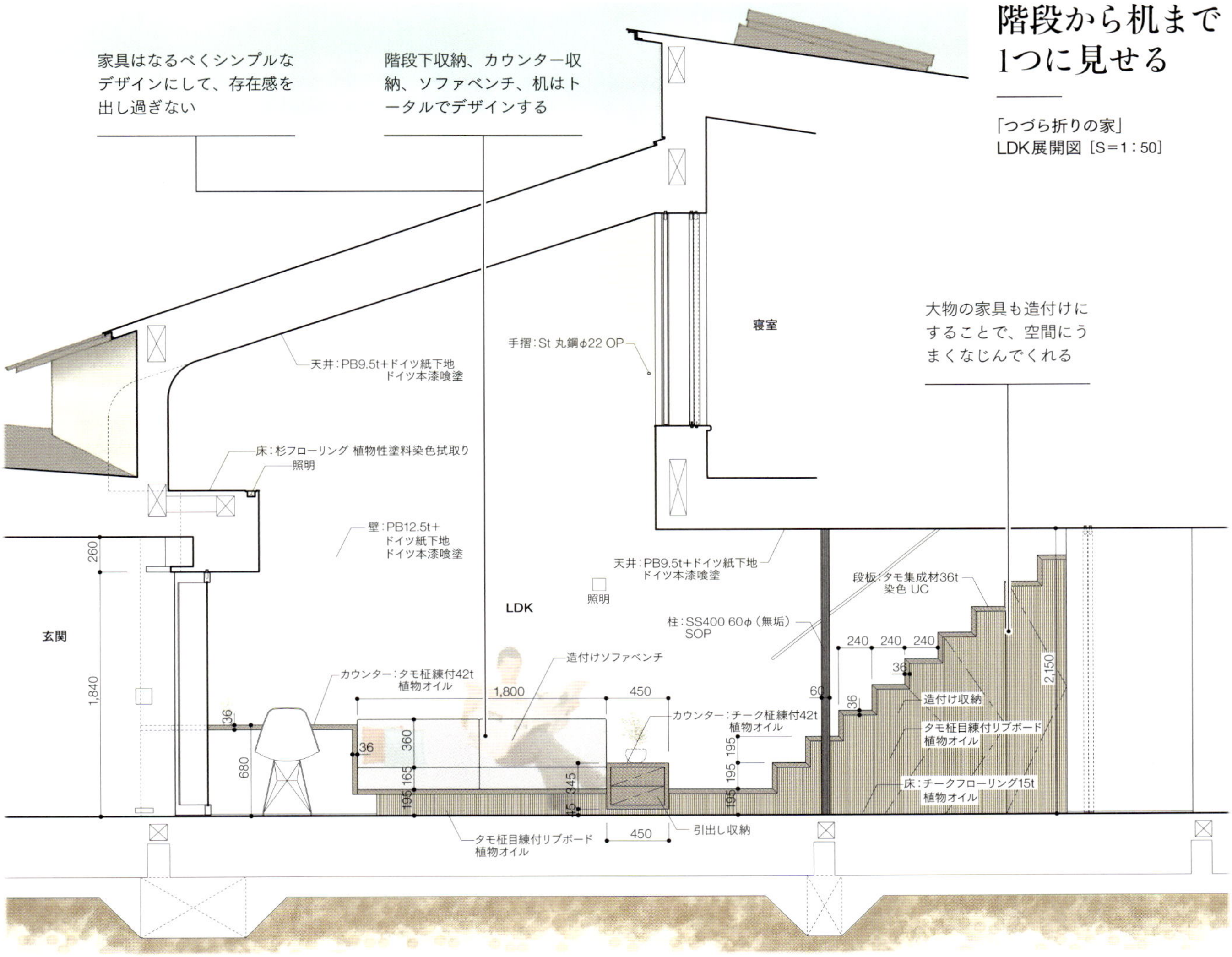

実際は4つの分割家具

「つづら折りの家」
LDK平面図（部分）
［S＝1：50］

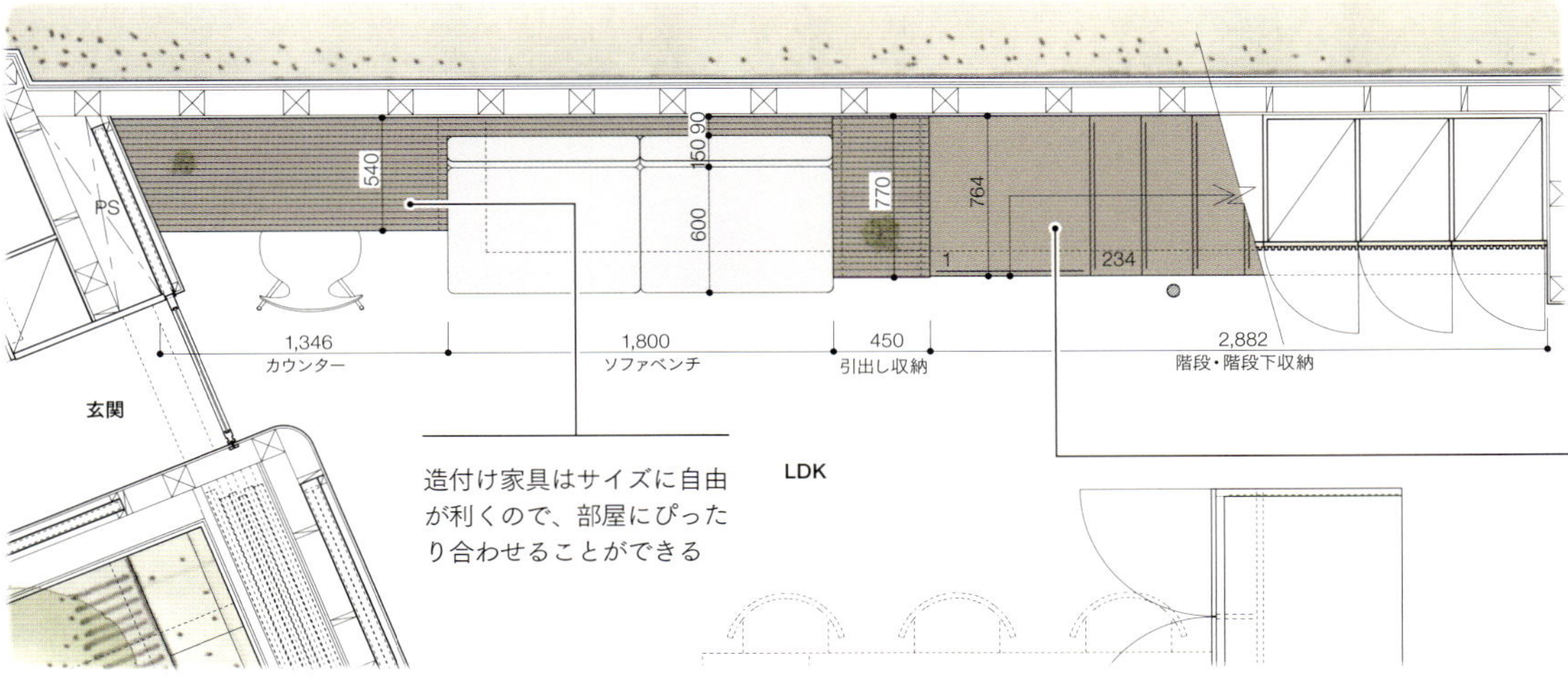

造付け家具はサイズに自由が利くので、部屋にぴったり合わせることができる

階段の段板が、ソファベンチの底板になったり、机になったり。要素を絞ってミニマル・デザインにする

「つづら折りの家」10／34／94／106／133／146頁

さりげなく優れもの

リビングの窓際に、床を1段低くしたピット（くぼみ、の意）をつくりました。2.1m四方ほどのこぢんまりとしたピットには、ソファベンチが造り付けられています。もちろん、床の段差部分を背もたれにして、直に腰を下ろしても構いません。家族や友人が膝を交えるような親密な空間です。

中心に置いたのは、かわいらしいオットマン。クッションを取り外し床に敷くと、座布団と小ぶりのカフェテーブルに早変わりする優れものです。小さな空間だからこそ、そのスケールに合った使い勝手のよい家具をデザインすることが大切です。

リビングの一角に設けた小さなピットは、温かみのある素材で仕上げている。囲まれ感が落ち着くピットには、窓越しの光と緑も欠かせない

小さなピットに合わせたオットマンテーブル

「常盤の家」
上：オットマンテーブル側面図・断面図［S＝1：10］
下：同詳細図［S＝1：2］

多様な用途に使えるオットマン。小さなピットに合わせて小ぶりにするだけでなく、控えめなデザインにしている

素材は造付けのソファベンチに合わせる。小さな空間では、なるべく要素を減らしてバランスを取る

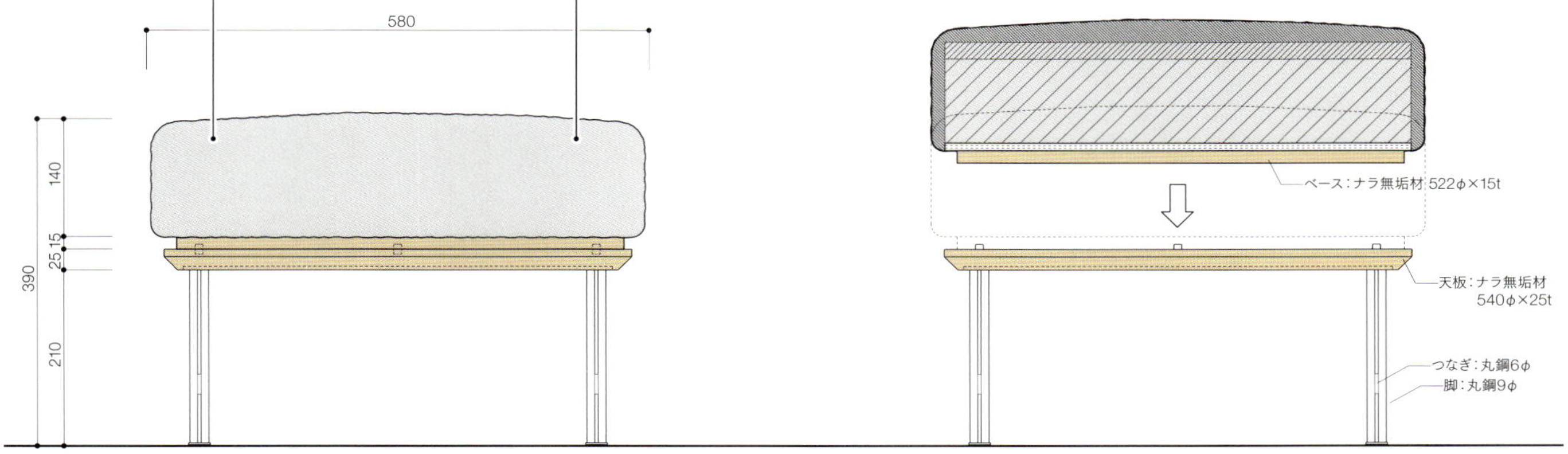

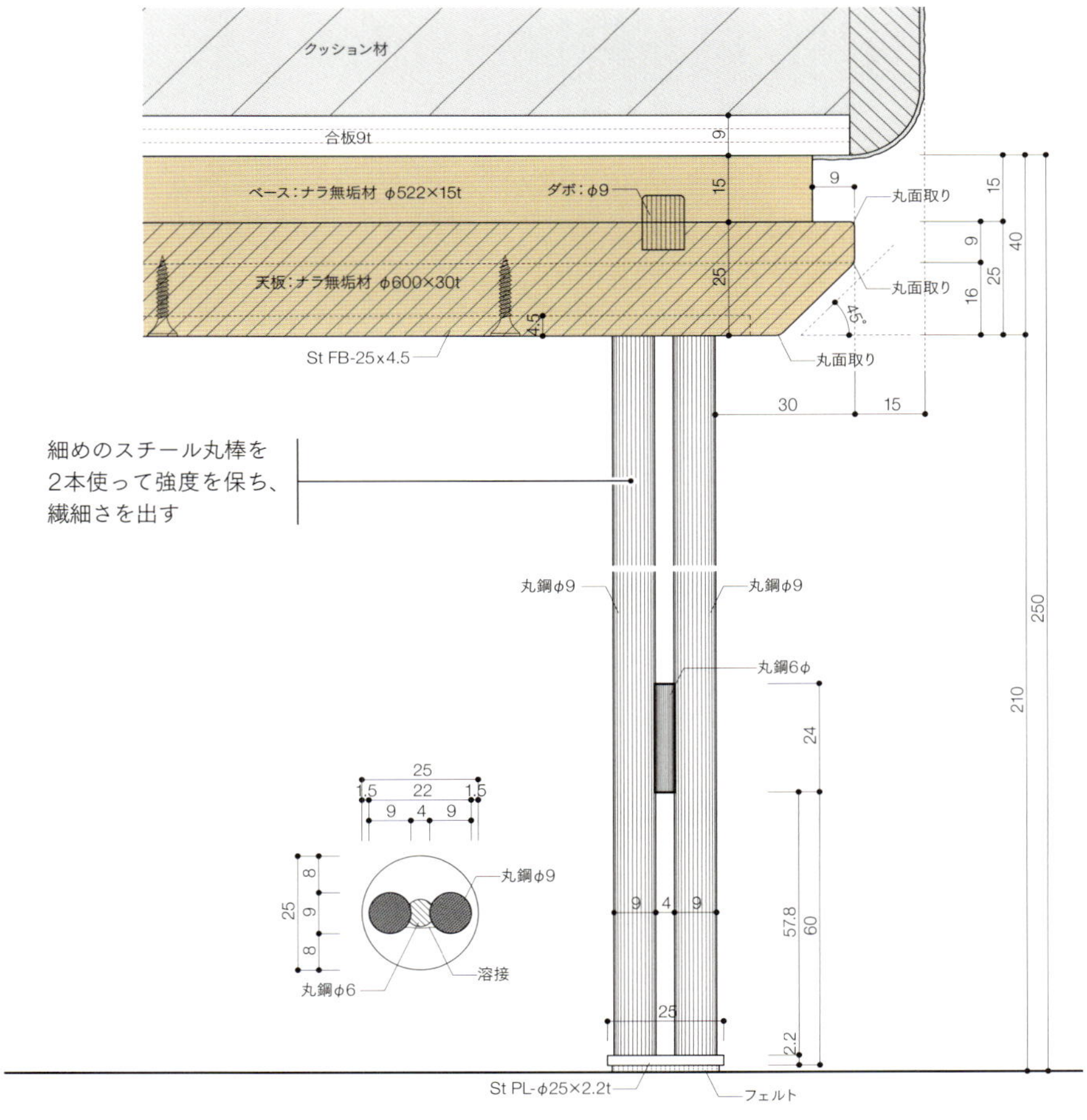

いつもはオットマンとして使うが(上)、クッションを外せばテーブルに(下)

「常盤の家」20／86／102／130頁

造付け家具のような小上がり

「元浅草の家」
小上がり断面詳細図［S＝1：15］

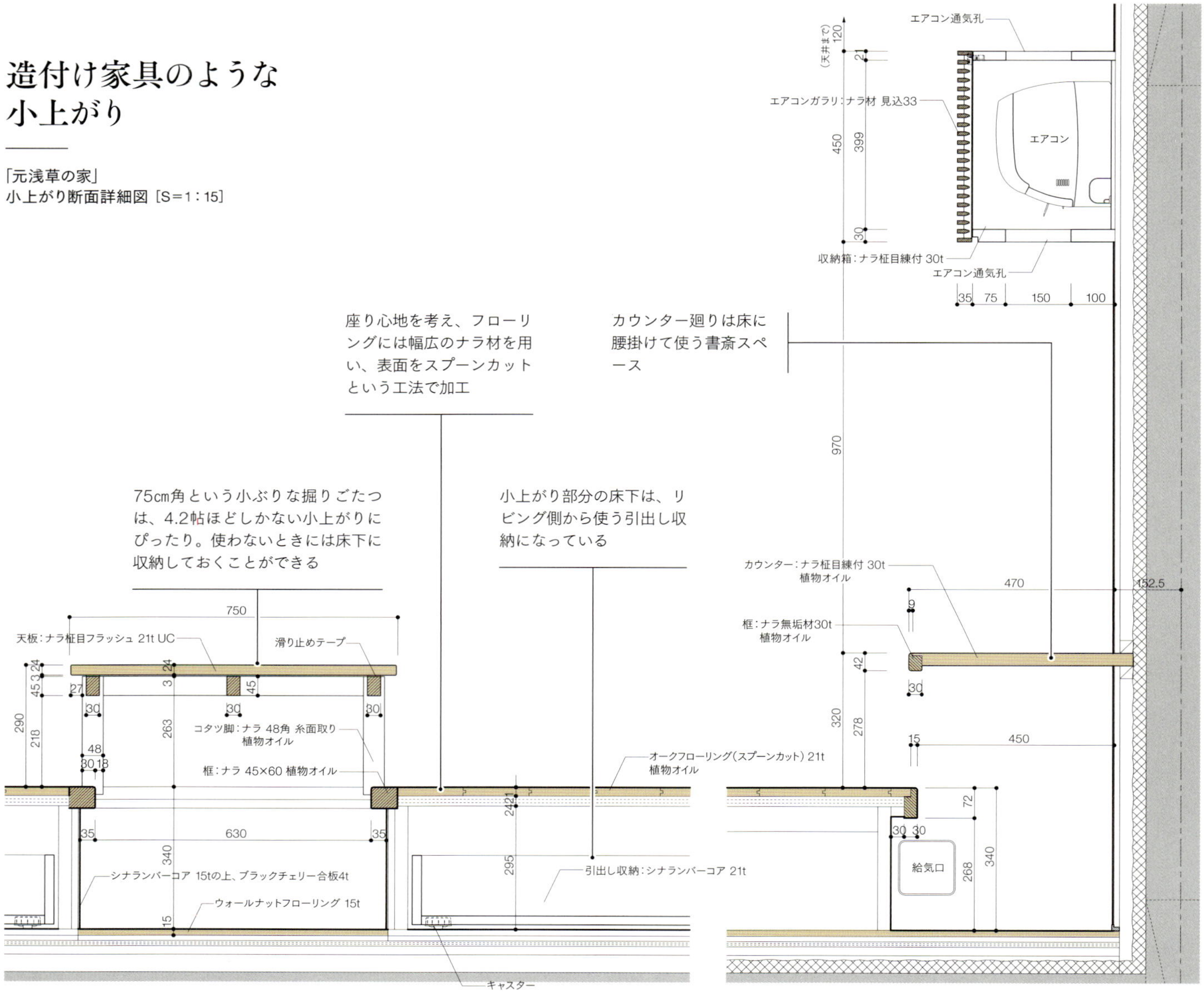

リビングの床面より34cm高い小上がりスペース。床板には手触り・足触りのよいスプーンカットのナラ材を使用。リビングの洋風インテリアにもうまくなじんでいる

床座がいい小上がり

日本人には「靴を脱ぐ」「床に座る」という習慣が深く染みついています。外から汚れをもちこまない、清浄な室内空間は床に腰を下ろしてくつろぐのに最適なのです。「元浅草の家」ではリビングの一角に小上がりを設けました。4.2帖と狭いながらも収納式の掘りごたつや書斎カウンターを設置。好みに合わせて床に座ったり横になったり、ベンチのように腰掛けることもできる小上がりは、家族みんなのお気に入りスペースになりました。床下には大きな引出しをつくり、十分な収納量を確保しています。

「元浅草の家」66／110／134／148／154頁

兼ねるデザインですっきり玄関

玄関は家の顔。そう広くはない空間なので、生活感が出るモノはなるべく収納し、すっきりと見せたいものです。飾り棚や手摺などを造り付ける場合は、シンプルにデザインすることを心掛けます。複数の機能を1つにまとめることができれば、うまく納まります。

「下高井戸の家」の玄関は3帖ほど、シュークロークが隣接しています。玄関にあるのは窓と1枚の飾り棚だけ。実はこのシンプルな棚は、靴を脱ぐ際に使う手摺を兼ねています。モノの少ない玄関に、地窓からのぞく中庭の緑が引き立ちます。

モノはないのに使いやすい玄関

「下高井戸の家」
上：玄関廻り平面図［S＝1：50］
下：同展開図［S＝1：50］

小空間だからこそ、窓の効果は絶大。それ以外のものはなるべく減らし、シンプルにまとめる

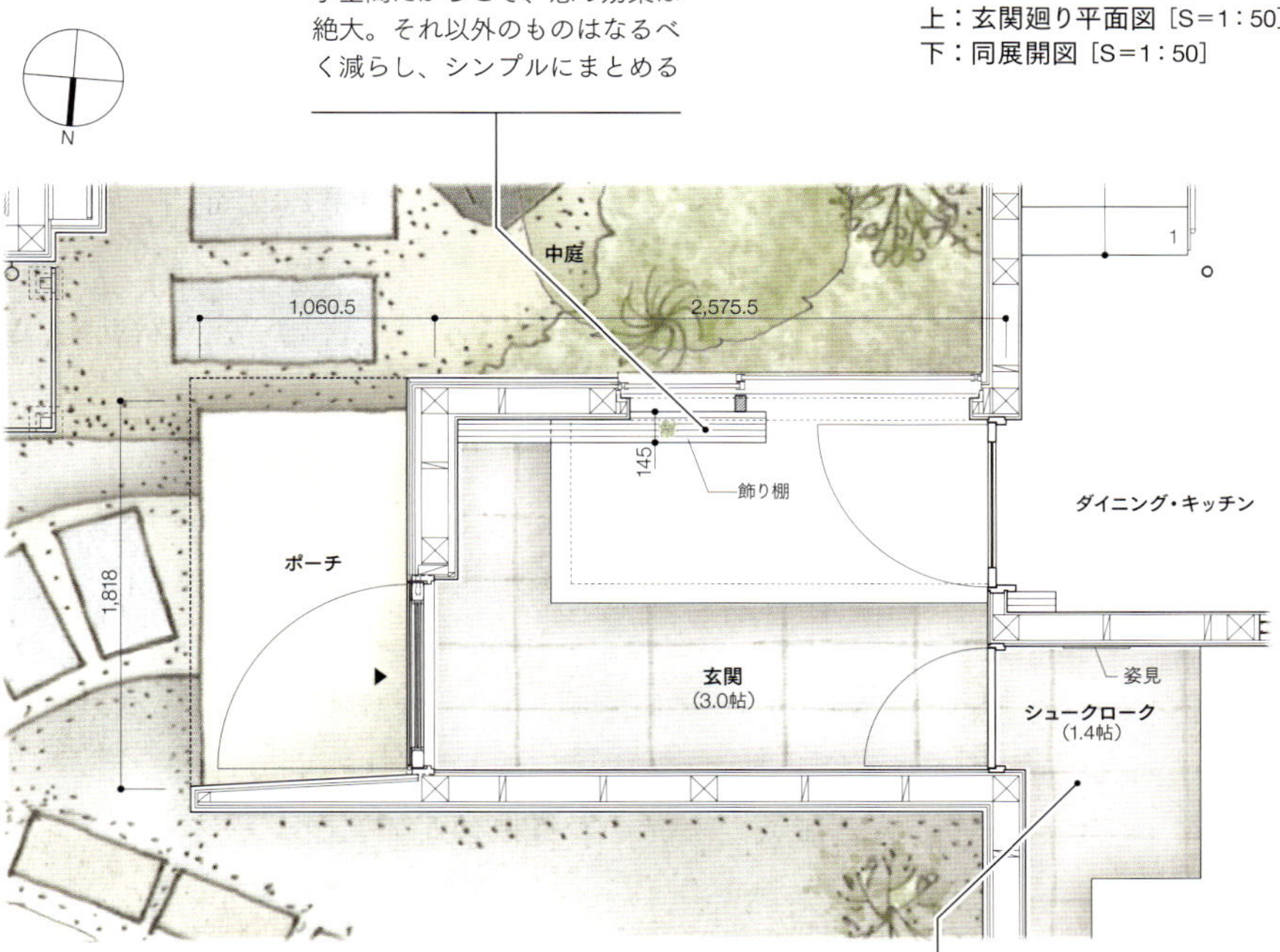

靴だけでなく掃除用具などもシュークロークにしまっておく

手摺を兼ねた飾り棚。あまりに機能が前面に出るデザインでは、限られたスペースがさらに狭く見えかねない

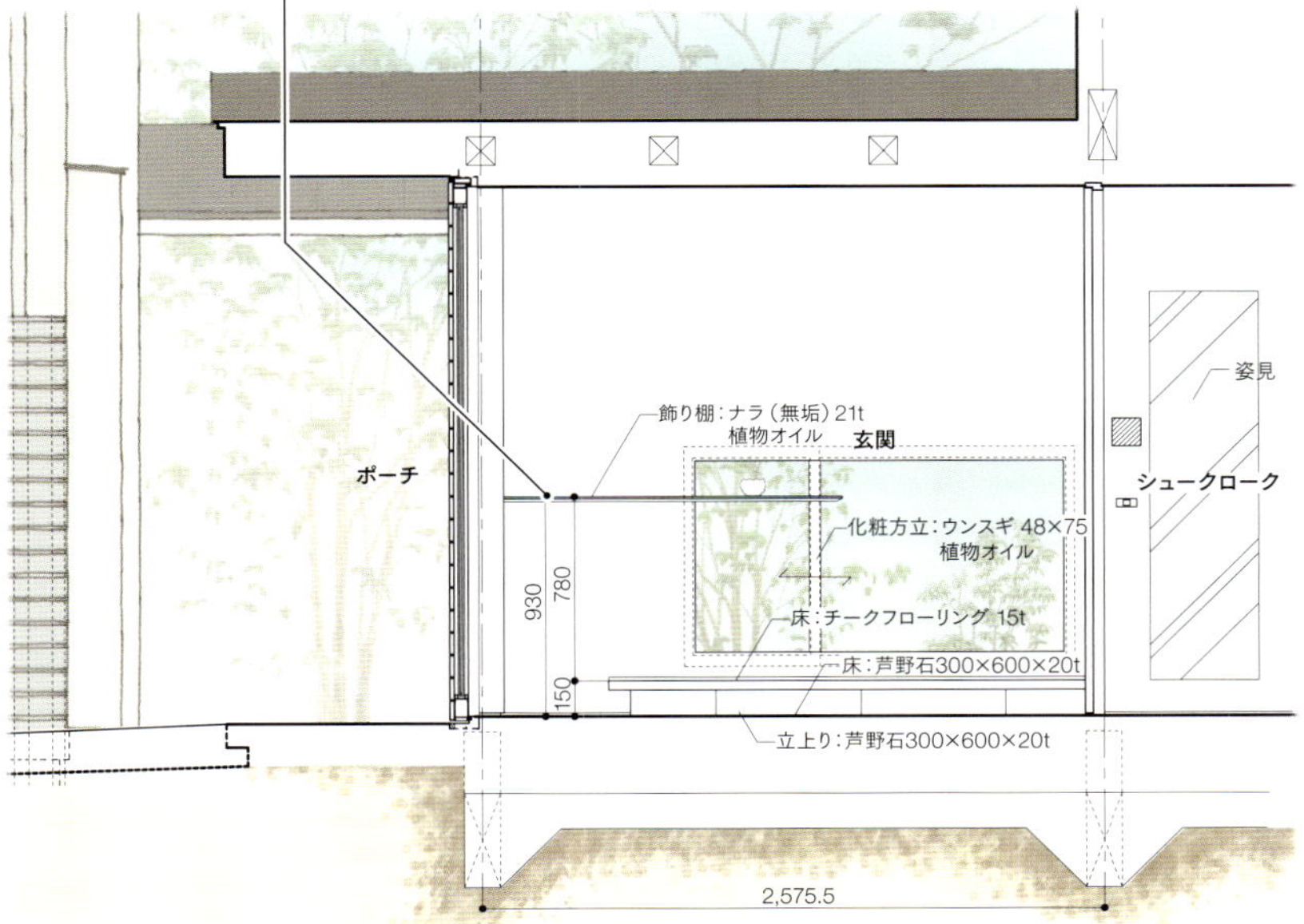

手摺を兼ねた飾り棚を窓に絡めて、使いやすく、美しく構成する

「下高井戸の家」74／84頁

小さな余白が暮らしを豊かに

住まいに余白を残しておくことは、設計において大切なこと。まっさらな壁があれば絵や写真を掛けられるし、たとえ隙間のようなスペースでも小物を飾るなど住み手自身の手が加わることで、暮らしを豊かにしてくれるのです。

建て坪わずか9坪の「縦露地の家」は、玄関を入るとすぐらせん階段が目に入ります。実はこんなスペースに余裕のない小住宅こそ、余白が生きるのです。吹抜けの壁に設けたニッチには、小さな彫刻や陶器が並べられ、家族や来訪者を温かく迎え入れてくれます。大きな窓前に置かれた小さな観葉植物は空間に安らぎをもたらすだけでなく、その先にある街路樹の緑との間に奥行き感をつくり出しています。

階段室に落ちる木漏れ日に、プランターや窓越しの緑、小さな飾りたちが家族の目を楽しませる

壁をへこませるだけ
使い方は自由

「縦露地の家」階段部分断面図［S＝1：20］

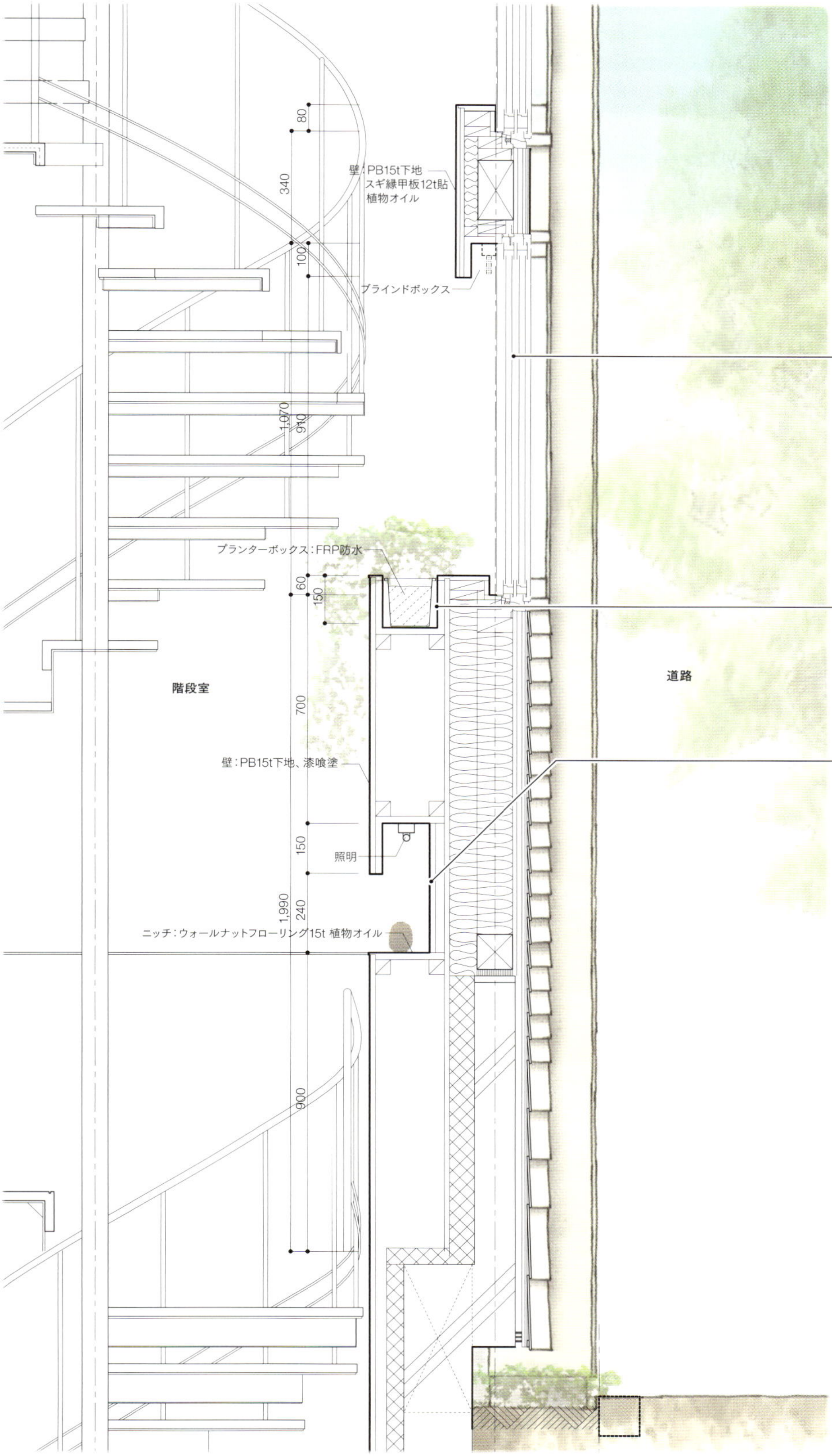

縦3層につながる大きな窓は街路樹のトウカエデを室内に取り込む。小さな住まいに視線の抜けや広がり、季節感をもたらす

窓前にはFRP防水を施したプランターボックスを設置。室内から屋外へと緑がつながっていく

壁の一部に横長のニッチをつくり照明を埋め込む。そこは、つくられた時代も来歴も異なる小物たちを飾る場所。飾ることは、暮らしを楽しむ要素の1つ

木漏れ日が吹抜けの漆喰壁に映る。階段室は刻々と変化する光や影を堪能できる空間

「縦露地の家」52／70／132／149／150頁

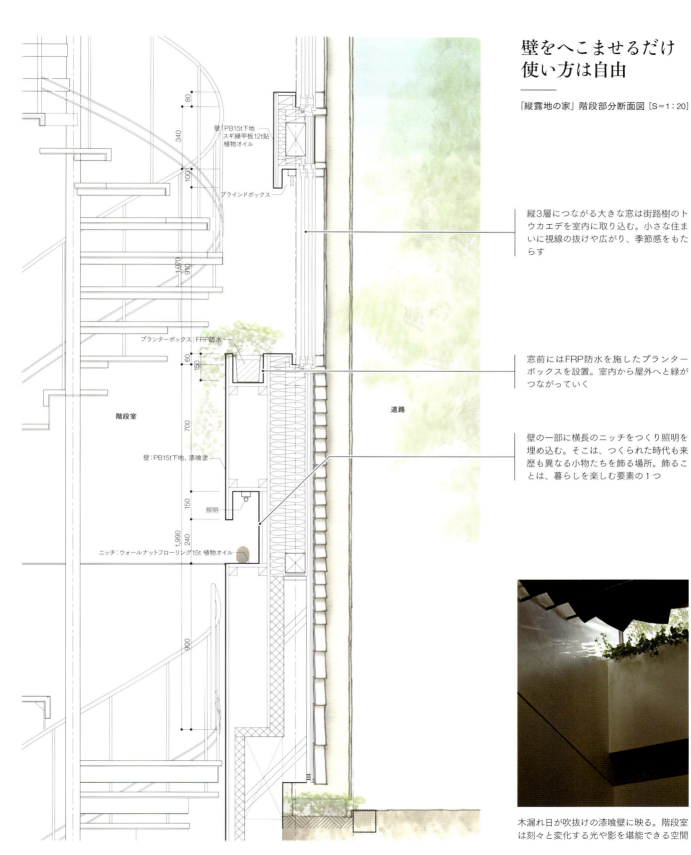

column

家をつくって・住んでみて

「つづら折りの家」※が竣工したのは今から3年前。建て主、野田さまご夫妻に家づくりの中で感じたご苦労、住み始めてから感じたことなど、お話を伺いました。

※10・34・94・106・133・146・156頁掲載

この家はまるで、魅力的な人物のようだ

「もう苦しくて息が詰まりそうだ」

誰だって、そういう気分になることがある。そんなときは、早く家に帰ろう。でもやっぱり寄り道して帰ろうかな、と思案するうちに家に着く。そうだ、我が家にも〝寄り道〟があった。敷地の入口から玄関まで、少しだけ遠回りしないとたどり着けない。家が〝つづら折り〟になっているのだ。直線ではなく、ジグザグに玄関まで進む。３つの門を開け、やっと家の中にたどり着く。立派なお屋敷のようだが、実は10歩程度の小さな道のり。「敷地に入り、緑の中を抜ける。歩く間に仕事モードからリラックスモードになる」――設計前の私の妄想を現実の形にしてくださった。玄関を開けるころはすっかり肩の力が抜けている。夢を見ているようだ。

「わざわざ二三歩、回り道をする理由が分からない」

設計のとき怪訝な顔をしていた妻も、今では笑顔で帰ってくる。

家族と家で過ごす休日。ずっと一緒にいると息が詰まる、なんてことは決してない。そう、我が家にはちょっとした〝止まり木〟がたくさんあるからだ。たくさんではなく、どこでもというほうが正しい。

客人がリラックスして居間で仰向けに寝転ぶこともある。その瞬間、天井に向かって「ああ、この景色、最高！」。住人の知らない、新たな発見もしばしばだ。あらゆる視点を考慮したつくりは造形を専門とされていたからだろうか。

子どもは目を輝かせて走り回り、大人も時間を忘れおしゃべりになる。住人、隣人、客人、通行人、すべての人に開かれた生活空間として、あらゆる視点に立ち、五感に心地よい設計をしていただいたのだ、と感じる。

空から見たドローンの視点でも映えるのはまさにその証拠だろう。とすると、鳥にとっても、まさに我が家は憩いの〝止まり木〟となっているかもしれない。

外界との緩やかなつながりを感じるから、休日も一日じゅう家にいたいと思う。しかし、決して怠惰な休日にはならない。空間を貫く、筋の通った哲学と矜持を無意識に感じ、自然と背筋を伸ばしてくれるからかもしれない。価値観を強制しない包容力と、ほどよい緊張感。凛とした佇まいに、愛嬌のある笑顔を見せる、まるで魅力的な人物のようだ。

理路整然としていて隙がない。無謬である。そんな姿勢が尊ばれる現代に、〝寄り道〟、〝止まり木〟、〝つづら折り〟。非効率と思えるこれらがなくなると、人はバランスを崩し、息苦しくなるに違いない。

住んで1年、ふと気づいた。「遊空間」ってそういうことだったのか。私も、この家のように生きていきたい。

（ご主人）

住まいの概要

つづら折りの家

構造規模　木造2階建て（１６８頁）
家族構成　夫婦2人
設計期間　２０１３年11月～２０１４年７月
工事期間　２０１４年８月～２０１５年３月

緑を切り取る窓

LDKの窓に入った雪見障子が中庭の景色をトリミングする

こもり感のある書斎

2段ほど下がった書斎。階段をベンチ的に使うことも

一日じゅう家にいて、飽きることがない

この家に来て、暮らしが一変しました。雨戸を開けると広がる朝一番の庭と、リビングに差し込む光が楽しみで、暗いうちから早起きに。庭木を生け、夫婦で朝食づくり。もみじの木で喧嘩をしていたのはムクドリか、今年のゆずはいくつ実るかなど、季節を肌身で感じる楽しさも話題に加わりました。

平日・休日を問わず家で過ごす時間が格段に増えたのは、家の内外どこにいても自然との一体感を味わえるから。家でしたいことがたくさんあるからです。階段に腰掛けて本を読みたい、収穫したジューンベリーでマフィンをつくってみたい。お掃除や片付け、庭いじりなど家のお手入れも楽しみのひとつになりました。2階の小上がりは、小窓から差し込む西日に名残の休日を感じながら新聞を読むのにうってつけ。引戸の開閉ひとつで大空間になるので、遊びに来た子どもたちにも大人気です。夕闇に浮かぶ障子の灯りは、まるで行灯のよう。毎日はいまだ、嬉しい驚きと発見の連続です。

なかでも、中庭が見えるリビングで家族や友人とくつろぐのは最高！のひとときで、外食はほとんどしなくなりました。壁際のソファ、階段、キッチン、2階。どこにいても、雪見障子に切り取られた鮮やかな苔の緑が、絵画のように目に飛び込んできます。気づけばキッチンで客人が珈琲を入れ、後片付けを手伝ってくださることもしばしばです。1階の書斎はこもり感があり、ピアノを聞きながら小さな階段に座りこんで語らう、たまり場に早変わりです。少しずつズレながら連なる部屋の移動は、まるでお散歩のよう。だから一日じゅう家にいても、飽きることがありません。忘れられない記憶を紡ぎ出す「みんなの家」なのです。

高野さんに設計をお願いするとき、細かな要望はせず「お任せしよう」と夫がいいました。はじめはその意味がピンと来なかった私も、どんな暮らしがしたいか、あるべき未来をともに語り、それが想像を超えるデザインへと日々結実していくさまを目の当たりにして、衝撃を受けました。決して多くは語らない高野さんですが、言葉やデザイン一つひとつの背景には、実は膨大な過程が。いつしか私たちは要望を語るよりも、デザインに込められた意味を知りたくて、夢中で質問していました。斬新なデザインなのに、温故知新の我が家。脈々と継承される文化が今の街並みに新たな息吹を与えており、それでいて、まるで昔からそこにあるかのような懐かしさと安らぎが感じられるから不思議です。家も家族の一員、街の住人なのだと感じる今日このごろです。

（奥さま）

自分の家を眺める

LDKの窓を全開し、中庭越しに書斎をのぞむ

窓辺のベンチ

書斎の窓台は奥行きがあり、腰を下ろして外を眺めてもよい

つづら折りの家ビューポイント

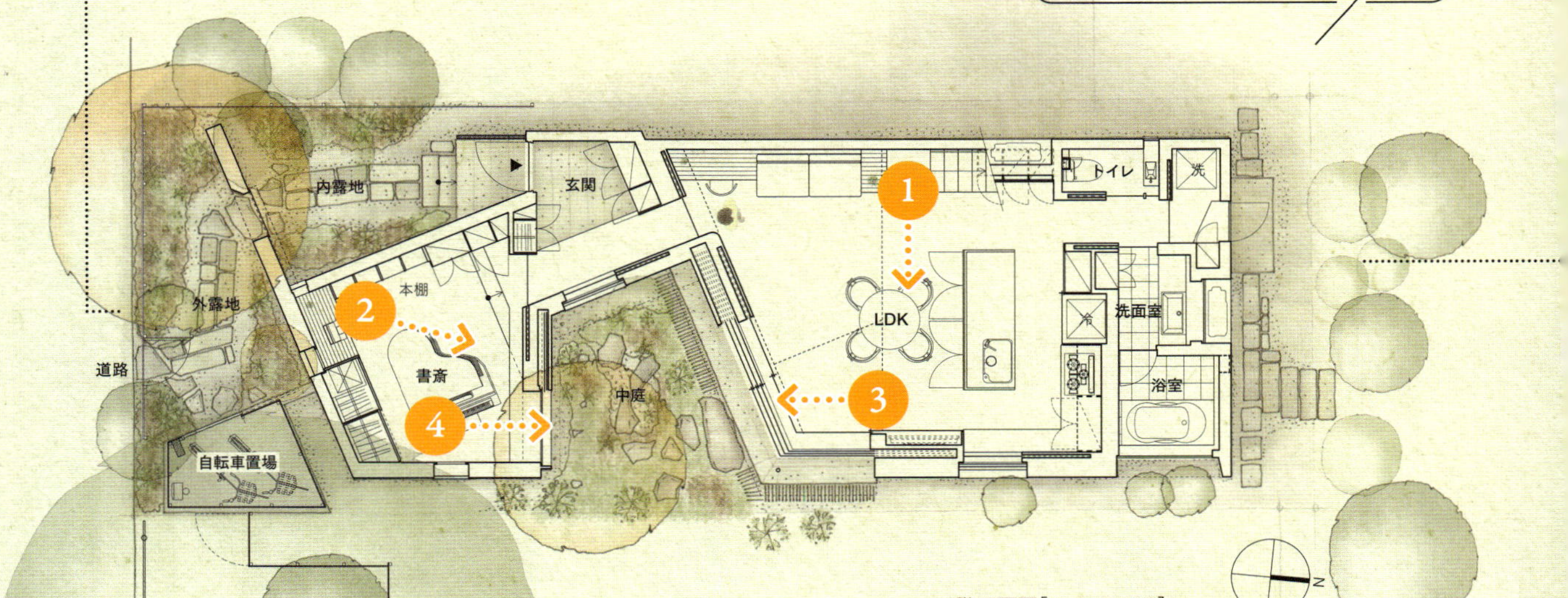

1階平面図［S＝1：150］

index

03 | 宇都宮《うつのみや》の家

規模：木造2F／敷地：190.90㎡／延床141.53㎡
施工：渡辺建工
構造：長坂設計工舎
造園：荻野寿也景観設計
掲載頁：8、32、44、78、115、117、140、144、152

02 | 内露地《うちろじ》の家

規模：木造2F／敷地：59.05㎡／延床59.92㎡
施工：渡邊技建
構造：正木構造研究所
造園：青山造園
掲載頁：16、120

01 | 稲毛《いなげ》の家

規模：木造2F／敷地：137.95㎡／延床94.69㎡
施工：中野工務店
構造：長坂設計工舎
造園：青山造園
掲載頁：50、141

06 | 北千束《きたせんぞく》の家

規模：木造2F／敷地：189.73㎡／延床138.66㎡
施工：渡邊技建
構造：山崎亨構造設計事務所
造園：佐伯造園
掲載頁：116

05 | 上用賀《かみようが》の家

規模：木造2F／敷地：197.01㎡／延床99.51㎡
施工：渡邊技建
構造：正木構造研究所
造園：豊前屋庭石店
掲載頁：40、60

04 | 神楽坂《かぐらざか》の家

規模：木造2F／敷地：56.95㎡／延床79.00㎡
施工：司建築計画
構造：西村建築設計事務所
造園：佐伯造園
掲載頁：64

09 | 狛江《こまえ》の家

規模：木造2F／敷地：195.20㎡／延床320.84㎡
施工：渡邊技建
構造：長坂設計工舎
造園：青山造園
掲載頁：62

08 | 御殿山《ごてんやま》の家

規模：木造2F／敷地：133.14㎡／延床91.52㎡
施工：渡邊技建
構造：長坂設計工舎
造園：青山造園
掲載頁：72

07 | 経堂《きょうどう》の家

規模：木造＋RC造2F／敷地：100.00㎡／延床98.77㎡
施工：滝新
構造：長坂設計工舎
造園：青山造園
掲載頁：112

12 | 石神井町の家Ⅲ

規模：木造2F／敷地：122.02㎡／延床101.34㎡
施工：渡邊技建
構造：正木構造研究所
造園：青山造園
掲載頁：54

11 | 石神井町《しゃくじいまち》の家Ⅱ

規模：木造2F／敷地：105.31㎡／延床103.63㎡
施工：内田産業
構造：山崎亨構造設計事務所
造園：青山造園
掲載頁：18

10 | 下高井戸《しもたかいど》の家

規模：木造2F／敷地：270.26㎡／延床112.09㎡
施工：内田産業
構造：長坂設計工舎
造園：青山造園
掲載頁：74、84、161

15 | 千駄木《せんだぎ》の家

規模：木造2F＋RC造B1F／敷地：100.34㎡／延床123.69㎡
施工：内田産業
構造：長坂設計工舎
造園：青山造園
掲載頁：14、22、48

14 | 浅間町《せんげんちょう》の離れ

規模：木造2F／敷地：412.74㎡／延床75.28㎡
施工：武田工務店
構造：長坂設計工舎
造園：－
掲載頁：96

13 | 成城《せいじょう》の家

規模：木造2F／敷地：235.74㎡／延床163.52㎡
施工：渡邊技建
構造：長坂設計工舎
造園：荻野寿也景観設計
掲載頁：28、30、36、58

18 | つづら折りの家

規模：木造2F／敷地：147.90㎡／延床105.29㎡
施工：渡邊技建
構造：正木構造研究所
造園：青山造園
掲載頁：10、34、94、106、133、146、156

17 | 包《つつ》み庭《にわ》の家

規模：木造2F／敷地：100.85㎡／延床106.28㎡
施工：渡邊技建
構造：正木構造研究所
造園：荻野寿也景観設計
掲載頁：38、122、142

16 | 縦露地《たてろじ》の家

規模：木造3F＋RC造B1F／敷地：44.12㎡／延床89.66㎡
施工：内田産業
構造：正木構造研究所
造園：青山造園
掲載頁：52、70、132、149、150、162

21 | 東《ひがし》村《むら》山《やま》の家

規模：木造2F／敷地：277.87㎡／延床111.04㎡
施工：内田産業
構造：長坂設計工舎
造園：青山造園
掲載頁：104、114

20 | 西《にし》大《おお》口《ぐち》の家

規模：木造2F／敷地：206.46㎡／延床104.94㎡
施工：石和建設
構造：長坂設計工舎
造園：青山造園
掲載頁：68、93

19 | 常盤《ときわ》の家

規模：木造2F／敷地：79.71㎡／延床83.78㎡
施工：内田産業
構造：長坂設計工舎
造園：青山造園
掲載頁：20、86、102、130、158

24 | 府《ふ》中《ちゅう》の家

規模：木造2F／敷地：121.04㎡／延床108.80㎡
施工：内田産業
構造：長坂設計工舎
造園：青山造園
掲載頁：56、98

23 | 二《ふた》子《こ》玉《たま》川《がわ》の家

規模：木造2F／敷地：115.03㎡／延床79.80㎡
施工：大同工業
構造：正木構造研究所
造園：青山造園
掲載頁：80、90

22 | 光《ひかり》辺《べ》の家

規模：木造2F／敷地：139.96㎡／延床83.43㎡
施工：中野工務店
構造：正木構造研究所
造園：青山造園
掲載頁：12、24、46、92、128、155

27 | one-story house

規模：木造1F／敷地：500.00㎡／延床163.05㎡
施工：上村建設
構造：正木構造研究所
造園：青山造園
掲載頁：126、136

26 | 元浅草《もとあさくさ》の家

規模：RC造3F／敷地：122.59㎡／延床235.87㎡
施工：モノリス秀建
構造：正木構造研究所
造園：荻野寿也景観設計
掲載頁：66、110、134、148、154、160

25 | 妙蓮寺《みょうれんじ》の家

規模：木造2F／敷地：183.50㎡／延床114.77㎡
施工：石和建設
構造：正木構造研究所
造園：青山造園
掲載頁：100

29 | Trapéze

規模：RC造3F／敷地：147.90㎡／延床259.23㎡
施工：豊昇
構造：正木構造研究所
造園：荻野寿也景観設計
掲載頁：26

28 | Terrace & House

規模：木造2F／敷地：860.45㎡／延床266.33㎡
施工：渡邊技建
構造：長坂設計工舎
造園：青山造園
掲載頁：82、88、108、124

トゥルクの復活礼拝堂(フィンランド)／エリック・ブリュッグマン

credit

写真

雨宮秀也	P16下、17(166上中)
石井雅義	P64(166下右)
石曽根昭仁	P68左上、93下、106左
岡村享則	P2下(44上)、8、9、33、74右(167下右)・左、79、84下、96、97、98、99、115、117、140、144上、145、152、157右・左上・左下、161、166上左、168上中、169下左
冨田治	P18上(167下中)・下、19、120右・左
鳥村鋼一	P2上(28)、4(108上)、5(136下)、14(168上左)、23下右・下左、27上・下右・下左、28、30上・下、36上・下、38、40上・下左、48上・下、54、55、58下、60、61、72上・下、77、80上・下、82、83右・左、88上・下、89、90、91(169下中)、104上・下、108下、112右・左(167上右)、114、122右・左、123、124上・下、126、127、136上、142右・左、163、166下中、167上中・下左、168上右・下中、169上左、170上左・下右・下左、カバー
西川公朗	P7、10、13、20右上・左(169上右)、24、25、35下、46右・左、51上・下右・下左、52右・左、66、67、70、86、87、100上・下、101、102、103、106右、110右・左、128、129右・左、130、131、132右、133、134、135、139、141、148上・下、150、154、155、158、159上・下、160、162、164右・左、165上・下、166上右、168下右、170上右・上中
畑拓	P168下左
平井広行	P116、166下左
目黒伸宣	P44下右・下左、78、144、153
Flavio Gallozzi	P43、175

※クレジット記載のないものはすべて遊空間設計室による撮影

デザイン　細山田デザイン事務所（米倉英弘、伊藤 寛）
組版　TKクリエイト（竹下隆雄）
印刷・製本　シナノ書籍印刷

あとがきにかえて

遊びと隙と日本の美

ダ・ヴィンチ（1452−1519）の『ウィトルウィウス的人体図』はよく知られた絵で、古代ローマの建築家ウィトルウィウス（BC80／70頃−BC15以降）の著作『建築論』中の記述をもとにして描かれたもの。真円と正方形に成人の男性の手脚がピタリと内接するという、「プロポーションの法則」を示しているといわれています。この絵に限らず「理想」的なプロポーションの法則や人体の調和など、黄金比と重ね合わせて語られることはよくあります。

一方日本では、折り紙の正方形の1対1、畳は1対2、建築・工芸・絵画の分野では三五の比（3対5）、五八の比（5対8）が古くから使われてきました。三五の比は1対1・666、五八の比は1対1・6で、黄金比の1対1・618に近い比例であることが分かります。とはいえ、この微妙な幅（遊び）をもち、基準を一つに絞っていないところが日本のユニークさではないかと思えるのです。黄金比という一点のみに美があるというより、空間に遊びと隙をもたせその近辺にこそ身近な美があるという考え方、ある範囲の中で自在に変化するものが、日本における美の定義ではないかと僕は考えています。

ダ・ヴィンチが「理想」を追求した神のごとき完璧な姿の人間はなかなかいません。一人の人間を想定しても、生まれたときのかわいらしいプロポーションと、成人したとき、そして老人とでは、それぞれ全く異なります。これは建築も同じ。個体差、地域差、築年数などさまざまな理由で、その理想のプロポーションからほとんどが外れています。ちょっとずれていたり、少しゆがんでいたり欠けていたり隙のあるもののほうが生命的で美しく、魅力を感じ、なぜか強く心が引かれてしまうのです。

論理と情緒の間で

吹きだまりに集まる混ざった落ち葉にも美を見出す、日本人独特の感覚もまた、高度な遊び心です。無秩序のようで調和しているあのさまを美と見るのは、日本人の「情緒」からきているといわれています。枯山水に水を感じ、長谷川等伯の松林図の余白に光を感じるように……。

しかし、近年美しさ、恣意性、思い、体験など体感計算的なものは、情緒的であるとして評価されない（できない）時代が続いています。建築設計の分野でもプログラムとロジカルな設計手法が、圧倒的な説得力をもっています。しかし、もう一つの設計の軸として、「情緒」「触覚性」「生物性」などの日常的な感覚も当然外すことのできない重要なものです。僕は論理か情緒かどちらかではなく、どちらも大事なものという信念から、試行錯誤しながら設計活動をしてきました。この本に掲載させていただいた29の住宅事例は、この思いから生まれた住宅です。まだ自分自身、道半ばではありますが、住宅設計の初学者の方、またこれから家を建てようとしている方にとって、何かしらのヒントが得られれば幸いです。

この本では全頁にわたりスケッチのような図面表現をしています。言葉、写真を互いに補完しながら、住まいの豊かさ、心地よさを描き出したかったからです。たとえば外構や造園は、通常1階配置平面図に描かれるものですが、この本では、2階、3階から見える樹木があれば、地上階でなくても、その階の平面図にもしっかりと緑を描き込んでいます。断面図や詳細図にも同様に緑があり人がいて暮らしぶりがあるのは、このような考え方によるものです。

最後に、この本の制作の機会をいただいたエクスナレッジの三輪浩之さん、編集の野上広美さん、デザイナーの米倉英弘さん、伊藤寛さん、DTPの竹下隆雄さん、住み手としてコメントをいただいた野田さんご夫妻、この本の事例としてご自宅の掲載をご快諾いただいたご家族の皆さん、そして本の制作のために、通常の設計業務の傍ら一緒に図面やスケッチを描いてくれた現スタッフの金山貴文さん、小林敏さん、金兵祐太さん、住まいのつくり手の皆さん、ご協力いただきましたすべての方々そして家族皆に感謝しています。ありがとうございました。

２０１８年４月　高野保光

高野保光
Yasumitsu Takano

1956年栃木県生まれ。'79年、日本大学生産工学部建築工学科卒業後、同学部副手、'84年に同学部助手となる。'91年、戸建て住宅の設計・監理を中心とした一級建築士事務所「遊空間設計室」を設立。以後、住宅としての暮らしやすさと建築としての高い意匠性を兼ね備えた設計で、プロアマ問わず高い評価を集める。日本大学生産工学部建築工学科非常勤講師。NPO法人「家づくりの会」設計会員。

主な受賞歴に、「新制作協会スペースデザイン部」新作家賞(1983年、'86年)、「FOREST MORE 木の国日本の家デザインコンペ」最優秀賞、(2003年)、「『まちなみ住宅』100選」日本建築士会連合会会長賞受賞(2004年)など多数。

主な著書に『高野保光の住宅設計』(エクスナレッジ刊)、『最高の外構をデザインする方法』(共著、エクスナレッジ刊)。

遊空間設計室

代表 ―――― 高野保光
staff ―――― 金山貴文
小林 敏
金兵祐太

〒167-0022
東京都杉並区下井草1-23-7

Tel 03-3301-7205
Fax 03-3301-7265
URL http://www.u-kuukan.jp
Mail info@u-kuukan.jp

住宅デザインのひきだし

2018年５月11日　初版第1刷発行
2020年３月18日　　　第4刷発行

著者　高野保光　遊空間設計室

発行者　澤井聖一

発行所　株式会社エクスナレッジ
〒106-0032
東京都港区六本木7-2-26
http://www.xknowledge.co.jp/

問合せ先　編集　Tel　03-3403-1381
Fax　03-3403-1345
info@xknowledge.co.jp
販売　Tel　03-3403-1321
Fax　03-3403-1829